◎京师刑事法文库（131）
◎法治反腐研究系列之四
本书系中央高校基本科研业务费专项资金资助的相关研究成果（项目号 2018NTSS44）

# 当代中国贪污受贿犯罪定罪量刑标准问题研究

商浩文 著



中国人民公安大学出版社
·北 京·

**图书在版编目（CIP）数据**

当代中国贪污受贿犯罪定罪量刑标准问题研究 / 商浩文著. —北京：中国人民公安大学出版社，2019. 3

ISBN 978-7-5653-3583-9

Ⅰ.①当…　Ⅱ.①商…　Ⅲ.①贪污—刑事犯罪—定罪—研究—中国②贪污—刑事犯罪—量刑—研究—中国　Ⅳ.①D924.392.4

中国版本图书馆 CIP 数据核字（2019）第 055795 号

京师刑事法文库

**当代中国贪污受贿犯罪定罪量刑标准问题研究**

商浩文　著

出版发行：中国人民公安大学出版社
地　　址：北京市西城区木樨地南里
邮政编码：100038
经　　销：新华书店
印　　刷：北京市泰锐印刷有限责任公司

版　　次：2019 年 3 月第 1 版
印　　次：2019 年 3 月第 1 次
印　　张：9. 625
开　　本：880 毫米×1230 毫米　1/32
字　　数：259 千字

书　　号：ISBN 978-7-5653-3583-9
定　　价：38. 00 元

网　　址：www.cppsup.com.cn　www.porclub.com.cn
电子邮箱：zbs@ cppsup.com　zbs@ cppsu.edu.cn

营销中心电话：010-83903254
读者服务部电话（门市）：010-83903257
警官读者俱乐部电话（网购、邮购）：010-83903253
法律图书分社电话：010-83905745

# 北京师范大学刑事法律科学研究院
# 京师刑事法文库

## 总　　序

现代化的国家是法治国家。现代文明进步的社会是法治社会。我国依法治国、建设社会主义法治国家之基本治国方略的确立及其贯彻，对社会的发展进步至关重要。而现代刑事法治则在现代化法治国家中扮演着非常重要的角色。改革开放以来，我国的刑事法治已经取得了长足的进步。但是，在21世纪建设社会主义法治国家的进程中，无论是刑事法学理论还是刑事法治实践，都仍需要进一步发展与完善，以更为充分地发挥其应有的作用。

北京师范大学刑事法律科学研究院于2005年8月建立，系专门从事刑事法学研究，中国刑事法学领域首家且目前唯一的、独立的实体性、综合性学术研究机构。研究院以一批中青年专家、学者为中坚，并聘请了包括老一辈著名刑法学家、中央政法机关专家型领导以及重要国际组织领导人在内的国内外知名刑事法专家、学者担任特聘顾问教授、专家委员会委员、兼职教授（研究员）。研究院的设立，旨在建设全国领先并与国际知名刑事法学机构看齐的新型刑事法学术机构，本着刑事法学一体化的精神，逐步全面发展中外刑法学、国际刑法学、区际刑法学、刑事政策学、犯罪学、刑事执行法学、中外刑事诉讼法学、刑事证据学、刑事司法制度等刑事法的诸多学术领域，培养高级刑事法学专门人才，为中国法学研究和高层次人才培养进行新的探索，力争为中国依法治国、建设社会主义法治国家的伟大事业在刑事法学领域作出更大的贡献。

为达此目标，研究院成立伊始即创办了“京师刑事法文库”。研究院的主要成员在中国人民大学刑事法律科学研究中心工作时，亦曾设立“刑事法律科学文库”与“国际刑法研究所文库”，并已颇具规模。为获得更为广阔的学术发展空间与学术交流平台，数位专家学者首批加入北京师范大学创立了全国首家实体性的刑事法律科学研究院。学术事业是薪火相传、继承发展的事业，为使刑事法学术事业得到进一步传承和发扬，北京师范大学刑事法律科学研究院遂在我们设立的原“刑事法律科学文库”与“国际刑法研究所文库”的基础上，重新创办两个系列著作项目，并定名为“京师刑事法文库”和“京师国际刑事法文库”。两个文库是分工不同、相辅相成的姊妹项目，前者以国内刑事法著作为范围，后者以国际刑事法著作为范围。两个文库以百年名校北京师范大学深厚的学术积淀、悠久的历史传统和浓郁的文化氛围为依托，凭借北京师范大学坚实宽广的人文社会科学和自然科学的综合实力，并广泛争取和吸纳中外刑事法学界的支持与帮助。“京师刑事法文库”的出版领域主要包括国内刑事法律与刑事法学方面（包括刑法、犯罪学、刑事执行法学、刑事诉讼法学、刑事侦查、刑事物证技术等领域）的有新意、有深度、有分量的著作与译作，也会涉及我国港澳台地区刑事法暨中国区际刑事法等领域的科研成果，可以是专题研究、综合研究，也可以是论文集、有价值的文献资料等形式。同时，为积极关注刑事法治领域的重大现实问题，“京师刑事法文库”还将相关专题的著作予以集中，设立若干系列，并聘请著名刑事法学专家担任总主编。文库的作者以研究院专职、兼职研究人员为主，并向其他专家、学者开放。

我们希望通过文库的形式能逐步积累学术成果，繁荣、深化和开拓刑事法领域的学术研究，促进国内外刑事法学界的交流与合作，不断提高我国刑事法理论与实践水平，进而有力地促进国家现代法治之昌盛和社会的文明进步。

北京师范大学刑事法律科学研究院

院长　赵秉志　教授

谨识于乙酉年初秋

**College for Criminal Law Science of Beijing Normal University**

***Criminal Law Library of BNU***

# Preface

A modern country and a modern civilization should be governed by law. The establishment and actualization of the principal guideline of rule by law is crucial for our society to make progress in the efforts of constructing socialism under rule of law. Modern criminal law, playing a very important part in the development of modern society under rule of law, has achieved great progress since 1978 when the reform and opening-up policy was carried out. Whereas, further development and reform for both theory and judicial practice of criminal law are required in the process of building socialist legal democracy, so as to bring it into full play.

The College for Criminal Jurisprudence Studies of Beijing Normal University, founded in August of 2005, is the first and, at present, the only academic research organ in China specializing in criminal jurisprudence that is independent and comprehensive entity. The College is staffed with a group of famous young and middle-aged criminologists as academic nucleus and a group of criminologists and scholars known home and abroad as specially invited consultative professors, member of experts committee, guest research fellows (professors), including those senior professors, leaders with judicial expertise from the central procuratorial, judicial and public security departments and leaders of some important international academic organizations. The college, aiming at turning into a new national leading academic body which can keep pace with international prestigious organs of criminal jurisprudence, is gradually extending its research fields covering Chinese and foreign criminal jurisprudence, international criminal law, trans-regional criminal law, criminal policy science, criminology, criminal executive law, Chinese and foreign criminal procedure law, criminal evidence law, criminal judicatory and so on following the spirit of integrated criminal science. Meanwhile, the College trains high-level criminal jurisprudence professionals and makes new exploration into research of jurisprudence and cultivation of high-level professional in China. We are trying our best to make a greater contribution in the field of criminal law science to the great cause of building our socialism under rule of law.

Cherishing this hope, the College initiated the *Criminal Law Library of BNU* as soon as it is founded, with the working experience of *Criminal Jurisprudence Library of Renmin University of China*(*RUC*) and *International Criminal Jurisprudence Library of RUC* which had been established in the Criminal Jurisprudence Research Center of RUC and in a rather large scale before the main staff's transfer to the College. In order to obtain a broader space for academic research, we six scholars transferred from RUC to BNU and founded this first and the only one independent academic entity in our country – College for Criminal Law Science of BNU. Learning is a continuous business, so the College re-establishes two book-series programs named "*Criminal Law Library of BNU*" and "*International Criminal Law Library of BNU*" based upon the former two libraries so as to further develop our academic cause. The two sisterly programs undertake different missions and supplement each other. The domain of the former focuses on domestic criminal jurisprudence literatures and the latter on international criminal jurisprudence literatures. Depending upon the profound academic deposit, centuries-old historical traditions and full-bodied cultural atmosphere of the prestigious Beijing Normal University and with BNU's comprehensive and powerful integrative strength in both fields of humanity social science and nature science, the two libraries will attract and accept the contributions from the field of criminal jurisprudence home and abroad. The publications of *Criminal Law Library of BNU* cover the creative and profound works and translations on domestic and foreign criminal jurisprudence (criminal law, criminology, criminal execution law, criminal procedure law, criminal investigation and criminal evidence etc.) and those academic and research fruits in the field of extroversive criminal law (including international criminal law, comparative criminal law, foreign criminal law and criminal laws of Hong Kong, Macao and Taiwan). The publications may be of either special topics or general topics or translations of foreign literatures and codifications. Meanwhile, in order to attract active concerns with important realistic issues, publications on the related topics will be collected and affiliated to *Criminal Law Library of BNU* as new book-series with famous criminal jurisprudence specialists as their chief editor. The authorships of *Criminal Law Library of BNU* are mainly entitled to full-time and guest research fellows besides other experts and scholars engaged in criminal jurisprudence.

Through these programs of libraries, we seek to help to accumulate academic fruits, to exploit and deepen and thrive the academic researches on criminal jurisprudence, to facilitate exchanges and co-operations between domestic and foreign colleagues engaged in criminal jurisprudence and to gradually improve our theoretical and practical expertise of criminal law so as to accelerate the prosperity of our country under rule of law and the progress of social civilization.

Prof. Zhao Bingzhi
Dean of College for Criminal Law Science
Beijing Normal University
Autumn of 2005

# 目　　录

# 前　言

反腐败是一项系统工程，关系到我国的法治发展和社会的长治久安，因此需要建立预防与惩治相结合、思想教育与制度防范相结合、党纪政纪处理与刑事法律制裁相配合等长效机制。刑事手段是反腐败斗争中最严厉的，对腐败分子震慑作用最强烈，是反腐败斗争最有力的保障，也是反腐败的最后手段。因此我们需要特别重视刑法在反腐败斗争中的作用，不可不慎用，更不可滥用。不可否认的是，刑事手段对于反腐败意义重大、作用显著，需要合理加以运用。贪污受贿犯罪是最主要的腐败犯罪，在腐败犯罪中居于显著地位。能否科学、有效地防治贪污受贿犯罪，会直接影响反腐败刑事法治水平的高低和反腐败斗争的成效。而贪污受贿犯罪定罪量刑标准的确定紧密关涉贪污受贿犯罪圈的划定、国家对贪污受贿犯罪的惩治力度、刑事司法资源的负重、公众对刑法的认同等重大问题。可以说，贪污受贿犯罪定罪量刑标准的合理确定关乎贪污受贿犯罪的预防和惩治效果，是防治贪污受贿犯罪的“牛鼻子”和重要抓手。

我国1997年颁布的刑法典对贪污受贿犯罪的定罪量刑采取的是“绝对数额+情节”的标准。由于贪污受贿的犯罪情节差别很大，情况复杂，单纯考虑贪污受贿的犯罪数额，无法全面、准确、客观地反映行为的社会危害程度，不能充分体现罪责刑相适应原则，难以让公众感受到公平正义，同时也不利于刑罚对贪污受贿犯罪预防作用的发挥，导致1997年刑法典中贪污受贿犯罪的定罪量刑标准在司法实践中存在一定程度上的“虚置”。[①] 同时，由于贪污受贿犯罪量刑幅度之间的数额级差较小，在贪污受贿数额达到一定额度后，犯罪数额与量刑之间无明显的正比关系，贪污受贿犯罪数额的差异对量刑难以产生实质性影响，存在犯罪数额越大，行为人获得的潜在量刑利益也就越大的悖论，无法体现罪责刑相适应的原则。贪污受贿犯罪定罪量刑标准存在的缺陷，已严重影响了我国反腐败的治理效果，因而有必要科学合理地确定贪污受贿犯罪的定罪量刑标准。

2015 年 8 月 29 日全国人大常委会通过的《刑法修正案（九）》针对贪污受贿犯罪定罪量刑标准存在的问题，确立了“概括数额+情节”的定罪量刑标准。具有进步意义的是，《刑法修正案（九）》改变了 1997 年刑法典中“唯数额论”的定罪量刑标准，使得“情节”在贪污受贿犯罪定罪量刑中发挥的作用加大。但是由于“情节”较为抽象与宏观，在“数额”与“情节”二元标准均存在时，如何合理协调“数额”与“情节”的关系，这也成为我国当下贪污受贿犯罪的定罪量刑标准亟待解决的问题，对此刑法立法并未规定，在相关的理论界和实务界也存在一定的争论。刑事司法是刑法立法的贯彻和体现，如果没有刑事司法对刑法立法的遵行，刑法立法也会成为镜中花、水中月。刑法立法有时难以对司法实践中的情况进行具体全面的规定。因此加强贪污受贿犯罪定罪量刑标准的研究，有助于进一步从理论上确立科学合理的贪污受贿犯罪定罪量刑标准，进而对贪污受贿犯罪的刑事司法发挥指导作用，以便促进贪污受贿犯罪定罪量刑的科学性、合理性。

贪污受贿犯罪定罪量刑标准如何调整，犯罪数额和情节在贪污受贿犯罪的定罪量刑中应居于何种地位，贪污受贿犯罪的数额标准该如何确定等问题，引发了社会各界的广泛争议。迄今为止，学者

---

① 参见赵秉志：《贪污受贿犯罪定罪量刑标准问题研究》，载《中国法学》2015 年第 1 期。

们对于这些问题还存在较大的分歧。而本书研究的目的，就在于通过对研究现状的分析，就争议性问题作出详细的论证和解读，力图探寻科学合理的贪污受贿犯罪定罪量刑标准，以期有效、有力地防治贪污受贿犯罪，促进防治贪污受贿犯罪的刑事法治发展进步。因此在当下中国，研究贪污受贿犯罪的定罪量刑标准具有重要的现实意义。

本书是在笔者博士论文的基础上修改完善而成，近年来笔者一直加强自己在腐败犯罪领域的相关研究，在师友的大力帮助以及家人的理解和支持下，陆陆续续发表了些许成果，相关成果在本书中也有所体现。但是，本书在相关观点的资料收集以及观点论证等方面尚有不足，需要笔者进一步加强相关的研究。需要指出的是，本著作在修改过程中得到了“中央高校基本科研业务费专项资金”资助。在此，以本书的出版来对关心我的师友以及家人聊表谢忱，特别感谢北京师范大学刑事法律科学研究院高铭暄教授、赵秉志教授、卢建平教授、张远煌教授、黄风教授、王秀梅教授、刘志伟教授、阴建峰教授等领导和老师对本书写作和出版的帮助。学海无涯，但是我并不孤单，因为一路上有师长的谆谆教导和支持，有亲人、朋友的陪伴。没有哪一代人的青春是容易的，每个人都有自己的责任和使命，唯有带着梦想和责任，我们才能奋勇前行。

# 第一章 反腐新观察下贪污受贿犯罪定罪量刑标准

腐败是社会的毒瘤，对经济社会的发展进步造成重大妨害。对国家和政府而言，反腐败有助于提高行政效率，促进社会公平正义，提高政府公信力。因此，反腐败始终是当今世界相关国家和政府的重要工作内容之一。在域外，法治反腐是相关国家反腐的重要治理手段。

中国共产党和中国政府一贯高度重视反腐败工作，21 世纪以来，尤其是党的十八大以来，进一步深入开展党风廉政建设和反腐败斗争，建立健全惩治和预防腐败体系，反腐败工作取得了较为积极的成效。在中国法治反腐策略中，刑事法治是法治反腐最为重要的手段之一，而在腐败犯罪中，贪污受贿犯罪是最为典型、最为多发的腐败犯罪类型，因而贪污受贿犯罪定罪量刑标准对于反腐败而言意义重大。但是，由于贪污受贿犯罪定罪量刑标准不合理，在一定程度上影响了防治贪污受贿犯罪的效果。因而需要遵循基本的刑事法治原则并考量当代中国的反腐败形势，以期科学合理地确定贪污受贿犯罪定罪量刑标准。

## 第一节 反腐新观察：域外反腐浪潮与当代中国选择

在漫漫历史长河中，腐败一直与人类社会的发展亦步亦趋。腐败问题不仅是历史性的难题，也是世界性的难题。世界经济论坛报告指出："腐败将在未来的时间里成为全世界共同面临的最大挑战。"① 我们必须站在历史和国际的双重维度客观看待我国当前的腐败问题。伴随着腐败，无论是历代统治者还是执政者，反腐败的步伐都没有停止。早在公元前1700多年前的四大文明古国之一的古巴比伦颁行的《汉谟拉比法典》就已对惩治贪污受贿等腐败行为作出规定。在现代社会，腐败问题不仅是发展中国家和新兴工业国家存在的问题，也是世界各国的普遍问题。腐败会严重损害国家公共管理机构职能的正常行使，影响国家公共事业的公信力，削弱国家公共政策的客观公正性，损害社会的公平正义，阻碍经济健康有序的发展。因而对于国家来说，反腐败有助于提高行政效率、提升国家和政府的公信力和权威性，亦有助于经济社会的有序发展。从世界各国的反腐策略来看，法治反腐已经成为国际反腐的共识。

## 一、域外反腐潮流与共识

由于腐败具有严重的社会危害性，当今世界各国十分重视反腐败工作。在强劲的反腐败风暴中，一些国家的国家领导人和政府要员都被绳之以法，甚至被定罪判刑。② 21世纪以来，各国更加重视反腐倡廉，出台相关的反腐法律，加大对公职人员贪腐行为的惩处力度，努力加强对腐败犯罪的科学有效治理。

在本书中，笔者选取了相关国家和国际组织来简要介绍其腐败状况和反腐经验，以助于大致了解世界范围内的腐败情势。其中美国、德国是西方国家中反腐法治经验发达的代表性国家；俄罗斯是腐败犯罪较为突出且正在积极努力的治理腐败犯罪的国家；韩国和日本与我国同属于东亚国家，在地缘、文化等方面具有相似性。在

① 参见葛平：《从国际和历史视角正确看待当前反腐形势》，载《红旗文稿》2015年第8期。

② 参见赵秉志：《中国反腐败刑事法治的若干重大现实问题研究》，载《法学评论》2015年第3期。

国际组织的反腐经验介绍上，笔者选取了世界上影响力最大的国际性组织——联合国作为分析对象；在区域性组织上，选取了区域一体化最为发达的欧盟、防治腐败成果较多的美洲国家组织以及中国积极主导的反贪联合会作为研究对象，以期较为全面地反映国际组织的反腐努力和成效。

（一）代表性国家反腐视点

在德国，自2005年以来，德国联邦刑警局每年立案调查的腐败案件均在1600起以上，2007年仅登记的行贿案件就超过9600起，其中超过1600起被立案调查。[①] 例如，2010年6月上台的最年轻的德国前总统武尔夫，因涉嫌在担任下萨克森州州长期间试图通过私人关系获得房贷优惠，经披露后引发公众愤怒，最终不得已于2012年2月下台，这是德国历史上在位时间最短并且因为涉嫌贪腐而下台的总统。再如，德国前教育和科研部长安妮特·沙范，是德国总理默克尔的政治密友，2012年5月其博士论文被指控涉嫌抄袭，2013年2月3日辞去部长职务。[②]

近年来掀起强劲反腐风暴的俄罗斯，其腐败形势也不容乐观。2011年8月，俄罗斯反贪组织发布的调查报告显示，俄罗斯公务人员腐败涉及的金额已经占到GDP的50%，80%以上的俄罗斯官员都存在不同程度的腐败行为。[③] 2013年的相关报告显示，腐败给俄罗斯造成的损失高达210亿卢布（约合7亿美元），而只有10%的金额是因反腐败的刑事调查挽回的。[④] 面对严重的腐败形势，俄罗斯领导人深恶痛绝，普京说“砍下他们的手”，梅德韦杰夫认为

---

① 参见杨绪盟、黄宝荣：《腐败与制度之“笼”——国外反腐经验与启示》，人民出版社2014年版，第239~240页。

② 参见杨绪盟、黄宝荣：《腐败与制度之“笼”——国外反腐经验与启示》，人民出版社2014年版，第239~240页。

③ 参见杨绪盟、黄宝荣：《腐败与制度之“笼”——国外反腐经验与启示》，人民出版社2014年版，第217页。

④ 参见“普京批准俄2014~2015年反腐国家计划”，载新华网http://news.xinhuanet.com/world/2014-04/12/c_1110214698.htm，2016年1月19日访问。

“腐败已经变成一个制度性的问题。我们应该用制度性的对策来应对”。[①] 时任俄罗斯总统的梅德韦杰夫在2008年的总统国情咨文中指出：腐败是俄罗斯现代社会的“一号公敌”。[②]

而美国的腐败主要体现在两个领域：一个领域是与各州政府开支相关的建设类项目，由于建设项目的投入比较大，而公开透明的程度较低，产生贿赂等贪腐行为的可能性较大；另一领域是“政治献金”，由于法律取消了个人政治捐款的上限，导致“政治献金”的问题更加明显突出，进而引起民众对选举公正性的担忧。美国司法部的相关统计表明，美国过去20年内因腐败被判有罪的总人数达到了2万多人，最近10年与前10年相比增长3.2%。[③] 美国“州廉政调查”网站也曾公布廉政调查报告，美国被评为优秀的州为0个，及格的州为37个，不及格的州为8个，各州政府廉政风险防控不力，形势堪忧。[④] 以上数据表明美国国内的腐败现象依然很严重。例如，2014年8月美国前新奥尔良市市长雷·纳金被指控在担任市长期间，从承包商处收受价值50万美元的贿赂和回扣，最终被判处10年监禁，并支付8.2万美元的赔偿；[⑤] 2015年2月，纽约州众议院议长谢尔登·西尔弗被捕，逮捕事由是涉嫌收受近400万美元贿赂及回扣；2015年4月1日，美国国会参议院参议员罗伯特·梅嫩德斯因涉嫌受贿等14项罪名遭到美国司法部

① 参见储信艳：《俄罗斯总统普京高调反腐 前防长等多名高官落马》，载《新京报》2012年12月5日，第6版。

② 参见《总统带头网上晒收入：俄罗斯劲刮反腐风暴》，载《中国青年报》2009年4月15日。

③ 参见王传军：《最新研究显示美国腐败加剧》，载《光明日报》2014年8月18日，第5版。

④ 参见“美国：腐败依旧随处可见”，载中纪委监察部网站 http://www.ccdi.gov.cn/xcjy/hwgc/201404/t20140408_44862.html，2016年1月26日访问。

⑤ 参见王传军：《最新研究显示美国腐败加剧》，载《光明日报》2014年8月18日，第5版。

的正式起诉，其中有 8 项指控涉及受贿罪。①

在亚洲的韩国，时任韩国总统朴正熙于 1961 年开始大力整顿腐败现象，之后相继开展了“社会净化运动”等系列反腐运动，并进一步完善了相关的反腐制度，取得了一定的成效。韩国的腐败情况一度也十分严重，如 2006 年 7 月至 2010 年 6 月，在 230 名民选地方政府领导中有 92 名在任职期内因为涉嫌贪腐遭到起诉。②晚近 20 年来，甚至连韩国总统因腐败而受到惩处的案件也是频频出现，如前总统卢武铉，其妻、子、兄以及助手均被控受贿。③ 在 2014 年韩国国民权益白皮书中，69.4%的国民指责“公职社会腐败”，48.5%的外国人和 41.7%的企业对此表示同意，但仅有 5.3%的公职人员承认其腐败。从 2012 年 1 月 25 日旧反腐败委员会出现以后到 2014 年 12 月为止，一共受理 32784 起举报，特别是 2008 年以后呈现上升趋势，2014 年受理 4510 起，同比上年增加 20.7%。受理的 32784 起中有 32727 起已经处理，因监察或者调查等必要性调查机关移送的案件为 1271 起（包括告发的 3 起），向该机关通报的违反行动纲领的案件为 483 起，送达公共机关的为 9754 起，终结的为 21219 起。④

日本在其经济高速发展时期，社会上的腐败现象也比较严重。1976 年，日本前首相田中角荣因洛克希德行贿案被捕，这一案件引起了民众和日本政府对贪腐问题的高度关注。自此之后，日本政府在舆论的监督下大力加强了对商业贿赂的防治。日本常见的腐败问题存在于商业贿赂和“政治献金”方面。日本一些商业组织或

---

① 参见温宪、陈丽丹：《选举依靠“砸钱”底限一再突破　美国参议员腐败案再曝“钱主政治”》，载《人民日报》2015 年 4 月 3 日，第 4 版。

② 参见《韩国反腐不容易》，载《人民日报（海外版）》2011 年 6 月 26 日，第 3 版。

③ 参见颜颖颛：《韩国总统腐败怪圈》，载《新京报》2009 年 4 月 26 日，第 5 版。

④ 参见许一泰：《论韩国反腐对策》，载《第六届当代刑法国际论坛“反腐败的国际经验与中国实践”》，北京师范大学刑事法律科学研究院 2015 年 8 月 21 日编印，第 59~63 页。

黑社会团体经常通过“政治献金”与政党形成利益共同体，进而在工程承包等方面获得利益，如2005年日本水谷建设公司总裁水谷功借庆祝石原慎太郎之子石原弘高当选众议员，向其子提供2000万日元的“贺仪”。[①] 2012年11月，在东京都知事石原慎太郎宣布辞职之后，当时担任副知事的猪濑宣布参加新知事竞选并在竞选中获胜，但最后不得不辞职，原因是其获得了德洲会提供的5000万日元的“政治献金”而没有说明。根据日本《政治资金规正法》的规定，如果政治家接受“政治献金”，必须在个人的政治资金报告书上明确写明。写明了无罪；不写明则算有罪，罪名是“违反公职选举法”。猪濑没有写明，遭到东京地方检察院特别搜查本部的调查。[②] 2014年6月24日，日本当时最年轻的市长（29岁）——岐阜县美浓加茂市市长藤井浩人因涉嫌2013年在市属公立学校的游泳池水处理设施的购置过程中，接受中介公司社长提供的30万日元（约2万元人民币）的贿赂而遭警方拘留。[③]

（二）典型性国际组织反腐扫描

为有效地惩治腐败犯罪，需要形成国际社会反腐败的合力。从20世纪90年代开始，相关的国际组织便开始积极促进反腐败的国际合作。国际社会高度重视对于腐败犯罪的防治，各国际和地区性组织也在向腐败开战，广泛开展反腐败的国际合作。

联合国自成立以来，在联合国大会、经济与社会理事会、联合国预防犯罪和罪犯待遇大会、联合国预防犯罪和刑事司法委员会等机构和组织的努力下，制定了大量反腐败刑事司法以及国际刑事司

① 参见萨苏：《菊与刀：日本社会的贪污与反贪污》，载《检察日报》2009年7月31日，第5版。

② 参见“日本反腐如何打苍蝇老虎?”，载新浪专栏 http：//news. sina. com. cn/zl/world/2014-05-15/11391416. shtml，2016年1月20日访问。

③ 参见“日本最年轻、29岁市长涉嫌受贿数十万日元被调查”，载中国日报网 http：//www. chinadaily. com. cn/hqgj/jryw/2014-06-24/content_ 11888632. html，2016年1月20日访问。

法协助方面的标准和规范，对世界各国以及区域间腐败犯罪预防和打击产生了积极和深远的影响。先后通过了《联合国公职人员国际行为守则》《联合国打击跨国有组织犯罪公约》《联合国反腐败公约》等一系列反腐败公约、准则等，搭建了反腐败经验交流和国际合作对话的平台，逐渐成为全球反腐败国际合作的主导机构。可以说，在联合国框架内反腐败，有助于各国加强防治腐败犯罪的成效和促进反腐败国际合作。

区域性的组织，如成立于 1949 年 5 月 5 日的欧洲委员会是欧洲整合进程中最早成立的政治性国际组织，现有 47 个成员国，5 个部长委员会观察员国①以及 3 个议会观察员国②，其宗旨是保护欧洲人权，协调欧洲各国的法律行为，促进欧洲文化的统一性。鉴于腐败行为已经严重威胁到欧洲委员会所追求的民主、法治和人权等核心价值，因此反腐败亦是欧洲委员会的优先议题。自 1994 年第 19 届欧洲委员会司法部长会议开始关注腐败问题的严重性，到 1999 年 1 月 27 日《反腐败刑法公约》的通过，短短五年间，欧洲委员会在反腐败领域先后制定或通过了《反腐败行动纲领》《关于反腐败行动斗争的 20 项指导原则》，并成立了反腐败国家集团以监督成员国和公约缔约方反腐败承诺的履行情况。欧洲联盟（以下简称欧盟），前身为欧洲共同体（以下简称欧共体），是由原欧共体成员国根据 1992 年签署的《欧洲联盟条约》（也称《马斯特里赫特条约》）所建立的区域性国际组织，现拥有 27 个会员国，是当今世界一体化程度最高的国际组织。欧盟几乎与欧洲委员会同步开始反腐败的努力。1996 年 9 月，欧盟通过了《欧共体金融利益保护公约》，公约将对官员的行贿和官员的受贿规定为刑事犯罪。1997 年欧盟制定了《反腐败公约》（也称《打击欧洲共同体官员或欧洲联盟成员国官员腐败的公约》），奠定了欧盟框架内预

---

① 分别是：梵蒂冈、加拿大、美国、日本和墨西哥。

② 分别是：加拿大、墨西哥和以色列。

防和打击腐败的法制基石。但是，据欧盟委员会 2014 年 2 月 3 日发布的《欧洲反腐报告》显示，欧盟各国的腐败程度远远超出人们的预料。报告称，每年欧盟成员国因腐败造成的经济损失高达 1200 亿欧元，占当时 28 个成员国财富的 1.1%。在民意调查的过程中，76%的民众认为自己国家的腐败严重，但其自身有过行贿经历的占 4%，26%的民众认为其日常生活受到了腐败影响，2/5 的欧洲企业认为腐败是其业务发展的障碍。欧盟各国受访者对本国反腐败力度表示肯定的比例平均仅为 23%。绝大多数国家的受访者认为本国反腐败力度不够，除丹麦、芬兰和比利时（分别为 54%、47%和 40%）外，其他国家这一比例都在 40%以下。[①] 2013 年 8 月，欧盟委员会的一份工作草案指出，欧盟 10%~20%的公共合同因腐败而受损。在意大利、西班牙和葡萄牙的受访人员中，分别有 97%、95%和 90%的受访人员认为自己国家腐败盛行。[②]

腐败问题也是美洲国家的一大顽疾。一系列高层腐败案件的曝光，不仅造成社会风气败坏、道德水准下降、大量资金外流，更严重的是导致国家政权的动摇和瓦解，严酷的现实迫使美洲国家意识到反腐败是各国的当务之急。[③] 美洲国家组织成立于 1948 年，旨在加强西半球和平与安全，和平解决成员国间争端，进行经济、社会和文化事务方面的合作，该组织拥有 30 个成员国。20 世纪 90 年代以来，美洲国家多次组织将区域间的反腐败作为美洲国家大会上的重要议题，并通过了一系列反腐败公约、联合宣言，最为著名、影响力最大的是 1996 年 3 月通过，1997 年 3 月生效的《美洲反腐败公约》和 1997 年 7 月通过的作为落实该公约条款的行动计划《泛美国家反腐败合作纲领》。

再如，以促进《联合国反腐败公约》的有效执行、加强反腐

① 参见阳平：《欧盟报告：绝大多数成员国被认为反腐不力》，载《中国纪检监察报》2014 年 3 月 20 日，第 5 版。

② 参见颜武：《欧盟反腐：自揭伤疤》，载《检察风云》2014 年第 8 期。

③ 参见孔祥仁：《美洲反腐败公约》，载《中国监察》1998 年第 11 期。

败国际刑事司法协助为宗旨的国际反贪局联合会是一个独立的、非政府的、非政治的、非营利的、司法性的国际组织，也是当今世界唯一的由各国负责侦查、起诉贪污贿赂犯罪的专门机构组成的国际组织。在国际反贪局联合会第一次年会暨会员代表大会上，时任我国最高人民检察院检察长的贾春旺当选第一届国际反贪局联合会主席。2010 年 11 月 5 日，在第四次年会上，我国最高人民检察院检察长曹建明当选为新任主席。国际反贪局联合会成立后，通过一系列卓有成效的活动，已经发展成为全球最具影响力的国际反贪污组织之一，在反腐败国际合作方面扮演着越来越重要的角色。2013 年 11 月 23~24 日，国际反贪局联合会第七次年会以“法治与反腐败：挑战与机会”为主题进行了深入探讨，并发表了《巴拿马宣言》，呼吁各国注重法治反腐，推动社会和公众力量积极参与防治腐败，全面提升防治腐败犯罪的能力。[①] 2015 年 10 月 31 日~11 月 1 日，第八次年会在俄罗斯圣彼得堡召开，此次会议围绕“反腐败：预防与教育”的主题，对反腐败预防和教育领域的重大理论与实务问题进行了热烈而深入的研讨，会后通过了《圣彼得堡宣言》，就如何预防腐败以及加强腐败犯罪教育达成了相关共识。[②]

（三）法治反腐：国际社会的反腐共识

从以上可知，腐败犯罪问题已成为世界各国公认的国际性难题。从世界相关国家防治腐败犯罪的措施来看，法治反腐是各国防控腐败犯罪的基本做法。所谓法治反腐，就是以法治的理念、规则和工作方法构建预防和控制腐败的规则体系和制度基础。[③] 法治反腐的价值，除了对腐败分子和腐败行为进行惩处之外，更重要的还

① 参见简闻之：《加强深化反腐败法治建设交流合作　共同推动国际反腐败事业纵深发展》，载《检察日报》2013 年 11 月 24 日，第 1 版；简闻之：《曹建明再次当选国际反贪局联合会主席》，载《检察日报》2013 年 11 月 26 日，第 1 版。

② 参见蒋安杰：《第八届国际反贪局联合会大会和〈联合国反腐败公约〉第六届缔约国会议在俄罗斯圣彼得堡相继举行》，载《法制日报》2015 年 11 月 11 日，第 5 版。

③ 参见欧阳媛：《国际法治反腐经验及其启示》，载《人民检察》2013 年第20 期。

在于它能够以制度化的方式，预防腐败行为的发生和蔓延。正如有论者所言，法治反腐具有根本性、全局性、严肃性、稳定性和长期性的特点，是反腐败最有效的手段和解决腐败问题的根本方式。[①]只有在法治的框架下，以法治思维和法治方式推进反腐败，使反腐败进一步规范化、制度化，才能使反腐败取得根本的成效。

如德国反腐败的特色除了在体制、机制上进行创新之外，最重要的一条就是加强反腐败立法，逐步形成了一套防治腐败的法律制度。德国虽然没有一部专门的《反腐败法》，但是德国的反腐法制严谨而又完备，法律的执行也一丝不苟。另外，德国在财务审计监督、公职人员家庭财产申报等方面进行了专项立法[②]，以法治的形式规范公职人员的相关行为，预防其实施腐败犯罪。

俄罗斯于2008年7月31日颁布了《反腐败国家计划》，俄罗斯历史上首部反腐败专门法律《俄罗斯联邦反腐败法》也于同年12月25日出台，该法确立了公职人员的财产申报制度。[③] 在该国总统和总理的带领下，其政府的各位副总理、部长集体在俄罗斯政府网上公布个人与家庭财产情况，接受公众监督。[④] 2013年5月7日，俄罗斯正式通过其历史上的第二部反腐败法律，修订后的《俄罗斯反腐败法》主要对贪污贿赂的概念、反腐败的法律基础和主要原则、腐败的预防措施、公务员的财产申报义务以及腐败违法行为的法律责任进行了具体规定。在俄罗斯这一轮强劲反腐风暴中，时任俄罗斯国防部部长的谢尔久科夫、农业部长斯克伦尼等人因被指控侵吞国家资金、资产而纷纷落马。2014年4月11日，普

---

① 参见赵秉志：《开启法治反腐新时代》，载《光明日报》2015年3月15日，第5版。

② 参见杨绪盟、黄宝荣编：《腐败与制度之“笼”——国外反腐经验与启示》，人民出版社2014年版，第249页。

③ 参见《总统带头网上晒收入：俄罗斯劲刮反腐风暴》，载《中国青年报》2009年4月15日，第6版。

④ 参见储信艳：《俄罗斯总统普京高调反腐　前防长等多名高官落马》，载《新京报》2012年12月5日，第5版。

京批准了《俄罗斯 2014~2015 年反腐败国家计划》，依据该计划，俄罗斯将采取措施保证联邦议员遵守法律和伦理标准规定的禁令、限制和义务，监督高级官员执行关于其所收礼品估价和上交情况的通报制度等，继续在社会营造对腐败行为的不容忍态度。[①]

美国是法治较为发达的国家之一，法律在其国家生活扮演着重要角色。自 19 世纪以来，面对反腐败形势，美国加强了对腐败的依法治理，建立起了较为完善的反腐败法律体系。美国反腐败的法律主要从规范公务员管理事务、防止与竞选有关的腐败行为和规范政府官员的行为三个方面加强对腐败行为进行规制。[②] 规范公务员行为的法律比较有代表性的是《美国政府道德法》（1979 年 1 月 3 日生效，1989 年修改为《1989 年道德改革法》），主要规定了立法、行政、司法机构内一定级别的官员和雇员公开财务和财产申报的要求、联邦官员和雇员离职后重新就业以及设立直属于国会的特别检察官制度等。[③] 规范公务员从事政府管理行为的法律以 1883 年通过的《文官制度改革法》为代表，该法是美国第一次在法律上确立以“能力与功绩”作为录用与衡量官员的标准，要求政府雇员廉洁自律，不得贪赃枉法、徇私舞弊，不得从事政治性的金钱收受活动，有助于从源头上遏制腐败的滋生。防治与竞选有关的腐败行为的法律是 1971 年通过的《联邦选举法》，该法对向政治选举的捐款作了具体限制。[④] 美国还是世界上第一个制定海外反腐败法律的国家，即 1977 年的《反海外腐败法》（后经过 1988 年、1994 年、1998 年三次修改），该法对违法向外国公务人员行贿的

---

① 参见“普京批准俄 2014~2015 年反腐国家计划”，载新华网 http://news.xinhuanet.com/world/2014-04/12/c_1110214698.htm，2016 年 1 月 19 日访问。

② 参见代山：《美国的反腐败立法》，载《人民论坛》2014 年第 10 期。

③ 参见庄小茜：《导读：美国的反腐败立法及相关制度》，载蒋娜等译：《美国政府道德法 1989 年道德改革法行政部门雇员道德行为准则》，中国方正出版社 2013 年版，第 6~10 页。

④ 参见周琪、袁征：《美国的政治腐败与反腐败——对美国反腐败机制的研究》，中国社会科学出版社 2009 年版，第 184 页。

主体、行为方式及处罚方式作了具体规定。①

亚洲的韩国也积极采用法律手段以促进反腐。例如，2001 年韩国制定《腐败防治法》，2002 年设立“腐败防治委员会”（2008 年更名为“国民权益委员会”）并出台了《反腐败法》，2003 年又公布了《公务员保持清廉行动纲领》，确立了综合反腐的重要框架，成立了直属总统的反腐败委员会，积极开展惩治腐败的工作。2015 年 3 月 3 日，韩国国会正式通过被韩国媒体称为史上最严厉的反腐败法案——《禁止不正当请托与收受财物法》（又称《金英兰法》），该法的主要内容是：禁止公务人员进行不正当请托或接受不正当请托。公务人员一次性接受价值韩币 100 万（约合人民币 6000 元）以上财物的将处 3 年以下徒刑并处 5 倍以下的罚金。收受韩币 100 万以下但确定跟职务相关时，处以收受金额 3~5 倍的罚金。②

法治反腐已成为当代社会反腐败的基本共识，很多国家均有专门的反腐败立法。放眼世界，许多国家或地区都有一部或多部防治腐败的法典，如美国、新加坡、印度等国。一些国家除在本国的刑法典、行政法规中规定反腐内容外，还特别颁布了综合性的反腐败法典。例如，1889 年英国制定了第一部专门反腐败法《公共机构腐败行为法》，对公职人员的贪腐行为规定了严厉的惩治措施；1906 年在修订该法的基础上又颁布了《防止腐败法》；2003 年 3 月经修订又颁布了新的《反腐败法》，扩大该法的域外效力和反腐败范围③；2010 年 4 月 8 日英国的《2010 年反腐败法案》获得批

① 参见卢建平、张旭辉编：《美国反海外腐败法解读》，中国方正出版社 2007 年版，第 1~2 页。

② 参见徐伯黎：《韩国：通过史上最严反腐败法案》，载《检察日报》2015 年 4 月 7 日，第 5 版。

③ 参见李国花、李志勤：《部分国家反腐败法比较》，载《天津市政法管理干部学院学报》2006 年第 6 期。

准并于2011年4月生效。[①] 新加坡在1960年制定的《防止贪污法》是其整个反腐法律体系的核心。[②]

## 二、当今中国腐败形势与反腐立场

如何科学有效地防治腐败犯罪是当代世界各国、各地区普遍关注的重大社会现实问题。党的十八大以来，我们党和政府高度重视反腐败工作。在法治中国的建设过程中，刑事法治在我国的法治反腐过程中扮演着重要的角色。为有效促进腐败犯罪的科学防治，我们党和国家也在不断改进和完善我国反腐败的刑事法治。

### （一）我国当下腐败形势评估

2015年习近平总书记在十八届中央纪委五次全会上，用了“成效明显”四个字高度评价2014年反腐倡廉工作。但是，同时也冷静地告诫：我们国家的反腐形势依然严峻，情况依然较为复杂，腐败现象没有绝迹。王岐山同志也指出，在惩治腐败的高压态势下，仍有一些党员干部不收敛不收手、甚至变本加厉。减少腐败存量，遏制腐败增量，依然是我国当前乃至今后一段时间内常抓不懈的重要任务。[③] 习近平同志强调：“反腐倡廉必须常抓不懈，拒腐防变必须警钟长鸣，关键就在‘常’‘长’二字，一个是要经常抓，一个是要长期抓。”[④] 王岐山同志也指出：“当前党风廉政建设和反腐败斗争形势依然严峻复杂，滋生腐败的土壤依然存在。党要

① 参见《2010年英国反腐败法案》，载《英国电讯报》2010年7月20日，第3版。

② 参见代山：《英国与新加坡的反腐败立法》，载《人民政坛》2014年第11期。

③ 参见《依然严峻复杂！关于当前反腐形势的三个判断》，载《人民日报》2015年1月23日，第3版。

④ 人民日报社评论部编著：《“四个全面”学习读本》，人民出版社2015年版，第267页。

管党、从严治党一刻不可放松。"① 上述领导层的相关重要论述，表明了我们党对反腐败斗争的复杂性和艰巨性有着清醒的认识，也宣示了中央将反腐败斗争进行到底的信心和决心。②

2015 年 1 月，中国青年报社会调查中心通过“民意中国网”和“益派咨询”，对 2167 位受访者就中国的腐败情况和反腐形势进行了一项在线调查，71.1%的受访者对 2014 年我国反腐所取得的成绩表示满意。对于 2014 年我国的反腐工作，受访者印象最为深刻的三项事情依次是：(1)“打掉一批‘大老虎’”(76.0%)；(2)“打击外逃贪官”(52.5%)；(3)“清理‘裸官’”(45.9%)。关于我国当前的腐败形势，82.3%的受访者对于中央领导所强调的“反腐败斗争形势依然严峻复杂”的判断表示认可。甚至有高达 40.6%的受访者认为，我国当前的反腐形势“非常严峻”。③ 据中纪委年度工作报告，我国因腐败而接受党纪政纪处分的人数为 2012 年 160718 人，2013 年 182038 人，2014 年 232000 余人；据最高检察院工作报告，我国检察机关依法追究职务犯罪分子刑事责任的人数为 2012 年 47338 人，2013 年 51306 人，2014 年 55101 人。纪委和检察机关查处的人数在不断地增多，这固然与我国近年来严厉打击腐败的国家政策相关，但同时也从一个侧面反映了我国近年来较为严峻的反腐形势。因此进一步减少腐败存量、遏制腐败增量依然是摆在我们党和国家面前的迫切任务，任重而道远。④

---

① 参见王岐山：《坚持党的领导依规管党治党为全面推进依法治国提供根本保证》，载《人民日报》2014 年 11 月 3 日，第 3 版。

② 参见赵秉志、彭新林：《习近平反腐倡廉思想研究》，载《北京师范大学学报（社会科学版）》2015 年第 5 期。

③ 参见向楠：《七成受访者满意 2014 反腐成绩单不满意者仅占 4.2%》，载《中国青年报》2015 年 1 月 23 日，第 5 版。

④ 参见向楠：《七成受访者满意 2014 反腐成绩单不满意者仅占 4.2%》，载《中国青年报》2015 年 1 月 23 日，第 5 版。

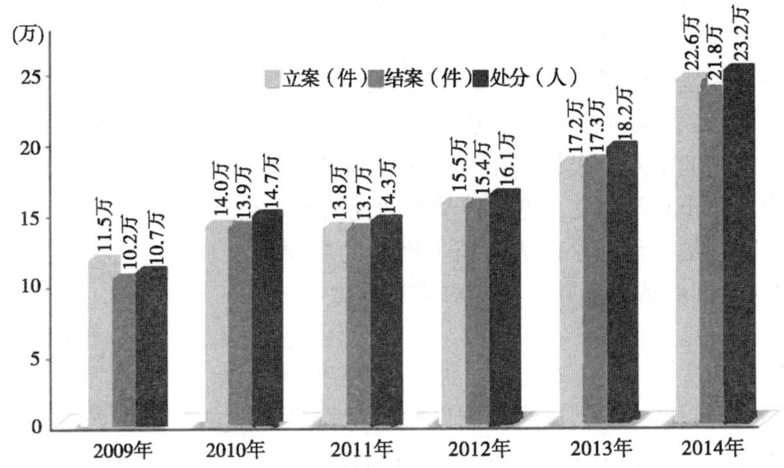


图 1.1　2009~2014 年全国纪检监察机关立案查处数量①

2017 年 1 月，十八届中央纪委七次全会公报指出，经过全党四年多的努力，腐败蔓延势头得到有效遏制，反腐败斗争压倒性态势已经形成。在 2017 年中央纪委监察部召开的新闻发布会中，监察部副部长肖培介绍，党的十八大以来，中央纪委共立案审查中管干部 240 人，是党的十七大期间审查中管干部人数的 3.6 倍。此外，根据中央纪委监察部网站发布的消息，2013 年至 2016 年 9 月，全国纪检监察机关共立案 101.8 万件，给予党纪政纪处分 101 万人。2016 年，在强有力的反腐败高压态势震慑下，有 5.7 万名党员主动向组织交代了自己的问题。在十八届中央纪委七次全会上，中共中央总书记习近平指出，经过全党共同努力，腐败蔓延势头得到有效遏制，反腐败斗争压倒性态势已经形成，不敢腐的目标初步实现，不能腐的制度日益完善，不想腐的堤坝正在构筑，党内政治生活呈现新的气象。这标志着党的十八大以来，中央在反腐败

① 参见“大数据解析 2015 反腐败形势与任务”，载人民网 http://fanfu.people.com.cn/n/2015/0212/c393889-26557864.html，2016 年 2 月 14 日访问。

斗争领域取得了重大胜利。[①] 作为法治反腐体系中重要的一环，刑事法治在惩治腐败的斗争中具有重要的积极意义，但是刑事法治也应当根据我国反腐败新形势不断完善。

（二）我国当下法治反腐立场：以刑事法治为分析重点

党的十八大报告提出："健全反腐败法律制度，防控廉政风险，防止利益冲突，更加科学有效地防治腐败"，并明确指出，腐败问题是党和国家前进道路上面临的主要困难和问题之一，强调"这个问题解决不好，就会对党造成致命伤害，甚至亡党亡国"。[②] 习近平总书记在十八届中央纪委二次会议上提出："要善于用法治思维和法治方式反对腐败，加强反腐败国家立法，加强反腐倡廉党内法规制度建设，让法律制度刚性运行。"[③] 党的十八届四中全会通过的《中共中央关于全面推进依法治国若干重大问题的决定》（以下简称十八届四中全会《决定》）强调："加快推进反腐败国家立法，完善惩治和预防腐败体系，形成不敢腐、不能腐、不想腐的有效机制，坚决遏制和预防腐败现象。"[④] 2015 年 3 月召开的第十二届全国人民代表大会第三次会议决定将反腐败国家立法列入当年加强重点领域立法范围。[⑤] 我们国家反腐的相关部署表明了法治反腐的态度，彰显了党和国家运用法律武器打击腐败的决心和力度。在法治反腐的过程中，建立健全惩治和预防腐败的体系具有重

① 参见陈磊：《党的十八大以来有效遏制腐败蔓延势头　反腐败专家剖析反腐败斗争压倒性态势怎样形成》，载《法制日报》2017 年 6 月 28 日。

② 《坚定不移沿着中国特色社会主义道路前进为全面建成小康社会而奋斗》，载《人民日报》2012 年 11 月 18 日，第 1 版。

③ 参见《更加科学有效地防治腐败　坚定不移把反腐倡廉建设引向深入》，载《人民日报》2013 年 1 月 23 日，第 1 版。

④ 参见《中共中央关于全面推进依法治国若干重大问题的决定》，载《人民日报》2014 年 10 月 29 日，第 1 版。

⑤ 参见邓海建："推进反腐国家立法，有权不敢'任性'——2015 两会系列评论之十七"，载人民网 http：//opinion. people. com. cn/n/2015/0311/c1003-26674224. html，2015 年 10 月 25 日访问。

大意义，是我们党和政府在新形势下对反腐倡廉工作作出的重大战略决策，是防治腐败的根本举措。作为法治反腐体系中重要的一环，刑事法治是惩治腐败最为严厉的手段，需要积极而慎重、稳妥地适用。同时，刑事法治也应当根据我国反腐败新形势、新任务的需要，科学、合理地加以完善。反腐败刑事法治，从内涵上说，应涵括惩治腐败、注重预防、彰显公正、保障人权等内容；就外延而言，则主要包括反腐败刑事实体法治和反腐败刑事程序法治两个基本方面。贪污受贿犯罪的治理是反腐败刑事法治的重大现实问题，是最为关键和影响巨大乃至从整体上制约反腐败刑事法治发展进步的重大理论和实务问题，对其深入研究和正确解决往往是促成反腐败刑事法治乃至整个刑事法治发展进步的重要契机。一般来说，反腐败刑事法治主要是从反腐败刑事实体法和反腐败刑事程序法两方面来考量。本书主要是以刑事实体法为分析重点，探析我国反腐败刑事法治的基本概貌。

1. 依法严厉查处腐败是当代中国贪污受贿犯罪刑事政策主要导向

我们党和政府一贯高度重视反腐败工作，特别是党的十八大以来，更加注重科学有力地防治腐败。2013 年 8 月 27 日召开的中共中央政治局会议明确强调，把坚决遏制腐败蔓延的势头作为当前重要任务和工作目标，坚持“老虎”“苍蝇”一起打，严肃查处党员干部违纪违法案件，充分发挥震慑力。[①] 2013 年 11 月 12 日，党的十八届三中全会通过的《中共中央关于全面深化改革若干重大问题的决定》（以下简称十八届三中全会《决定》）更是提出了要形成科学有效的权力制约和协调机制，加强反腐败体制机制创新和制度保障。十八届三中全会《决定》中相关的反腐败部署，为当下中国反腐败指明了努力的方向，对我国新时期的反腐败工作产生了

① 参见《中共中央政治局会议决定 11 月召开十八届三中全会》，载《人民日报》2013 年 8 月 28 日，第 1 版。

重大而积极的影响。

十八届三中全会《决定》中的有关健全反腐败领导体制和工作机制的部署，在我国掀起了新一轮强劲的反腐败浪潮，对新时期的反腐败工作产生了重大而深远的积极影响。2014 年 1 月 14 日，习近平在中国共产党第十八届中央纪律检查委员会第三次全体会议发表讲话强调，要以猛药去疴、重典治乱的决心，以刮骨疗毒、壮士断腕的勇气，坚决把党风廉政建设和反腐败斗争进行到底。反腐倡廉必须常抓不懈，拒腐防变必须警钟长鸣。要牢记“蠹众而木折，隙大而墙坏”的道理，保持惩治腐败的高压态势。[①] 十八届四中全会《决定》在立法、执法、司法、守法四个方面的部署中，提出要加快推进反腐败国家立法，完善惩治和预防腐败体系，形成不敢腐、不能腐、不想腐的有效机制，坚决遏制和预防腐败现象。完善惩治贪污贿赂犯罪的法律制度，把贪污贿赂犯罪的犯罪对象由财物扩大为财物和其他财产性利益。进一步提出要善于以法治思维和法治方式推进反腐败，夯实不敢腐、不能腐、不想腐的法治基石和制度基础，使反腐败走向规范化、制度化，让法治反腐成为新常态。[②] 2015 年 1 月 13 日，习近平总书记在中国共产党第十八届中央纪律检查委员会第五次全体会议上发表的重要讲话中也提到，要“坚持无禁区、全覆盖、零容忍，严肃查处腐败分子，着力营造不敢腐、不能腐、不想腐的政治氛围”。[③] 这些都为我国新时期建立健全惩治和预防腐败体系提供了实践依据，指明了前进方向，也对我国新形势下的反腐败工作提出了更高要求。

---

① 参见曾伟：“习近平谈反腐：有腐必反决不‘养虎为患’”，载人民网 http://politics.people.com.cn/n/2014/0730/c1001-25372496.html，2016 年 1 月 18 日访问。

② 参见赵秉志：《开创刑事法治新局面》，载《人民日报》2014 年 11 月 12 日，第 6 版。

③ 参见《党风廉政建设和反腐败斗争永远在路上——论学习贯彻习近平同志在十八届中央纪委五次全会讲话》，载《人民日报》2015 年 1 月 15 日，第 1 版。

2. 不断完善的刑法立法是防治腐败犯罪的重要法治保障

刑事法治在反腐败法治体系中举足轻重。经过多年来不断的法治完善，我国反腐败刑事法治现代化、科学化的程度在不断地提高。但同时我们应当清醒地看到，我国反腐败刑事法治领域还存在许多亟待解决的问题，[①] 我们需要根据我国反腐败新情势，遵循基本的法治原则，认真加以研究，以期有助于反腐败刑事法治的不断发展完善。

在我国现行的1997年刑法典中较大篇幅地涉及贪污贿赂犯罪的刑法规范。在1997年制定刑法典时，国家立法机关将1988年全国人大常委会通过的单行刑法《关于惩治贪污贿赂罪的补充决定》和最高人民检察院当时正在起草的《反贪污贿赂法》合并修改进而编为刑法典中独立的一章，即刑法分则第八章贪污贿赂罪。贪污贿赂罪独立成章，不仅明确了这类犯罪的同类客体是公共职务的廉洁性，符合中国刑法对犯罪进行科学分类进而有针对性地加以防治的现实需要，而且顺应了当代世界各国在立法上强调防治贪污贿赂犯罪的国际潮流和趋势。[②] 1997年刑法典对贪污贿赂犯罪的系统整合构成了当代中国防治贪污贿赂犯罪的基本刑法结构。此后，随着我国社会情势的不断变化，国家立法机关以刑法修正案的形式对贪污贿赂犯罪进行了不断的修改完善。1997年刑法典初步构建了我国防治贪污贿赂犯罪的刑法结构，但是随着社会情势的变化和司法实践的不断发展，需要对刑法典有关贪污贿赂犯罪的相关规定进行修改。由于1997年刑法典之后，我国主要是以刑法修正案的形式对刑法典进行修改，因而关于贪污贿赂犯罪的刑法修改内容主要体现在有关的刑法修正案中。《刑法修正案（一）》其中第7条是对1997年刑法典第185条规定内容的修改，其基本目的在于进一步明

---

① 参见赵秉志：《反腐败的刑事法治完善》，载《当代法学》2013年第3期。

② 参见高铭暄、赵秉志：《中国刑法立法之演进》，法律出版社2007年版，第91~92页。

确“其他金融机构”的范围，基本不涉及贪污贿赂犯罪立法体系的调整。而涉及贪污贿赂犯罪立法完善的刑法修正案主要为2007年的《刑法修正案（六）》、2009年的《刑法修正案（七）》、2011年的《刑法修正案（八）》、2015年的《刑法修正案（九）》。

（1）《刑法修正案（六）》与贪污贿赂犯罪立法的完善。《刑法修正案（六）》共计21个条文，涉及贪污贿赂犯罪立法修改与补充的条文有3个。拓宽公司、企业人员受贿罪和对公司、企业人员行贿罪的范围。为弥补刑法典在犯罪主体或对象范围存在的刑法规制漏洞，《刑法修正案（六）》第7条、第8条将两罪的犯罪主体和行为对象的范围进行了扩展。其中，公司、企业人员受贿罪犯罪主体的范围也被扩大至“其他单位的工作人员”，对公司、企业人员行贿罪行为对象的范围也被扩大至“其他单位的工作人员”。相应地，罪名也被最高人民法院和最高人民检察院重新命名为“非国家工作人员受贿罪”和“对非国家工作人员行贿罪”。将贪污贿赂犯罪纳入洗钱罪上游犯罪的范围。1997年刑法典所规定的洗钱罪，其上游犯罪被限定于毒品犯罪、黑社会性质的组织犯罪、走私犯罪三种类型。基于实施积极刑法治理的需要，立法机关不断地扩大该罪上游犯罪的范围，《刑法修正案（三）》将恐怖活动犯罪纳入洗钱罪的上游犯罪之中，《刑法修正案（六）》再次扩大洗钱罪上游犯罪的范围，贪污贿赂犯罪被扩展为洗钱罪的上游犯罪，这有利于贪污贿赂犯罪罪名体系的全面化。

（2）《刑法修正案（七）》与贪污贿赂犯罪立法的完善。《刑法修正案（七）》共设14个条文，涉及贪污贿赂犯罪立法修改与补充的条文有2个。第一，增设利用影响力受贿罪。随着国家腐败犯罪治理战略的整体推进，国家公职人员贿赂犯罪呈现新的发展态势。一方面，由国家工作人员直接实施的交易型贿赂犯罪呈隐瞒化乃至下降趋势，而间接交易型、期约交易型乃至代理交易型贿赂犯罪成为新的犯罪方式；另一方面，受贿犯罪呈家族化蔓延趋势，成为刑法治理中值得高度关注的问题，这一犯罪趋向不仅严重挑战刑法的规制能力，也抑制了刑法控制受贿犯罪的效果。为此，利用影响力受贿已被世界发达国家列入刑法规制的重点，《联合国反腐败公约》第 17 条也规定了“影响力交易罪”，要求缔约国在最大范围内将滥用影响力侵害公职行为廉洁性的行为规定为犯罪。2009 年 2 月 28 日通过的《刑法修正案（七）》增设了利用影响力受贿罪，有助于进一步规制复杂多样的受贿形式。第二，提高巨额财产来源不明罪的法定刑。巨额财产来源不明罪在我国刑法所规定的贪污贿赂犯罪罪名体系中，扮演着堵截性罪名的角色，该罪的设立提高了刑法的防御能力。但是，由于刑法典在该罪的刑罚配置中存在刑罚幅度过小、最高刑过低的问题，影响了该罪应有刑法效益的发挥。《刑法修正案（七）》对此进行了完善，将其法定最高刑调整至 10 年，有效地解决了这一现实问题。

（3）《刑法修正案（八）》与贪污贿赂犯罪立法的完善。根据《联合国反腐败公约》的要求，2011 年 2 月 25 日全国人大常委会通过的《刑法修正案（八）》第 29 条在《刑法》第 164 条对非国家工作人员行贿罪下增设了对外国公职人员、国际公共组织官员行贿罪，同时将该罪规定为单位犯罪。增设该罪是我国加强对国际贿赂犯罪的惩治和维护中国形象的需要。对外国公职人员、国际公共组织官员行贿会对正常的国际商业秩序造成损害，也会影响中国的国际形象。因而增设贿赂外国公职人员、国际公共组织官员的罪名，有利于规范中国公民、法人和其他组织在国际活动中的行为，保持和维护中国良好的国际形象，表明了中国政府同国际贿赂犯罪作斗争的态度和决心。同时，通过刑法来规制对外国公职人员、国际公共组织官员行贿的行为，也是我国贯彻落实《联合国反腐败公约》相关规定的重要体现。[①]

（4）《刑法修正案（九）》与贪污贿赂犯罪立法的完善。2015

---

① 参见赵秉志主编：《〈刑法修正案（八）〉理解与适用》，中国法制出版社 2011 年版，第 128 页。

年8月29日全国人大常委会审议通过的《刑法修正案（九）》，为应对我国反腐败的现实需要，贯彻中共中央相关反腐政策精神，对腐败犯罪的罪名设置、刑罚适用、相关犯罪的定罪量刑进行了多处重要的修改补充，主要体现在：

第一，进一步完善了贪污受贿犯罪的定罪量刑标准，并正式确立了针对严重贪污受贿犯罪死缓犯的终身监禁制度。《刑法修正案（九）》第44条确立了贪污受贿犯罪“概括性数额+情节”的定罪量刑标准。同时，为进一步贯彻宽严相济的刑事政策，考量反腐败的现实需要，规定了贪污受贿罪的从宽处理规定，即如果行为人如实供述自己罪行，真诚悔罪，积极退赃，避免、减少损害结果发生的，可以从宽处理；同时，针对特、重大贪污受贿犯罪的死缓犯设立了终身监禁制度。针对严重的贪污受贿犯罪分子，规定法院可以依据犯罪情节等情况，在判处其死缓的同时，决定不得对其减刑、假释，予以终身监禁制度（《刑法修正案（九）》第44条第4款）。

第二，严密行贿犯罪的刑事法网并严格相关的刑事处罚。首先，严密行贿犯罪的刑事法网，增设对有影响力的人行贿罪（《刑法修正案（九）》第46条）。其次，严格对行贿犯罪的相关处罚。在完善行贿犯罪财产刑规定的基础上，进一步严格对行贿罪从宽处罚的条件，使得从宽处罚的相关规定更有层次性和区分性，即《刑法修正案（九）》将“行贿人在被追诉前主动交待行贿行为的，可以减轻处罚或者免除处罚”的规定，修改为“行贿人在被追诉前主动交待行贿行为的，可以从轻或者减轻处罚。其中，犯罪较轻的，对侦破重大案件起关键作用的，或者有其他重大立功表现的，可以减轻或者免除处罚”（《刑法修正案（九）》第45条）。

第三，增设贿赂犯罪的罚金刑。《刑法修正案（九）》在其第10条、第44条、第47条、第48条、第49条中增设了对相关腐败犯罪处以罚金刑的规定，并将单位行贿罪的罚金刑适用于单位的基础上扩大至直接负责的主管人员和其他直接责任人员。

第四，增加对于腐败犯罪的预防性措施规定。《刑法修正案

（九）》第1条规定，对因利用职业便利实施犯罪，或者实施违背职业要求的特定义务的犯罪被判处刑罚的，人民法院可以根据犯罪情况和预防再犯罪的需要，禁止其自刑罚执行完毕之日或者假释之日起从事相关职业，期限为3~5年。由于腐败犯罪是最为典型的职务犯罪，因而通常也认为，这是一种反腐败的预防性措施。

近年来，我国的廉政法治建设已取得了显著的进展，但还不完备，如存在反腐立法分散、反腐法网不够严密、刑事规制范围较为狭窄等问题，因而需要进一步完善反腐败国家立法。同时，应强化反腐败执法，严惩贪污贿赂等腐败行为。

3. 严格刑事司法是防治腐败犯罪的现实依托

自党的十八大以来，我国掀起了新时代的反腐浪潮，查处了一大批腐败犯罪分子。2013年10月22日，最高人民检察院检察长曹建明在向全国人大常委会汇报反贪污贿赂工作时介绍，从2008年1月至2013年8月，全国检察机关共立案侦查贪污贿赂犯罪案件151350件，涉案198781人次，其中县处级干部13368人，司局级干部1029人，省部级以上干部32人。以贪污贿赂罪名提起公诉的共计167514人，法院判决有罪的148931人。与前五年相比，查处的人数增长了19.5%。[①]

以查处的高官腐败犯罪为例，据最高人民检察院年度工作报告的数字披露，1998~2002年，涉嫌腐败犯罪被查处的省部级高官为19人；2003~2007年，被查处的高官腐败人数为35人；2008~2012年，也有30人被立案侦查。[②] 持续保持高压态势，坚决遏制腐败蔓延势头，已经成为党的十八大之后惩治腐败的一种常态。依据媒体的相关报道，从党的十八大闭幕至2017年8月，从2012年12月四川省委原副书记李春城被双规起到2017年7月31日国家安

① 参见宋识径、邢世伟：《5年立案侦查32名省部级以上官员》，载《新京报》2013年10月23日，第5版。

② 参见最高人民检察院1994~2013年工作报告。

监总局原党组书记、局长杨焕宁落马，已有 138 名省部级高官落马，党中央惩治腐败的力度空前。[①] 这充分显示了党中央严惩腐败的坚决的态度和坚定决心。同时，根据中央纪委公布的数据，从中央“八项规定”开始实施至 2015 年 6 月 30 日，全国累计查处违反八项规定精神的问题 91526 件，处理 120841 人，给予 42688 人党纪政纪处分。[②] 2016 年，全国纪检监察机关共接受信访举报 253. 8 万件（次），处置问题线索 73. 4 万件，谈话函询 14. 1 万件（次），立案 41. 3 万件，处分 41. 5 万人（其中党纪处分 34. 7 万人）。处分省部级干部 76 人，厅局级干部 2700 余人，县处级干部 1. 8 万人，乡科级干部 6. 1 万人，一般干部 7. 6 万人，农村、企业等其他人员 25. 6 万人。[③] 2017 年，全国纪检监察机关共接受信访举报 273. 3 万件（次），处置问题线索 125. 1 万件，谈话函询 28. 4 万件（次），立案 52. 7 万件，处分 52. 7 万人（其中党纪处分 44. 3 万人）。处分省部级及以上干部 58 人，厅局级干部 3300 余人，县处级干部 2. 1 万人，乡科级干部 7. 8 万人，一般干部 9. 7 万人，农村、企业等其他人员 32. 7 万人。[④] 2018 年，全国纪检监察机关共接受信访举报 344 万件（次），处置问题线索 166. 7 万件，谈话函询 34. 1 万件（次），立案 63. 8 万件，处分 62. 1 万人（其中党纪处分 52. 6 万人）。处分省部级及以上干部 51 人，厅局级干部 3500 余人，县处级干部 2. 6 万人，乡科级干部 9. 1 万人，一般干部 11. 1 万人，农

---

① 参见“十八大后落马省部级及以上高官名单　山西最多（表）”，载人民网 http://tj. people. com. cn/n2/2017/0814/c375366-30604816. html，2018 年 10 月 30 日访问。

② 参见过勇：《十八大以来的立体反腐》，载《前线》2015 年第 10 期。

③ 参见《中央纪委通报 2016 年全国纪检监察机关纪律审查情况》，载《中国纪检监察报》2017 年 1 月 5 日。

④ 参见“2017 年全国纪检监察机关处分 52.7 万人”，载人民网 http://legal.people.com.cn/n1/2018/0112/c42510-29760626.html，2018 年 9 月 30 日访问。

村、企业等其他人员 39 万人。①

表 1.1　2008~2014 年纪检监察机关和检察机关查处人数

| 年度 | 纪检监察机关党纪政纪处分人数 | 检察机关立案人数 |
|---|---|---|
| 2008 | 133951 | 41179 |
| 2009 | 138708 | 41531 |
| 2010 | 146517 | 44085 |
| 2011 | 142893 | 44506 |
| 2012 | 160718 | 47338 |
| 2013 | 182038 | 51306 |
| 2014 | 232000 | 55101 |
| 2015 | 336000 | |

表 1.2　年度查处省部级以上高官的人数（2008~2015 年 12 月 31 日）

| 年份 | 人数 |
|---|---|
| 2008 | 7 |
| 2009 | 10 |
| 2010 | 5 |
| 2011 | 6 |
| 2012 | 4 |
| 2013 | 18 |
| 2014 | 59 |
| 2015 | 71 |

① 参见“中央纪委国家监委通报 2018 年全国纪检监察机关监督检查、审查调查情况”，载中央纪委国家监委网站 http：//www. ccdi. gov. cn/toutiao/201901/t20190108_186570. html，2018 年 9 月 28 日访问。

## 第二节　反腐刑事法治下贪污受贿犯罪定罪量刑标准之审视

十八届三中全会《决定》提出："全面深化改革的总目标是完善和发展中国特色社会主义制度，推进国家治理体系和治理能力现代化。"正如有论者所言，运用法治思维和法治方式解决重大复杂的社会问题是国家治理能力现代化的核心内涵。① 因而推进腐败犯罪治理的现代化，也要求我们善于以法治思维和法治方式推进反腐败。腐败犯罪的刑法治理体系是腐败治理体系的有机组成部分，刑法治理体系的现代化有助于推动腐败治理体系的现代化，进而提高腐败治理能力。作为腐败犯罪中最为突出的贪污受贿犯罪，其治理效果直接关系到腐败犯罪的治理效果。而贪污受贿犯罪的定罪量刑标准则是治理贪污受贿犯罪的重要"抓手"，审视贪污受贿犯罪的定罪量刑标准有助于科学合理确定贪污受贿犯罪的定罪量刑标准，进而推进贪污受贿犯罪的科学治理。

### 一、贪污受贿犯罪定罪量刑标准之现实意义

贪污受贿犯罪的定罪量刑标准是贪污受贿犯罪刑事治理中最为核心的问题之一，科学合理的贪污受贿犯罪的定罪量刑标准事关贪污受贿犯罪的治理效果，也关涉到反腐败大局。

#### （一）关乎腐败犯罪刑事政策之实现

在刑事政策与刑法的关系上，一般而言，刑事政策对刑法具有指导和制约作用，也就是刑事政策要指导刑法立法，刑法立法要体现刑事政策的相关精神和主张。刑事政策指导对刑法立法的动态影

---

① 参见莫纪宏：《国家治理体系和治理能力现代化的"法治精神"》，载《新疆师范大学学报（哲学社会科学版）》2014 年第 3 期。

响主要在于确定是否需要立法、如何立法等方面。[①] 刑事政策指导着刑法立法的全过程，刑事立法中刑罚种类的设定、法定刑的配置、量刑情节的设置等，均要受到刑事政策的影响和制约。因而可以说，在某种程度上刑法立法体现了刑事政策。决策层对于相关犯罪的刑事政策决定了刑法立法的内容和方向，在腐败犯罪中也是如此。

在当下中国，在贯彻宽严相济的刑事政策的前提下，中央提出了“老虎苍蝇一起打”的反腐策略，其核心就是要对腐败现象“零容忍”，既要严惩严重腐败犯罪，也不能放纵普通腐败犯罪。虽然理论界对于反腐败的“零容忍”政策存在不同的看法，但是不论如何争论以及是否承认“零容忍”的反腐政策，“零容忍”政策确实实际上成为我们党和政府反腐败的一个重要策略举措。那么，党中央的反腐败的刑事政策必将在我国的贪污受贿犯罪的刑法立法中加以体现。而贪污受贿犯罪的定罪量刑标准是贪污受贿犯罪刑法立法的主要体现。首先，贪污受贿犯罪的定罪标准直接决定了刑法对贪污受贿行为的干预范围。贪污受贿犯罪的定罪标准决定了犯罪圈的大小，而犯罪圈的大小体现的是一定时期内的刑事政策。刑事政策作为一种价值选择，其基本价值在于提供犯罪化的标准和原则，即应当将多大范围内的行为和何种性质的行为纳入刑事调整的范围。就此而言，刑事政策就是体现国家意志、惩治犯罪、维护社会秩序、实现社会动态平衡的功能栓阀。[②] 贪污受贿犯罪的起刑点如何界定，贪污受贿犯罪的对象范围包括哪些等，这些贪污受贿犯罪定罪标准的相关问题就决定了国家刑法立法的调整范围和调整广度。其次，贪污受贿犯罪的定罪量刑标准决定了刑法对贪污受贿犯罪的调整力度。对于贪污受贿犯罪配置何种刑罚种类、设置哪种

① 参见卢建平、刘春花：《刑事政策与刑法的二重协奏——1949 年以来中国刑事政策的演进与刑法的变迁》，载《河北学刊》2011 年第 4 期。

② 参见赵威：《数额犯研究》，辽宁大学出版社 2010 年版，第 114 页。

具体的量刑情节等，这关系到刑法在一定刑事政策指导下对贪污受贿犯罪的刑法调整力度。如《刑法修正案（九）》中将贪污受贿的相关事后行为（如实供述、积极退赃、认罪悔罪等情节）明确规定为法定量刑情节，这就是刑法立法在宽严相济刑事政策的指导下，为有效惩治贪污受贿犯罪而进行的刑法修改。故而贪污受贿犯罪的定罪量刑标准体现了贪污受贿犯罪的刑事政策，确立科学合理的贪污受贿犯罪定罪量刑标准有助于落实贪污受贿犯罪刑事政策，进而助推腐败犯罪的有效治理。

（二）有助于推进腐败犯罪司法公正

与其说法律是一种规范，毋宁说它是一种实践理性。如果说立法是这一实践理性的最初环节，那么司法就是这一实践理性的最后保障。① 刑事法治的实现需要一套规范刑事法治活动的规则，即刑事法律规范。刑事法律规范是否合理、能否得到遵守，必须经由刑事司法活动的检验和完善。因此，可以说没有刑事司法就没有刑事法治，缺乏刑事司法保障的刑事法治也将是华而不实的花瓶。而公正是司法的本质，司法的目的是实现公正。公正是司法工作的灵魂和根基，没有司法公正，法律将无法正确实施，社会公正将失去希望和保障。② 十八届四中全会《决定》中也提出："公正是法治的生命线，司法公正对社会公正具有重要引领作用，司法不公对社会公正具有致命破坏作用。"在刑事司法阶段，司法公正主要体现为量刑公正。量刑公正体现为遵循罪责刑相适应原则，犯多大的罪，就应承担多大的刑事责任，法院亦应判处其相应轻重的刑罚，做到重罪重罚，轻罪轻罚，罚当其罪，罪刑相称。罪轻罪重，应当考虑行为人的犯罪行为本身和其他各种影响刑事责任大小的因素。行为人违反刑法的规定，不仅要承担刑事责任，主体间在承担刑事责任

① 参见赵秉志、田宏杰：《刑事司法正义论》，载《中国刑事法杂志》2000 年第 6 期。

② 参见谭世贵：《论司法独立与媒体监督》，载《中国法学》1999 年第 4 期。

方面要公正，类似案件，类似处罚，在量刑方面不允许出现与罪责刑不相适应的情况，而且也不能出现行为人情况类似但处罚不类似，即量刑要均衡、平等。

对贪污受贿犯罪进行公正的惩罚，是反腐法治化的内在要求。由于1997年刑法典规定的贪污受贿犯罪定罪量刑标准不合理，数额定罪量刑标准客观化、绝对化，导致司法实践中存在“数额中心论”的定罪量刑思维和单一贪污受贿行为评价标准，难以适应社会经济的发展需要。另外，由于法定刑幅度过宽且无统一、具体、明确的量刑标准可供司法适用，司法裁量空间过大，以致贪污受贿犯罪量刑失衡现象突出，并成为长期困扰我国贪污受贿犯罪刑事司法实践的难题。量刑失衡和量刑不公正，会引发公众对量刑的不信任，助长量刑的随意性，侵蚀公众对反腐的信心。因而进一步完善贪污受贿犯罪的定罪量刑标准，规范贪污受贿犯罪的司法裁量，从微观、个案实现对贪污受贿犯罪处罚的公正性，有助于提升反腐司法裁决的司法公信力，进而促进法治反腐。

（三）有益于推动反腐败的公众认同

如果公众认为刑事法律是一个异己和外物的东西，不是自己主动需要的，而是外界强加的，其目的是限制、束缚自己，对法律的遵守是一种被动的行为，那么“他时时刻刻想到的便是远离、规避和排斥法律”。[①] 文明包括外在的事物和内在的精神，外在的文明是物质文明和制度文明，内在的文明是精神文明。外在的文明易取，内在的文明难求，只有“先求其精神，排除障碍”，才能“为汲取外形文明开辟道路”。只有从精神、观念和意识着手，改变人心，才能变革法律。[②] 刑事法的发展历史表明，真正的法治需要有

---

① 参见姚建宗：《信仰：法治的精神意蕴》，载《吉林大学社会科学学报》1997年第2期。

② 参见［日］福泽谕吉：《文明论概略》，北京编译社译，商务印书馆1982年版，转引自田宏杰：《中国刑法现代化研究》，中国方正出版社2000年版，第182页。

与法治相关的精神意识、观念和情感支持。[①] 信仰是人类社会生活中的精神现象，它指导着其他意识活动。通过对某种事物的信仰，可以为人的行为提供行为模式和标准尺度。[②] 如果民众缺乏对法治社会的充分信仰，人便会失去法治社会中的精神支柱和价值指南。刑事法治社会中，只有对刑事法治形成信仰，才会推动刑事法治的发展。

在当下中国，从我国的内部评估以及民众的感知来看，我国面临着较为严峻的反腐形势。依据贪污受贿犯罪的定罪量刑标准严格惩治贪污受贿犯罪，将会向民众传递国家惩治腐败的决心和态度；而对贪污受贿犯罪进行科学量刑，实现量刑均衡和公正，表现出刑事司法对法律面前人人平等以及罪刑均衡原则的坚守，则会让民众在每一件贪腐案件中感受到法律的公平正义。因而贪污受贿案件的定罪量刑关系到民众对于反腐败的社会认同。故而在现代反腐刑事法治的建设中必须树立公民的反腐法治信仰。刑事法治必须植根于一定的社会环境中。人们之所以会对法律产生信仰是因为当人们的权益受到侵害时，法律能使他们的利益受到保护，社会公正得到体现。因此，树立公民反腐刑事法治信仰的关键在于科学的刑事立法、公正的刑事司法，而贪污受贿犯罪的定罪量刑标准则关系到刑事立法的科学性和刑事司法的公正性。信仰的主体是人，信仰的培植也是依靠人来完成的，故而无论反腐刑事立法的确立、刑事司法的落实还是刑事法治信仰的培育，归根结底都取决于人对反腐法治精神的深刻理解。通过确立科学合理的定罪量刑标准并在刑事司法中得到具体体现，能够培育公民的反腐法治观念、法治意识，使得公民普遍树立起反腐法治信仰，促进公民对反腐法治的认同。

---

① 参见姚建宗：《信仰：法治的精神意蕴》，载《吉林大学社会科学学报》1997年第2期。

② 参见陈金钊：《论法律信仰——法治社会的精神要素》，载《法制与社会发展》1997年第3期。

## 二、贪污受贿犯罪定罪量刑标准之审视

贪污受贿犯罪的定罪量刑标准关系到国家反腐败刑事政策的贯彻，体现了国家对于贪污受贿犯罪的惩治范围和惩治力度，也关系到民众对于国家反腐的公众认同等重要现实问题。可以说，贪污受贿犯罪定罪量刑标准科学合理地确定关乎反腐败刑事法治水平的高低和贪污受贿犯罪的防治效果。科学合理的贪污受贿犯罪定罪量刑标准应全面反映贪污受贿行为的社会危害性，充分体现罪责刑相适应原则，同时也要有助于刑罚功能之最优发挥，契合现代刑事法治发展之需要。

### （一）应全面反映行为的社会危害性

一般而言，对于具体个罪社会危害性的判断，我们需要坚持主客观相统一的原则，综合考量行为侵犯的法益，行为对象，行为方式，危害结果和行为时间、地点等客观方面的犯罪情节，以及行为人的主观方面等因素来综合评判。因而在对犯罪进行定罪量刑时需要依据案件情节进行综合评价。在贪污受贿犯罪中，数额大小能够在一定程度上表征贪污受贿犯罪的社会危害性，但是贪污受贿数额并非贪污受贿犯罪社会危害性的唯一表征因素。在贪污受贿犯罪中，犯罪的危害行为主要体现在两个维度上，一方面体现为“外显”于罪名的贪污受贿行为，贪污受贿数额的多少可以测算社会危害性的大小；另一方面则是“内隐”于犯罪中的侵犯职务廉洁性的行为，在此行为侧面中，“情节”是社会危害性评价的重要因素。因而在衡量贪污受贿犯罪行为的社会危害性时，还应考量贪污受贿犯罪数额以外的犯罪情节。如贪污受贿的对象、是否为他人谋取不正当利益、谋取利益的性质、给国家和人民利益造成的损失大小、罪后的表现等，尤其是在受贿犯罪中，由于犯罪情节差别大，案件情况复杂，单纯考虑数额无法客观、准确、全面反映行为的社会危害程度，还应当全面考虑案件的罪前、罪中、罪后等环节中的各种主客观因素，进而判断行为的社会危害性大小。

因而在确立贪污受贿犯罪定罪量刑标准时，应当对行为的社会危害性进行充分评价。由于我国1997年刑法典中主要规定的是以具体数额为主的贪污受贿犯罪的定罪量刑标准，导致司法实践中定罪量刑“唯数额论”，没有考虑具体犯罪的不同，因而无法全面适时地反映贪污受贿个罪的社会危害性。特别是与1997年全面修订刑法典时相比，现阶段相同数额货币代表的社会财富和购买力与之前相比都发生了变化，绝对确定的数额难以全面适时地反映贪污受贿个罪的社会危害性。诚如有学者所言：“2013年人均可支配收入是1997年的5.2倍，可见通货膨胀、货币贬值导致现在的5000元已经和当时的5000元所代表的社会财富和社会危害性不能同日而语。”① 另外，由于我国区域经济发展不平衡，同一时期同样的犯罪数额在不同区域其社会危害性也是不一样的，如在东部北京地区贪污受贿5000元与在云南不发达地区贪污受贿5000元，人们对于行为的社会容忍度也是大不一样的。因而在确定贪污受贿犯罪的定罪量刑标准时应摒弃刚性的绝对数额定罪量刑标准，依据各地情况规定一个浮动的标准，这有助于客观、全面、适时地反映个罪的社会危害性。

（二）应充分体现罪责刑相适应原则

我国现行刑法典第5条规定了刑法理论中的罪责刑相适应原则，即“刑罚的轻重，应当与犯罪分子所犯罪行和承担的刑事责任相适应”。罪责刑相适应原则要求我们在刑事司法中，重罪重罚，轻罪轻罚，罪刑相称，罚当其罪。罪责刑相适应原则在刑法分则中最重要的一个体现就是，刑法分则为具体犯罪规定了不同层次、不同幅度的法定刑，司法机关能够依据案件的具体情况依法适用不同的法定刑。

因而在贪污受贿犯罪定罪量刑标准的设置上也应当体现罪责刑

① 参见刘敬新、郭赛：《贪污罪与受贿罪数额标准的修改完善》，载赵秉志等主编：《现代刑法学的使命（下卷）》，中国人民公安大学出版社2014年版，第807页。

相适应原则。(1) 贪污受贿犯罪的定罪量刑标准要能全面体现行为的社会危害性和行为人的主观恶性和人身危险性。我国 1997 年刑法典主要规定的是以数额为标准的贪污受贿犯罪定罪量刑标准，不能准确反映行为人的人身危险性和主观恶性。而表征人身危险性程度的罪前、罪中和罪后等各种情节又是刑罚裁量必须考虑的。贪污受贿犯罪的定罪量刑需要结合行为的社会危害性和行为人的人身危险性进行综合评价，仅仅以数额为标准得出的刑罚势必与罪量及行为人应承担的刑事责任不符。这就会导致当行为人犯罪数额过大而其他犯罪情节较轻或者犯罪数额较小但是其他犯罪情节特别严重时，仅仅依据数额定罪量刑，将会造成罪量与刑量之间的实质不均衡。① 因而贪污受贿犯罪要确立数额和情节并重的定罪量刑标准，才能全面反映行为的社会危害性和行为人的主观恶性、人身危险性。(2) 贪污受贿犯罪的量刑标准需要确立具有层次性、幅度较大的法定刑。只有贪污受贿犯罪在刑法立法中确立了不同层次、不同幅度的法定刑，才能为相关司法机关留下适当的空间进而根据犯罪情节的严重程度进行适当的裁决。1997 年刑法典中以贪污受贿的犯罪数额 10 万元、5 万元、5000 元为界限规定了四个量刑单位，这样的贪污受贿犯罪不同量刑单位之间的量刑幅度较小，不利于充分体现罪责刑相适应的原则。随着近年来贪污受贿犯罪数额的不断提高，不少贪污受贿案件中犯罪数额相差悬殊，量刑幅度过小导致了相关案件在量刑上很难拉开差距，使得案件的裁决不能充分体现罪责刑相适应原则；司法实践中“唯数额论”且量刑情节处于辅助地位，这严重影响了一些案件裁判的社会效果。特别是由于判处 10 年有期徒刑以上刑罚的 10 万元犯罪数额规定的太低，导致贪污、受贿案件量刑实践当中长期存在罪刑失衡现象。如果贪污受贿 10 万元和贪污受贿 100 万元的量刑级差不大，无法让公众更好地

---

① 参见林竹静：《受贿罪数额权重过高的实证分析》，载《中国刑事法杂志》2014 年第 1 期。

感受到贪污受贿案件处理的公平正义。因而贪污受贿犯罪不同的量刑幅度要依据司法实践的相关情况拉开一定的距离，以便赋予司法人员较大裁量空间，以助于定罪量刑的均衡和公正。

（三）应有助于刑罚功能之最优发挥

刑罚的目的是预防犯罪，包括一般预防与特殊预防。所谓特殊预防，是指犯罪人重新犯罪；所谓一般预防，是指防止尚未犯罪的人走上犯罪道路。要实现刑罚的一般预防和特殊预防，我们需要注意刑罚的必定性和适当性。刑罚的必定性要求行为人违反刑法的规定应当及时接受刑罚，也称为刑罚的不可避免性，正如贝卡利亚所言，“对于犯罪最强有力的约束力量不是刑罚的严酷性，而是刑罚的必定性……因为，即便是最小的恶果，一旦成了确定的，就总令人心悸”①。所谓刑罚的适当性，是指行为人被施加的刑罚应当与其罪行的轻重和刑事责任的大小相适应。“除非能够证明对行为人施加刑罚这一痛苦的结果好于不施加的结果，否则刑罚就不能适用。”② 如果行为人没有及时受到刑罚制裁或者刑罚施加过剩抑或不足，都不利于刑罚预防作用的发挥。

在我国的1997年刑法典中，由于定罪量刑标准的不合理，导致了刑罚对贪污受贿犯罪不能有效地发挥预防作用。主要体现在：(1) 入罪的起刑点低，不符合司法实践的发展需要，不利于发挥刑法对贪污受贿犯罪的预防作用。1997年全面修订刑法典时，其确定的贪污受贿犯罪起刑点数额为5000元，但是现阶段相同数额的货币代表的社会财富和购买力与1997年相比都发生了巨大变化，绝对确定的5000元数额难以全面反映当前贪污受贿犯罪的社会危害性。同时，起刑点过低导致了目前贪污受贿犯罪定罪量刑的数额标准在司法实践中存在一定的“虚置”现象。事实上，现阶段一

① ［意］贝卡利亚：《论犯罪与刑罚》，黄风译，北京大学出版社2008年版，第44页。

② ［美］哈伯特·L. 帕克：《刑事制裁的界限》，梁根林译，法律出版社2008年版，第38页。

些地方已经对5000元的起刑点数额标准作了不同程度的上浮处理。如在中西部地区，一般以1万元为起刑点数额，而在北京、天津、上海、江浙等经济发达地区，起刑点数额为5万元，未达到这个数额标准，又没有其他严重情节的，不以犯罪论处。[①] 这些贪污受贿犯罪数额超过刑法典相关规定的案件都没有入罪，使得不少腐败分子逃脱了刑事制裁，损害了刑罚的必定性，不利于刑罚预防作用之发挥，损害了刑法的社会公信力。故而贪污受贿犯罪的定罪量刑标准应当考量反腐情势和相关法律制度的衔接，确定合理的入罪门槛。（2）贪污受贿犯罪相关量刑档次幅度过大，量刑上拉不开档次。关于10年以上有期徒刑的量刑，1997年刑法典中规定贪污受贿数额在10万元以上的，处10年以上有期徒刑或者无期徒刑，情节特别严重的处死刑。在司法实践中，贪污受贿600万元的案件和6000万元的案件虽然绝对数额相差5400万元，但是依据刑法典的相关规定，这一巨大的数额差别在定罪量刑司法实践中很难得到较好体现。此时的量刑主要是看数额以外的其他犯罪情节了，因而此两案判处的刑罚幅度可能相差不大。也就是说，当贪污受贿数额达到10万元以后，犯罪数额对量刑轻重的影响力就不是那么明显了，这无形中会增加犯罪分子"小贪"不如"大贪"的心理动机。正如有学者所说："当受贿10万元至500万元，而量刑没有差距或差距很小时，受贿者必然选择500万元。"[②] 故而1997年刑法典中规定的贪污受贿犯罪定罪量刑标准，不利于实现刑罚特殊预防效果。因而有必要进一步具体明确严重的贪污受贿犯罪的量刑标准，同时拉开相关法定刑之间的量刑幅度。

---

① 参见张亚平、皇甫忠：《贪污数额标准的修改》，载赵秉志、张军、郎胜主编：《现代刑法学的使命》，中国人民公安大学出版社2014年版，第767页。

② 参见张兆松：《再论贪污受贿罪定罪处罚数额标准的立法完善》，载赵秉志等主编：《现代刑法学的使命（下卷）》，中国人民公安大学出版社2014年版，第777页。

（四）应与刑事法治发展需要相契合

晚近几十年来，死刑的限制和废止已成为国际社会刑事法治发展的大趋势。我国对死刑制度进行的改革，顺应了国际社会死刑刑事法治发展的趋势，也是我国履行相关国际公约义务的体现。十八届三中全会《决定》提出要“逐步减少适用死刑罪名”。完善死刑制度相关法律规定，逐步减少适用死刑的罪名，也成为中央深化司法体制改革的重要任务。继 2011 年《刑法修正案（八）》取消了 13 种死刑罪名的基础上，2015 年的《刑法修正案（九）》进一步减少适用死刑的罪名，取消了走私武器、弹药罪等 9 种犯罪的死刑配置，提高死缓犯执行死刑的门槛，进一步促进了我国死刑制度的改革。

在我国刑罚体系中，死刑是最严厉的刑罚，因而也只能适用于最严重的犯罪，从而体现罪刑价值的对等性。[①] 由于非暴力犯罪并不直接危害人的生命，从罪刑价值对等性角度而言，对于非暴力犯罪，刑法中一般不应配置死刑。贪污罪、受贿罪本质上是属于非暴力、经济性犯罪，从罪责刑相适应的角度看，其行为的社会危害性与死刑剥夺的生命之间不具有均衡性和对等性，因而不应当配置死刑。而且域外法治发达国家一般对贪污受贿犯罪均未配置死刑。因而在科学合理确定贪污受贿犯罪定罪量刑标准时，也应当体现死刑改革的国际趋势和国内死刑改革的步伐。笔者认为贪污受贿犯罪死刑的废止是我国死刑改革的必然前景，但是受历史传统和当前腐败犯罪频发的现实国情制约，短期内从立法上废止贪污受贿犯罪的死刑配置尚不具有现实可行性。然而我们却可以对严重贪污贿赂犯罪的死刑适用予以严格控制。死刑适用的控制主要体现在死刑立法和死刑司法，尽管死刑司法控制更易实现，但是立法控制能够在源头

① 参见赵秉志：《论中国非暴力犯罪死刑的逐步废止》，载《政法论坛》2005 年第 1 期。

上实现限制死刑适用的目标。[1] 故在刑法尚不能废止贪污受贿犯罪死刑之前，应当在立法上进一步严格控制死刑的适用。事实上，《刑法修正案（九）》在“严格限制和慎重适用死刑”之死刑政策的指导下，从立法上进一步明确了贪污受贿犯罪死刑的适用标准并修改了贪污罪、受贿罪的绝对死刑规定，同时增加特、重大贪污受贿罪死缓犯的终身监禁制度，从立法上进一步严格控制贪污受贿犯罪的死刑适用。但是，对于相关量刑标准的适用需要进一步明确，相关内容将在下文予以详细阐释。

## 本章小结

腐败是一种社会历史现象，也是一种世界性的难题。腐败严重破坏公权力的正常运行，影响社会的公平正义，损害国家和政府的威信与公信力，阻碍社会经济的健康有序发展，一直为世界各国人民强烈反对。无论是外国还是中国，反腐败始终都是国家和政府工作的重要内容。从世界相关国家防治腐败犯罪的措施来看，法治反腐是各国防控腐败犯罪的基本做法。

我国一贯高度重视反腐败工作，改革开放以后，尤其是党的十八大以来，深入开展党风廉政建设和反腐败斗争，取得了有目共睹的成效。在当今法治中国的建设中，法治反腐是我们国家重点关注的领域。腐败犯罪的刑法治理是腐败治理体系的有机组成部分。当下中国，党和国家不断改进和完善我国反腐败刑事法治，及时完善反腐相关的刑法，严格腐败犯罪的刑事司法，促进了刑事法治对于腐败防治作用之发挥，进一步推动了我国的反腐败斗争。但是，从我国内部评估以及民众的感知来看，我国近年来仍面临着较为严峻的反腐形势。

---

① 参见赵秉志、彭新林：《谈谈我国死刑制度改革的路径与步骤》，载《法学》2009 年第 2 期。

贪污受贿犯罪是腐败犯罪中最为典型的两种罪名，贪污受贿犯罪的防治效果在一定程度上会影响我国的反腐败大局。贪污受贿犯罪的定罪量刑标准关乎腐败犯罪刑事政策之实现，有助于推进腐败犯罪的司法公正，有助于推动反腐败的公众认同。因而贪污受贿犯罪定罪量刑标准关系到国家反腐败刑事政策的贯彻，有助于合理界定贪污受贿行为犯罪圈的大小，体现了国家对于贪污受贿犯罪的惩治广度和力度，也关系到民众对于国家反腐的认同等重要现实问题。因而贪污受贿犯罪定罪量刑标准的合理确定，关乎贪污受贿犯罪的防治效果。1997 年刑法典确立的贪污受贿犯罪定罪量刑标准设置不合理，使得贪污受贿犯罪定罪量刑标准的立法规定很难适应司法适用，导致贪污受贿犯罪定罪量刑出现“尴尬”困局，司法实践中贪污受贿犯罪的具体刑罚裁量无法实现罪责刑相适应，难以全面反映具体贪污受贿犯罪的社会危害性。因而在确立贪污受贿犯罪的定罪量刑标准时：（1）应当将贪污受贿犯罪数额和犯罪情节作为行为社会危害性评价的重要考量因素，全面考虑案件的罪前、罪中、罪后等环节中的各种主客观因素，进而判断行为的社会危害性大小，全面反映贪污受贿行为的社会危害性。（2）贪污受贿犯罪要确立数额和情节并重的定罪量刑标准，才能对行为的社会危害性和行为人的人身危险性、主观恶性进行综合评价，进而充分体现刑法罪责刑相适应原则。（3）要实现刑罚一般预防和特殊预防之目的，我们需要注意刑罚的必定性和适当性，以助于刑罚功能之最优发挥。（4）在死刑的限制和废止已成为国际社会刑事法治发展的大趋势下，虽然受历史传统和当前腐败犯罪频发的现实国情制约，短期内从立法上废止贪污受贿犯罪的死刑配置尚不具有现实可行性，但仍需要对严重贪污受贿犯罪的死刑适用从立法和司法上予以严格控制，以契合当代刑事法治发展之需要。

# 第二章　贪污受贿犯罪定罪量刑标准的历史镜鉴与域外考察

贪污受贿犯罪的定罪量刑标准是防治贪污受贿犯罪最为重要的问题之一，其关系到贪污受贿犯罪的定罪范围、惩处力度乃至国家关于腐败犯罪刑事政策的贯彻，该问题是相关刑法立法最为核心的问题，也是相关刑事司法的关键问题。贪污受贿是一种古老的犯罪形态，可谓源远流长。历史学家昌言中国的二十四史是一部相砍史，但从另一个视野去看，则又实为一部贪污史。[①] 与贪污受贿现象从未间断一样，我国对贪污受贿犯罪及其处罚的规定也有着悠久的历史，因而有必要对我国贪污受贿犯罪定罪量刑标准的历史发展脉络予以明晰，以助于对现行贪污受贿犯罪定罪量刑标准的合理界定。同时，腐败问题也是一个世界性的问题，国外对于贪污受贿犯罪的定罪量刑也都有其特色，故而防治贪污受贿犯罪离不开借鉴古今中外一切优秀的反腐法治经验。本章从宏观上勾勒我国贪污受贿犯罪定罪量刑标准的历史发展脉络，并考察国外关于贪污受贿犯罪定罪量刑的相关规定，以期对当今我国贪污受贿犯罪定罪量刑标准的科学确定有所启迪。

---

① 参见王亚南：《中国官僚政治研究》，中国社会科学文献出版社 1981 年版，第 117 页。

# 第一节　贪污受贿犯罪定罪量刑标准的中国历史镜鉴

客观事物是发展、变化的，分析事物要把它发展的不同阶段加以联系和比较，才能弄清其实质，揭示其发展趋势。习近平总书记在主持中共中央政治局就我国历史上的国家治理进行第十八次集体学习时强调指出："对古代的成功经验，我们要本着择其善者而从之、其不善者而去之的科学态度，牢记历史经验、牢记历史教训、牢记历史警示。"① 任何一项法律制度的产生和发展，都不会是毫无缘由的。作为一种历史现象的腐败犯罪，贪污受贿犯罪定罪量刑标准的确立更是有其深刻的历史背景和时代条件。因而本节首先从纵向的角度对我国贪污受贿犯罪定罪量刑标准的历史脉络作一宏观考察，以期为完善当前我国贪污受贿犯罪的定罪量刑标准提供有益启示和经验借鉴。

## 一、古代中国贪污受贿犯罪的定罪量刑

中国是世界上文明起源最早的国家之一，在漫长的中国古代历史中，中国社会经历了原始社会、奴隶社会和封建社会等几个阶段。与腐败现象相伴随，反腐败一直是历朝历代重要的社会主题。古代中国历朝历代十分注重对腐败犯罪的防治，其关于贪污受贿犯罪的定罪量刑标准也各有特点。

① 参见习近平：《牢记历史经验历史教训历史警示为国家治理能力现代化提供有益借鉴》，载《人民日报》2014年10月14日，第1版。

（一）先秦时期贪污受贿犯罪的定罪量刑

关于腐败现象最早产生于何时，相关的研究结论不一致。[①] 由于相关历史材料有限，具体贪污受贿犯罪产生于何时，已无从考证。但是，目前历史文献记载中最早的关于对贪污受贿犯罪进行处罚的是在上古时期的尧舜禹时代。如《左传》文公十八年记载：共工、驩兜、三苗和鲧等四凶“毁信废忠，崇饰恶言”“掩义隐贼，好行凶德”“冒于货贿，侵欲崇侈”和“傲狠明德，以乱天下”，据《尚书·舜典》记载，最后尧舜分别给予共工、驩兜、三苗和鲧以“流”“放”“窜”“殛”的处罚。[②] 其中，“冒”是贪的意思，“货贿”即财物和贿赂，“冒于货贿”也就是贪赃。根据上述《尚书·舜典》的记载，对当时贪赃的三苗给予了“窜”的刑罚处罚。

及至早期奴隶制国家的建立，对于严重损害统治阶级整体利益、危害到统治阶级的政权稳定的贪污受贿犯罪，是给予严厉刑罚制裁的。《左传·昭公六年》记载：“夏有乱政，而作《禹刑》；商有乱政，而作《汤刑》；周有乱政，而作《九刑》。三辟之兴，皆叔世也。”《禹刑》《汤刑》《九刑》泛指夏商周朝时的奴隶制法，当然主要是刑书。《左传·昭公六年》引《夏书》说：“昏、墨、贼，杀。皋陶之刑。”[③]“墨”是“贪以败官”之意，即贪污受贿，败坏官风。可见，只要犯“墨”罪的，与犯杀人越货的“贼”罪和已恶而掠美的“昏”罪一样，都是“杀”，即判处死刑，而不管贪赃数额的多少，刑罚之峻残可见一斑。在商代，为了加强吏治、更好地惩治官吏职务犯罪，专门制定了《官刑》。《官刑》是商代

① 有人还认为其产生于私有财产制度和阶级国家的确立之时，也有论者认为其产生于西周。参见卜宪群主编：《中国历史上的腐败与反腐败》，鹭江出版社 2014 年版，第 74 页。

② 参见周密：《中国刑法史纲》，北京大学出版社 1998 年版，第 25 页。

③ 参见曾宪义主编：《中国法制史》，北京大学出版社、高等教育出版社 2000 年版，第 27 页。

规制官吏违法犯罪的专门法律，《官刑》规定了“三风十愆”[①] 之罪，《尚书·伊训》记载：“敢有恒舞于宫，酣歌于室，时谓巫风，敢有殉于货色，恒于游略，时谓淫风。敢有侮圣言，逆忠直，远耆德，比顽童，时谓乱风。”“三风十愆”之罪中，就包括“殉于货色”，即贪图财物和美色。对于故犯“殉于货色”等“三风十愆”之罪的，无论是邦君还是卿士，一律予以刑事制裁。到了西周时期，奴隶制法中关于贪污受贿行为的刑事规制主要体现在《吕刑》[②] 之中，《吕刑》明确规定了惩治贪污贿赂犯罪的相关内容，因而有论者认为，《吕刑》是我国古代现存的第一部反腐败法。[③]《尚书·吕刑》记载：“五过之疵：惟官、惟反、惟内、惟货、惟来。其罪惟均，其审克之!”[④] 其中“货”就是指行贿受贿，“来”是指接受他人财物并谋取不正当利益。对这些犯罪都要在查清犯罪事实的基础上进行惩罚。但是到底判处何种刑罚，因文献散轶无从查究，但是从规定的五刑来看，墨、劓、剕、宫、大辟都是非常残酷的刑罚。[⑤] 但是，对于有“惟官”“惟货”“惟来”行为的司法官员，则实行“其罪惟均”，即以案犯所犯之罪定罪之。可见，司法官员有贪赃枉法行为的，与犯人同罪，定罪量刑完全依据官员所“惟货”“惟来”针对的案犯之罪责。[⑥]

春秋战国时期是中国古代社会由奴隶社会向封建社会过渡的重

① 即三种恶劣风气，所滋生的十种罪愆。

② 《吕刑》是西周的法典，主要记述了当时的法律原则和一般司法制度。因为是司寇诸侯甫（亦称吕侯）主持修订，故称为《吕刑》。作为法典的《吕刑》，其原件已失传，但其有关内容通过《尚书·吕刑》篇的记载得以保存下来。

③ 参见梁凤荣：《〈吕刑〉在中国法律史上的地位与影响》，载《法学研究》2009年第1期。

④ 《尚书·吕刑》。

⑤ 参见卜宪群主编：《中国历史上的腐败与反腐败》，鹭江出版社2014年版，第90页。

⑥ 参见卜宪群主编：《中国历史上的腐败与反腐败》，鹭江出版社2014年版，第90页。

要转型时期，各诸侯国开始公布了成文法。[①] 公元前536年，郑国子产铸《刑书》，产生了中国历史上第一部成文法，《刑书》的具体内容已难考察。成文法的制定和颁布，在一定程度上否定了“刑不可知，则威不可测”的秘密法，标志着奴隶制法制的瓦解和封建制法制的建立。而作为法制重要组成部分的刑法制度，自然就成为社会大变革中的一个非常突出的部分。这一时期，魏国李悝制定的《法经》是我国封建社会最早的一部初具体系的成文法典，对后世法制影响尤为深远，其关于贪污受贿犯罪的规定最具有代表性。《法经》共有六篇，即“一、盗法；二、贼法；三、囚法；四、捕法；五、杂法；六、具法。”其中，第五篇《杂法》规定：“丞相受金，左右伏诛。犀首以下受金则诛。金自镒[②]以下罚，不诛也，曰金禁。”[③] 也就是说，丞相贪赃受贿，应当处死其左右随从；犀首以下官职的官员贪赃受贿，如果受贿数额未超过20两金，则不判处死刑，而是科处其他刑罚。在这里，受贿的数额是量刑轻重的重要标准，而且规定的刑罚也是极其严酷的。

（二）秦汉时期贪污受贿犯罪的定罪量刑

睡虎地秦简和江陵张家山汉简中的相关法律文书，记载了有关官吏贪污受贿犯罪及其惩处的相关规定，较为完备地呈现了该时期对贪污受贿犯罪惩处的律令内容。作为古代中国第一个中央集权的专制王朝，秦代奉行商、韩“法家”的重刑主义，实行严刑峻罚和文化专制。就贪污受贿犯罪的处罚而言，依据《法律答问》的规定，秦代法律中有“官吏私自借用县库金钱的，与盗窃同罪”，这实际上就是对封建官吏“监守自盗”的贪污犯罪的规定。[④] 这表

① 参见曾宪义主编：《中国法制史》，北京大学出版社、高等教育出版社2000年版，第63页。

② 古代重量单位，合20两（一说24两）。

③ 参见（明）董说：《七国考》（卷12）《魏刑法》，中华书局1956年版，第366~367页。

④ 参见董邦俊：《贪污罪新论》，中国方正出版社2004年版，第3页。

明，秦代对贪污犯罪实行与盗窃罪同一的惩罚。此外，《秦律》对受贿犯罪也进行了规定，即“通一钱者，黥为城旦”。[①] 意思是哪怕受贿一枚铜钱，也要受到脸上刺字、修城服苦役的惩罚。但是在秦代，受贿数额的多少并不影响受贿犯罪的成立与否，只是影响量刑。诚如有学者指出，在贿赂罪中，重要的判断标准是行为的性质，即是否成立贿赂的罪名，至于贿赂应达到的数额则不予以规定[②]，由此可知，秦代法律对于贿赂类犯罪的惩罚之重。

到了汉代，《汉律》基本继承了《秦律》处罚贪污贿赂犯罪的精神和实践。西汉时期的法律，如《刺史六条》《三互法》等还专门针对贿赂犯罪规定了许多处罚方法，这些优秀的立法和实践对后世产生了较大的影响。[③] 汉文帝下诏规定：“吏坐受赇枉法，守县官财物而即盗之，已论命复有笞罪者，皆弃市。”[④] 《汉律》规定：“主守而盗，值十金弃市。”也就是说，对于监守自盗的贪赃犯罪，贪污的数额达到十金的，则处死。此外，《汉律》还对贿赂犯罪进行了规定。据《汉书·刑法志》记载：“吏受赇枉法……”“受赇以枉法，及行赇者，皆坐其赃为盗，罪重于盗者，以重罪论之。”[⑤] 所谓“受赇”就是受贿，“行赇”就是行贿的意思。按照《汉律》的规定，不管是“行赇”还是“受赇”，均按其赃值与盗窃罪予以同等处罚。由上可见，汉代无论是贪污罪还是受贿罪，犯罪数额在量刑中都占有非常重要的地位。

（三）魏晋南北朝时贪污受贿犯罪的定罪量刑

魏晋南北朝时期是中国历史上政权更迭最频繁的时期。在这种政权交替频繁的情况下，封建统治者为了巩固自己的统治，总结兴

---

① 《睡虎地·秦简》。

② 参见吕天奇：《贿赂罪的理论与实践》，光明日报出版社 2007 年版，第54 页。

③ 参见吕天奇：《贿赂罪的理论与实践》，光明日报出版社 2007 年版，第55 页。

④ 《汉书》（卷 23）《刑法志》。

⑤ 参见张家山二四七号汉墓竹简整理小组编著：《张家山汉墓竹简》，文物出版社 2001 年版，第 162 页。

亡教训，在政治上多有所改易。表现在法制层面上，则是重视法典的编撰和运用，律学思想十分活跃，法律制度取得了长足发展，特别是《魏律》《晋律》以及《北魏律》在中国法制史上占有十分重要的地位。就贪污受贿犯罪的规定来说，这一时期的反腐败立法特点鲜明。

在曹魏制定新律之前，依据的是《汉律》，但是《汉律》较为简要，难以应对曹魏政权所面临的复杂局势，正所谓“是时天下将乱，百姓有土崩之势，刑罚不足以惩恶”。为了弥补《汉律》的不足，曹魏制定了“甲子科”，科是刑律的附属法规。曹魏代汉以后，魏明帝开始修订《汉律》：“凡所定增十三篇，就故五篇，合十八篇”，这就是通常所说的《魏律》。[①]《魏律》沿用了《汉律》中的《盗律》等5篇，新增《刑名律》等13篇，基本上形成了我国历史上比较完整的刑法体系。《魏律》18篇中的第12篇就是《请赇律》，第17篇是《偿赃律》。《请赇律》是关于官员贿赂犯罪的惩罚规定，据清代法律改革家沈家本撰写的《历代刑法考》记载：“《盗律》有受所监财枉法，《杂律》有假借不廉，《令乙》有呵人受钱，科有使者验赂，其事相类，故分为《请赇律》。”[②]“受所监财枉法”是指接受受监护者的钱财；“假借不廉”是指以借贷的名义接受贿赂；“呵人受钱”是指以敲诈的形式勒索钱财；“使者验赂”是指身负案验职责的使者接受贿赂。《偿赃律》是关于官吏贪赃枉法的惩罚规定。“《盗律》有还赃畀主，《金布律》有罚赎入责以呈黄金为价，科有平庸坐赃事，以为《偿赃律》。”[③]“还赃畀主”是指将所贪之赃退还物主；“罚赎入责以呈黄金为价”是指对贪赃之官员处以罚金，并以黄金计价；“平庸坐赃事”意味着合理地评估赃物的价值来征收罚金。从这里不难看出，《偿赃律》中

① 参见周密：《中国刑法史纲》，北京大学出版社1998年版，第208页。
② 参见（清）沈家本：《历代刑法考（二）》，中华书局1985年版，第886页。
③ 参见（清）沈家本：《历代刑法考（二）》，中华书局1985年版，第887页。

对犯贪污罪官员的处罚也是根据其所贪赃款赃物的价值来科处罚金的，罚金的数额与所贪之赃的多少呈现出对应关系。《请赇律》和《偿赃律》的设立，应当说是我国最早的惩治贪污贿赂犯罪的系统化立法。

但是随着社会情势的变化，在西晋代替曹魏以后，司马昭取代曹魏之后颁行了《泰始律》，又称为《晋律》。《晋律》仍按照汉魏律令的条目分类，在汉朝《九章律》的基础上，增补 11 篇，共计 20 篇。《晋律》删除了《汉律》与《魏律》中的严酷繁杂的条文，保存了其中的清楚简约的部分，在处理案件时依据常刑，而宗旨在于适时。《晋律》中保留了《魏律》中的《请赇律》，同时也增设了《违职律》，即将腐败犯罪不仅仅限于贪污受贿，扩大至要求各级官吏严格依照制度行事，不得违反礼制。《晋律》虽然修正了《汉律》与《魏律》中的严酷条文，但仍然十分严苛。《晋律》中有赎刑，分为赎死刑、赎五岁刑、赎四岁刑、赎三岁刑、赎二岁刑五种，赎罪用金，也可兼用绢。出钱赎罪，对于世家大族、官吏而言当然不成问题，而且魏晋以来，还有“八议”制度，即对于亲、故、贤、能、功、贵、勤、宾八种人，如果犯罪可以议刑，甚至可以免罪。[①] 所以就此而言，晋代虽然对惩治贪污受贿犯罪有严密的法令，但是其执行却大打折扣，仍然挡不住其吏治的腐败。北魏建国以后，太武帝即命人开始修订律令。文成帝继位以后，再次修订律令，加大了惩治贪官的力度，规定官员受赃二丈皆处斩。[②]

### （四）隋唐时期贪污受贿犯罪的定罪量刑

隋文帝杨坚在位时结束了魏晋南北朝时期的分裂割据局面，为隋唐的繁荣发展奠定了良好基础。隋唐时期是我国封建社会法制发展的一个高峰。隋文帝在开国时即下令制定新律并颁布，但是仅过

---

① 参见卜宪群主编：《中国历史上的腐败与反腐败》，鹭江出版社 2014 年版，第 242~243 页。

② 《魏书》（卷 111）《刑罚志》。

了两年，又颁布了新的律典。隋朝在政治上是北周皇朝的继承者，但是《开皇律》继承的是《北齐律》的体例，由于《开皇律》久已失传，具体内容无法考证。学界一般认为《唐律》是以《开皇律》为基础制定的，因而对《唐律》有关贪腐犯罪的研究大致也可以反映隋朝的相关法制情况。《唐律》集封建法律之大成，详细规定了各种贪污受贿犯罪行为的罪刑体系，对后世贪污受贿犯罪的立法产生了较为深远的影响。首先，《唐律疏议》在其总则性质的《名例律》中规定了六种非法占有公私财物的犯罪总称——六赃。《唐律疏议》规定："在律，'正赃'唯有六色：强盗、窃盗、受财枉法、受财不枉法、受所监临及坐赃。自外诸条，皆约此六赃为罪。"其中，受财枉法、受财不枉法、受所监临及坐赃属于严格意义上的贪污贿赂犯罪。关于受财枉法和受财不枉法，《唐律疏议》规定："诸有事以财行求，得枉法者，坐赃论；不枉法者，减二等。即同事共与者，首则并赃论，从者各依己分法。"可见，不论受赃是否枉法，都应当判处刑罚；但是否有枉法的情节，处罚轻重是不一样的。这表明《唐律》关于受贿犯罪的规定，考虑了刑罚的轻重与情节（是否枉法）之间的联系，具有相当的科学性。关于受所监临，即"不因公事而受所监临内财物"，是指监临官①非法收受其管辖范围内的官吏、士庶的财物。《唐律疏议》规定："诸监临之官，受所监临财物者，一尺笞四十，一匹加一等；八匹徒一年，八匹加一等；五十匹流两千里。与者，减五等，罪止杖一百。乞取者，加一等；强乞取者，准枉法论。"从上述规定不难看出，《唐律》为杜绝监临官员利用职权搜刮民脂民膏，贪赃枉法，对受所监临犯罪的各种情形规定得十分详细，处罚也较为严厉。不仅收受财物的多少与刑罚的轻重存在直接对应关系，而且还将"强乞取"（相当于索贿）等情节纳入了量刑考虑的因素，进步意

① 统辖监督部下及审理判断或参与处置的官员都是监临官。参见王海鹏：《受所监临——一个不该被遗忘的罪名》，载《检察日报》2008年9月18日，第3版。

义显著。关于坐赃，《唐律疏议》规定："然坐赃者，谓非监临主司，因事受财，而罪由此赃，故名坐赃致罪。犯者，一尺笞二十，一匹加一等；十匹徒一年，十匹加一等，罪止徒三年。假如被人侵损，备偿之外，因而受财之类，两和取与，于法并违，故与者减取人五等。即是彼此俱罪，其赃没官。""诸受人财而为请求者，坐赃论加二等；监临势要，准枉法论。"由上可见，《唐律》对"坐赃致罪"也规定得非常详细、严谨，不仅收受财物的多少与刑罚的轻重相对应，而且量刑时还充分考虑主体的身份（是否系监临势要）、危害结果（是否被人侵损）等因素而给予不同处罚。

（五）宋元时期贪污受贿犯罪的定罪量刑

1. 宋代贪污受贿犯罪的定罪量刑

宋继后周而立，宋太祖赵匡胤亲身经历了五代因官吏贪墨给社会带来的损害。"盖宋祖亲见五代时贪吏恣横，民不聊生，故御极之后，用重法治之，所以塞浊乱之源也。"① 因而宋朝在立法上严厉惩治官吏贪污贿赂犯罪。宋朝关于贪污贿赂的主要规定见之于《宋刑统》《庆元条法事类》等法律和敕令中。宋太祖建隆四年制定的《宋刑统》是封建社会转折时期的一部重要法典，也是宋代系统制定的基本刑事法典。宋代刑法的重要特点之一就是严惩贪墨。

在罪名设置上，《宋刑统》对贪污受贿行为的规制基本因袭了《唐律》的有关规定，其规定："在律，'正赃'唯有六色：强盗、窃盗、枉法、不枉法、受所监临及坐赃。自外诸条，皆约此六赃为罪。"② 另外南宋时期的《庆元条法事类》中还增加了馈遗之罪，馈遗之罪中有依据贪污罪处理的，也有依据贿赂罪处理的。其中相当于现代贪污罪的是监守自盗，而受财枉法、不枉法、受所监临、

---

① 参见（清）赵翼：《廿二史札记校正》（卷 24），王树民校，中华书局 1984 年版，第 525 页。

② （宋）窦仪：《宋刑统》（卷 4）《名例律·赃物没官及征还官主并勿征收》。

坐赃等规定则是关于贿赂犯罪的规定。

官员赃罪一般表现为监守自盗。《宋刑统》规定："诸监临主守自盗，及盗所监临财物者，加凡盗二等，三十匹绞。"① 另外，《宋刑统》还对受雇运送官物而窃取的行为进行了规定："受雇载运官物公案，受领而隐盗及贸易者，并同监临主法。"② 及至南宋，《庆元条法事类》将官员接受额外馈送的行为纳入了规制范围，"诸发运、监司例外受供给馈送者，以自盗论"。③ 较之于一般的盗窃，由于监守自盗是官员利用自己职务之便侵吞国家财产，在处罚上故"加凡盗二等"。

关于贿赂犯罪，宋朝的法律中主要规定的是受财枉法、不枉法、受所监临、坐赃。"诸监临主司受财而枉法者，一尺杖一百，一匹加一等，十五匹绞；不枉法者，一尺杖九十，二匹加一等，三十匹加役流。无禄者，各减一等，枉法者，二十匹绞；不枉法者，四十匹加役流。"值得注意的是，宋代刑律之外的附敕改变了具体刑罚。④ 从刑事处罚来看，"不枉法赃"的量刑幅度较"枉法赃"稍轻，最高处以"加役流"。另外《宋刑统》中还对事后受贿的行为也进行了规定："官司推劾之时，有事者先不许物，事了之后而受财者，事若曲法，准前条枉法课罪。既成准枉法，不在除免、加役流之例。若当时处断不违正理，事过后而与之财者，即以受所监临财物论。"⑤ 受所监临是指官吏利用职务便利收受所管辖百姓和下属财物。《宋刑统》"受所监临赃"条中规定："诸监临之官，受所监临财物者，一尺笞四十，一匹加一等；八匹徒一年，八匹加一等。五十匹流两千里。与者，减五等，罪止杖一百。强企取者，准

① （宋）窦仪：《宋刑统》（卷19）《贼盗律》，中华书局1984年版，第304页。

② （宋）窦仪：《宋刑统》（卷19）《贼盗律》，中华书局1984年版，第304页。

③ （宋）谢深甫：《庆元条法事类》，黑龙江人民出版社2002年版，第127页。

④ 参见薛梅卿：《宋刑统研究》，法律出版社1997年版，第74页。

⑤ （宋）窦仪：《宋刑统》（卷11）《受所监临赃》，中华书局1984年版，第178页。

枉法论。”① 坐赃是指官吏收取了不应该收取的财物。《宋刑统》规定：“诸坐赃致罪者，一尺笞二十，一匹加一等，十匹徒一年，十匹加一等，罪止徒三年，谓非所监临主司而因事受财者，与者减五等。”②

另外，宋太祖时赵匡胤规定对贪墨官员不适用请、减、赎、官当之法，“十恶、杀人、官吏受贿者不原”。③ 宋太宗赵匡义规定赃官虽逢赦也不得叙用。处死贪官之刑，虽自宋真宗时起不再施行，但直至南宋，赃官不许堂除及亲民差遣以及罪至徒即不叙用的制度一直在施行。④

2. 元代贪污受贿犯罪的定罪量刑

元朝是历经辽金发展而来，是我国历史上第一个由少数民族建立的统一的中央集权王朝。元代的腐败现象是历朝历代中较为严重的，也是其最终灭亡的重要原因之一。元世祖忽必烈限制剥夺王公贵族、军阀时候生杀予夺的大权，确立皇权的权威，禁止诸王、后妃、公主、驸马私自遣使招收民户，征收钱财，擅取官物。1283年，元世祖忽必烈颁布《官吏赃罪法》⑤，内容至今不详。1292年，省、台共制定赃罪十三等，枉法者五等，不枉法者八等，至1303年修订为《赃罪十二章》。⑥ 具体定罪量刑规则为：“诸职官及有出身人等，今后因事受财，依条断罪。枉法者除名不叙，不枉法官须殿三年，再犯不叙。无禄官减一等。以至元钞为则，枉法：一贯至十贯，四十七下，不满贯者，量情断罪，依例除名……不枉法：一贯至二十贯，四十七，本等叙，不满贯者，量情断罪，解见

① （宋）窦仪：《宋刑统》（卷11）《受所监临赃》，中华书局1984年版，第178页。

② （宋）窦仪：《宋刑统》（卷26）《杂律》，中华书局1984年版，第406页。

③ （宋）窦仪：《宋刑统》（卷2）《太祖纪二》。

④ 参见曾宪义主编：《中国法制史》，北京大学出版社、高等教育出版社2000年版，第182页。

⑤ 参见（元）张养浩：《时政书》，载《元代奏议集录》（下）。

⑥ 参见《元史》（卷17）《世祖本纪十四》。

任，别行求仕……”[①]“枉法”就是“曲法受财”，“不枉法”是指“受有罪人钱，判断不曲者”。“除名”是“谓官除其品职吏名，其所役与民一体也”，“不叙”则是“谓既犯赃私，职役已罢，虽有前资，再不叙用也”。“殿”即“殿年”，是指停职反省的年限。[②]《赃罪十二章》的制定，确定了赃罪构成要件并统一了处罚标准，成为元朝反腐败立法的基本法典。

另外，元代还规定赃官自首减免处罚制度。贪赃官吏自首，如属初犯，并退出赃款的，可免予处罚，只在解由（类似官员的人事档案）内标注。再犯，官员即便自首，也要依据情节轻重予以处罚，罢免或者是降职使用；吏员则不计赃物多少一律勒退。如是知道有人告发而自首的，或闻知事发而退赃给行贿人的，减罪二等处罚。自首时交代问题不尽不实，据不尽之赃量刑定罪。

元代的监察机构承担着监察官员腐败的职能，因此元代法律对于监察官员贪污受贿的处罚要重于其他官吏。“台宪官吏受赃，不在准受之列。”[③]即监察官员贪污受贿后不适用自首的规定。元朝法律还规定惩治官吏家属收受贿赂：“诸官吏家人受赃，减官吏法二等坐。官吏初不知，及知即首，官吏家人俱免；不即首，官吏减家人法二等坐，家人依本法。若官吏知情，故令家人受赃，官吏依本法，家人免坐。官吏实不知者，止坐家人。”[④]即当官吏家人受贿时，官吏起先不知情，但是知情后如果立即自首，就能够免除对官吏及其家人的惩处；如果官吏知情后不自首，官吏按照家人所受惩罚减二等处罚；而如果官吏放纵家人收受贿赂，家人可以免除处罚，但是官吏要依照《元典章》的规定处罚；如果经查证官吏确

---

① 参见《元典章》（卷46）《刑部卷八·诸赃一·取受》。

② 参见卜宪群主编：《中国历史上的腐败与反腐败》，鹭江出版社2014年版，第658页。

③ 参见《宪台通纪》“官吏首赃”，《元典章》（卷48）《刑部卷十·诸赃三·首赃》。

④ 参见《元典章》（卷46）《刑部卷八·诸赃一·取受》。

实不知情，只处罚家人。后来元朝的历代皇帝，特别是崇尚汉法、较有作为的仁宗、英宗、文宗，也都继承了元世祖忽必烈反腐倡廉的做法。

（六）明清时期贪污受贿犯罪的定罪量刑

1. 明代贪污受贿犯罪的定罪量刑

公元1368年，朱明王朝建立后，明太祖朱元璋吸取前朝兴亡教训，确立了“明刑弼教”和“重典治国”的思想。“重典治国”思想尤其体现在“重典治吏”方面。《大明律》改革了《唐律》中规定的六赃的名目，把官员“监守盗”置于“六赃”之首，以强调对官吏贪污的重点惩治，并且配置了十分严厉的刑罚，规定贪污20两处流刑，40两即处斩刑。同时，强调严厉追赃，即使犯人已死，也要在其子名下追赃。[①] 明太祖朱元璋在《大明律》颁布之时就下了“定律不可轻改”之铁令，“子孙守之，群臣有稍议更改，即坐以变乱祖制之罪”。[②] 因而《大明律》“历代相承，无敢轻改”，成为明代惩治贪污贿赂犯罪的基本法律依据。《大明律》改“唐六赃”的名目为“监守盗”“常人盗”“窃盗”“枉法”“不枉法”和“坐赃”，并且将“六赃”制成图表标在《大明律》首页，这反映了明朝对惩治贪污贿赂犯罪的高度重视。[③]《大明律》第23卷明确规定：“凡官吏受财者，计赃科断：无禄人各减一等，官追夺除名，吏罢役，俱不叙。”[④] 另外，朱元璋还亲自编撰了一部特别刑法——《明大诰》，基本上也是以严肃惩治贪污为主体的法规汇编。《明大诰》共计236条，由案例、峻令、训戒组成，一方面揭示官吏诸如贪赃枉法、科敛害民等不法行为；另一方面反复告诫

---

① 参见董邦俊：《贪污罪新论》，中国方正出版社2004年版，第8页。

② 《明史·刑法志》。

③ 《大明律》（卷23）《刑律六·受赃》。

④ 《大明律》（卷23）《刑律六·受赃》。

臣民以此为戒。[①] 据统计，“《大诰》收有的156个案例中，涉及官吏犯罪的为128个，占80%强”[②]。关于贪污罪，根据《刑律·贼盗》之“监守自盗仓库钱粮”条的规定，如果看管人“监守自盗”，“不分首从，并赃论罪”，即不分主犯和从犯，按照所有的犯罪数额定罪处罚；关于受贿，《大明律》主要依据是否枉法和收受财物的时间将受贿划分为“受贿枉法”和“受贿不枉法”以及“事前受财”和“事后受财”受贿情形，分别配置了不同的刑罚。可以说明代重典治吏思想在刑事法制中体现得非常鲜明，贯彻也很彻底，特别是其在法律中明确规定官吏受财，实行“计赃科断”的原则，更是直接揭示了明代贪污受贿犯罪科刑的标准。

2. 清朝贪污受贿犯罪的定罪量刑

清朝是我国封建社会最后一个王朝，其关于贪污受贿犯罪的法律规定，既继承了前朝的立法经验和相关内容，也有所创新发展。如《大清律例》规定：“凡官吏受财者，计赃科断。无禄人，各减一等。官追夺除名，吏罢役，俱不叙用。”不难发现，《大清律例》的上述规定，几乎沿用了《大明律》关于官吏受财计赃科断的规定。有所不同的是，《大清律例》中大体相当于今天贪污罪的罪名是“监守自盗库钱粮”，清律规定，监守自盗仓库钱粮，不分首从，并赃治罪，1两以下杖80，并以此向上共计划分12个量刑等级，40两即可判处斩刑[③]；相当于贿赂罪的罪名是“官吏受赃”，分为正律11条：(1)“官吏受财”。刑律规定，官吏受财，计赃科断，官员革职，吏青罢役（赃止一两），俱不叙用。受财者如果是有禄人，并实际枉法（即有曲法行为，也就是贪赃枉法），则通算全科，照赃从重治罪，不枉法则通算折半科罪。受贿80两枉法即

---

① 参见卜宪群主编：《中国历史上的腐败与反腐败》，鹭江出版社2014年版，第737页。

② 杨一凡：《明大诰研究》，江苏人民出版社1988年版，第86页。

③ 参见《大清律例》(卷23)《刑律》。

可判处绞监候，受贿120两以上不枉法可判处绞监候。[①]（2）“坐赃致罪”。依据大清律，如被人盗财或殴伤，若暗偿及医药之外因而受财，或者擅自科敛财物，或多收少征，或者收钱粮税粮解面，以及检踏灾伤田粮、私造解斗秤尺，或造作虚费人工物料等而致赃者，均为坐赃致罪。（3）“事后受财”。官吏受人之托，虽先不许财，但事成之后而受之，并且，所办之事倘属枉断，则按有禄人受贿枉法论，没有枉断，准按不枉法论。[②]（4）“官吏听许财物”。官吏如果听许财物，虽然没有接受，但承办之事若枉者，准枉法论；所枉重者，各从重论。（5）“有事以财请求”。“凡有以财行求及说事过钱者，审实，皆计所与之赃，与受财人同科。”这里实际规制的是受贿行为和介绍贿赂行为。（6）“在官求索借贷他人财物”。在官之人如果求索、借贷下属银钱和如马、牛、驼，骡、驴，及车船、碾磨、店舍等一类，也要受到惩罚。（7）“家人求索”。凡监临官吏家人（兄弟、子侄、奴仆皆是）于所部内，取受求索借贷财物，依不枉法，及役使部民，若买卖多取价利之类，各减本官吏罪二等；若本官吏知情与同罪，不知者，不坐。（8）“风宪官吏犯赃”。风宪官“受馈送”“求索”等就将“罪加二等”。（9）“因公科敛”。官员擅自收受部属财物，入已者，并计赃以枉法论（无禄人，减有禄人之罪一等，至一百二十两，绞监候）。其非因公科敛人财物入已者，计赃，以不枉法论（无禄人，罪止杖一百，流三千里），若馈送人者，罪不如已，罪亦如之。（10）“克留盗赃”和（11）“私授公侯财物”[③] 各条，主要分“枉法赃”和“不枉法赃”两种受贿类型。[④] 在《大清律例》之外，清朝还制定了《侵吞犯员

① 参见《大清律例》（卷23）《刑律》。
② 参见《大清律例》（卷31）《刑律》。
③ 参见《大清律例》（卷23）《刑律》。
④ 参见吕天奇：《贿赂罪的理论与实践》，光明日报出版社2007年版，第64页。

罪名》《侵吞案条例》等专门法作为惩治腐败犯罪的补充。①

## 二、近代中国贪污受贿犯罪的定罪量刑

中国近代是指从1840年鸦片战争到1949年中华人民共和国成立前的这一段时间，这是半殖民地半封建社会的历史阶段。近代中国处于一个翻天覆地的时代，经历了中国社会的第二次大转型，史学界一般将其划分为旧民主主义革命（1840年鸦片战争开始到1919年五四运动）和新民主主义革命（1919年五四运动到1949年中华人民共和国成立），其间法律制度也经历着前所未有的大变革。在这样的变革中，贪污受贿犯罪的定罪量刑标准也随着时代的变迁发生了诸多变化。这里主要摘取这一时期具有代表性的、对当时和后世影响较大的有关贪污受贿犯罪定罪量刑标准的规定加以评述。

### （一）旧民主主义革命时期贪污受贿犯罪的定罪量刑

由清末法律修订大臣沈家本主持修订的《大清新刑律》是晚清刑律的核心部分，不仅历时最长，而且引进了资产阶级的刑法文化，法律体例和内容变革极大，是中国历史第一部近代意义上的专门刑法典。②《大清新刑律》在第六章“关于渎职之罪”中专门规定了受贿、滥用职权等渎职犯罪，第140条规定：“官员、公断人于其职务要求贿赂或期约或收受者，处三等至五等有期徒刑。因而为不正之行为或不为相当之行为者，处一等至三等有期徒刑。”第

① 参见魏平雄、王然冀主编：《贪污贿赂罪的认定与对策》，群众出版社1992年版，第79~80页。

② 如在隆礼、重法的思想指导下，“中华民国”北京政府统治时期的刑事立法，主要是将《大清新刑律》加以删修，更名为《暂行新刑律》，作为当时的刑律颁布实施。而删除的主要部分是“侵犯皇室罪”全章12条和伪造或毁弃“制书”“御玺”者窃取、强取或损害“御物”者等7条，以及《暂行章程》5条。将“帝国”改为“中华民国”，“臣民”改为“人民”，“覆奏”改为“覆准”，“恩赦”改为“赦免”。此外，无实质性变化。（参见曾宪义主编：《中国法制史》，北京大学出版社、高等教育出版社2000年版，第303页。）

141 条规定："官员、公断人于其职务事后要求贿赂或期约或收受者，处四等以下有期徒刑或拘役。因为不正之行为或不为相当之行为，事后要求贿赂或期约或收受者，处二等至四等有期徒刑。"① 此外，该法在第三十三章"诈欺取财罪"中规定了贪污犯罪的刑事责任，即该法第 386 条规定："官员处理公务，图利自己或第三人或图害国家公署，背其职务损害国家公署之财产者，处二等或三等有期徒刑。"② 由上可以看出，对于贪污受贿犯罪的定罪量刑标准，《大清新刑律》相关规定都只有定性的要求，即只要官员、公断人实施了贪污、受贿行为，不论数额多少都应当科处相应的刑罚。

1928 年 3 月 10 日，南京国民政府在颁布了其第一部刑法典（史称《旧刑法》），该法典对贪污受贿犯罪的规定有了新的变化。如该刑法第 128 条第 1 项规定："公务员对于职务上行为要求期约或收受贿赂或其他不正利益者，处 5 年以下有期徒刑，得并科 5000 元以下罚金。"第 129 条规定，对于违背职务收受贿赂的行为，处 3 年以上 10 年以下有期徒刑。第 130 条规定，对于审判人员或公断人收受贿赂的，处 3 年以上 10 年以下有期徒刑。③ 从上可看出，民国《旧刑法》对于受贿犯罪并没有规定数额标准，但是在量刑时会根据犯罪主体身份的不同而有轻重差别，特别是对审判人员和公断人员的受贿，会加重处罚。

南京国民政府在对《旧刑法》进行修订的基础上，于 1935 年 1 月 1 日重新颁布了《新刑法》，这一刑法典后经多次修订，一直在我国台湾地区沿用至今。该刑法典在第四章"渎职罪"中共设立了不违背职务之受贿罪、违背职务之受贿罪、准受贿罪、公务员

① 参见高汉成主编：《〈大清新刑律〉立法资料汇编》，社会科学文献出版社 2013 年版，第 736~737 页。

② 参见高汉成主编：《〈大清新刑律〉立法资料汇编》，社会科学文献出版社 2013 年版，第 767 页。

③ 参见王宠惠：《中华民国刑法》，中华印书局 1928 年版，第 31~32 页。

图利罪等多个受贿贪污犯罪罪名。如第121条规定的是不违背职务之受贿罪，较之于《旧刑法》的规定，其罪状表述并未有多大变化，只是刑罚加重为7年以下有期徒刑。相比于《旧刑法》，《新刑法》关于贪污贿赂犯罪定罪量刑的规定并无多大变化，法条中定罪量刑标准也是概括性的，没有数额限制。当然，有所变化的是提高了不违背职务之受贿罪等受贿罪的刑量，未再单独针对负有审判职责的特定公务员或公断人员加重处罚。

（二）新民主主义革命时期贪污受贿犯罪的定罪量刑

从历史划分的角度，新民主主义革命时期也属于近代的范畴。新民主主义时期的革命法制，开辟了中国法制的新纪元，它与历史上各种类型剥削阶级的法律具有根本性的区别。新民主主义时期的革命法制与现行的社会主义法制联系最密切，距离时间最近，内容最丰富，和社会主义法制属于同一类型，且有直接的历史渊源。[①]新民主主义革命时期相关文件或者法律中也对贪污受贿犯罪行为的处罚进行了规定，其关于贪污受贿犯罪定罪量刑的标准富有鲜明的特色。

早在第一次国内革命战争时期工农运动中产生的革命刑法就注重严厉惩治贪污受贿犯罪。[②] 1926年11月15日省港罢工委员会公布的《会审处办案条例》列举了27种罪行，[③] 其中与贪污舞弊有关的占三分之一，基本涵括了贪污受贿犯罪的各种行为方式，至于惩处办法，一般采取政纪处分与刑事制裁相结合的方式，情节较轻者，给以政纪处分或处以短期拘留；情节严重者，给予刑事处分，

① 参见张希坡、韩延龙主编：《中国革命法制史》，中国社会科学出版社2007年版，第15页。

② 参见张希坡、韩延龙主编：《中国革命法制史》，中国社会科学出版社2007年版，第247页。

③ 参见张希坡、韩延龙主编：《中国革命法制史》，中国社会科学出版社2007年版，第248页。

包括死刑、监禁、拘留、没收财产和罚金等。[①] 第一次国内革命战争时期产生的革命刑法有关贪污受贿犯罪的规定并不全面系统，只是散见于相关法令条例中，但其对贪污受贿犯罪的惩治强调要根据情节的严重，决定是给予政纪、拘留处分还是刑事处分，这是有一定进步意义的，也凸显出“情节”在贪污受贿犯罪定罪量刑标准中的重要地位。

在工农民主政权时期，中华苏维埃共和国临时中央政府在江西瑞金成立，毛泽东当选为执行委员会主席。由于贪污腐化、以权谋私等腐败现象在苏区也时有出现。因此，1933 年 12 月 15 日毛泽东签署了《关于惩治贪污浪费行为》的训令，这是中国共产党历史上的第一个反腐法令。该训令关于贪污贿赂犯罪的相关规定很不完善，相关处罚内容也欠缺科学性，但是却使得当时苏区的反贪腐斗争有章可循。苏区政府对贪污受贿犯罪行为的惩治是严厉的，任何贪污受贿行为（哪怕是 100 元以下）都应当治罪，贪污受贿数额的多少不影响行为的定性，但却是决定刑罚轻重的主要依据，而且在量刑时对所有的贪污行为都规定了没收财产刑。[②]

抗日战争时期，陕甘宁边区政府于 1939 年制定了《陕甘宁边区政府惩治贪污暂行条例》，该条例第 2 条列举了克扣或截留应行发给或缴纳财物者、买卖公务从中舞弊者、勒索敲诈收受贿赂者等 10 种贪污犯罪行为。第 3 条规定：“犯第二条之罪者，以其数额之多少，及发生影响之大小，依下列之规定惩治之……”即陕甘宁边区当时贪污犯罪的量刑标准是根据数额之多少及发生影响之大小惩治。贪污犯罪的量刑除有数额标准外，还有影响标准，即要考虑数额之外的影响大小情况，这无疑是切合边区惩贪肃腐实际情况的，体现了立法的科学性。

① 参见张希坡、韩延龙主编：《中国革命法制史》，中国社会科学出版社 2007 年版，第 248 页。

② 参见韩延龙、常兆儒主编：《革命根据地法制文献选编（中卷）》，中国社会科学出版社 2013 年版，第 605 页。

解放战争时期，较有代表性的惩治贪污受贿犯罪行为的法律条例，当属晋冀鲁豫边区政府于1948年1月10日颁布的《晋冀鲁豫边区惩治贪污条例》。该条例第3条规定了买卖公物从中舞弊者等8种贪污犯罪行为；第4条则规定了贪污犯罪行为的定罪量刑标准，即“犯本条例各罪依贪污数目多少，影响大小，照下列规定办理……”还规定贪污实物或现款，均以发生贪污行为时当地的小米市价计算。上述各项处分得按情节轻重酌量加重或减轻。[①] 从上述规定可以看出，贪污数额多少是贪污犯罪的定罪标准。如以一百斤小米市价为基准，没有达到相应数额的只给予撤职、记过等非刑事处分。同时，贪污数额多少、社会影响大小影响量刑的轻重。上述对贪污受贿犯罪定罪量刑设置数额标准的立法模式，对中华人民共和国成立后的反贪腐立法也产生了重要影响。

## 三、当代中国贪污受贿犯罪的定罪量刑

中华人民共和国成立以后，为了进一步促进我国刑事法治完善，因应反腐败的需要，我国的贪污受贿犯罪的刑法立法不断完善，现代刑事法治的相关理念在腐败犯罪立法中得到了相关体现，反腐败取得了一定的成效，其中最为显著的表现之一，就是贪污受贿犯罪的定罪量刑标准进一步走向科学化、现代化。

### （一）中华人民共和国成立初期贪污受贿犯罪的定罪量刑

中华人民共和国成立后，由于新兴政权的稳定与发展面临严峻的问题，中国共产党及其领导的人民政府对新政权稳定构成威胁的贪污贿赂犯罪进行了规制。在当时国家尚不具备构建完备的刑法典的情形下，中央人民政府1952年4月21日公布实施了《中华人民共和国惩治贪污条例》（以下简称《条例》），《条例》掀开了中华人民共和国反贪法制的序幕，对贪污贿赂犯罪的概念、量刑原则

① 参见《晋冀鲁豫边区政府公布惩治贪污条例》，载《人民日报》1948年1月11日，第1版。

和处罚标准等作了比较详细的规定，基本确立了中华人民共和国贪污罪、受贿罪的框架和内容。《条例》第2条规定了贪污罪的行为范围，第3条根据贪污数额的多少规定了四档刑罚①，因而数额显而易见是贪污罪量刑的根本标准。另外，贪污数额不满人民币1000万元（旧币）的，可根据情节轻重判处刑罚或者给予政纪处分。在此意义上，人民币1000万元的数额也是贪污行为入罪的界线，并受到情节轻重程度的制约。达到人民币1000万元，肯定是贪污罪，应当判处相应刑罚。未达到人民币1000万元，则应视情节的轻重而定，情节严重的，构成贪污罪并科处刑罚；情节轻微的，则不构成贪污罪，可给予非刑事处分。值得注意的是，《条例》第6条第1款还规定，贿赂犯罪应按照情节的轻重参酌贪污罪的规定处刑，这表明受贿犯罪与贪污罪适用基本相同的定罪量刑标准。我国现行刑法典对贪污受贿犯罪也是采取同一的定罪量刑标准，与《条例》这种立法模式不无关系。

（二）改革开放后我国贪污受贿犯罪的定罪量刑

1978年十八届三中全会作出了实行改革开放和加强社会主义法制建设的决策，我国迎来了建设社会主义法治国家的契机。1979年7月，中华人民共和国正式颁布了其第一部刑法典（以下简称1979年刑法典）。1979年刑法典在第五章“侵犯财产罪”和第八章“渎职罪”中分别规定了贪污罪和受贿罪。与1952年《条例》对贪污受贿犯罪的规定相比，1979年刑法典未再对贪污受贿的定罪量刑数额作出具体规定。在定罪标准中并未设置具体的入罪门槛，在量刑标准上以贪污公共财物数额巨大且情节严重、情节特别严重为基础从轻到重划分量刑档次，以受贿是否“致使国家或者公民利益遭受严重损失”为依据划分法定刑。此外，1979年刑法典将贪污罪规定在侵犯财产罪一章之中，将受贿罪规定在渎职罪一

① 参见1952年4月21日中央人民政府公布施行的《中华人民共和国惩治贪污条例》第2条、第3条。

章之中，表明这两种犯罪侵犯的客体不同，故而其定罪量刑标准也是分别设定的。尽管该刑法典没有规定贪污罪、受贿罪各量刑档次相对应的犯罪数额，但 1985 年 7 月 8 日最高人民法院、最高人民检察院（以下简称“两高”）联合颁布的《关于当前办理经济犯罪案件中具体应用法律的若干问题的解答（试行）》（以下简称《解答》）却对此作出了规定。《解答》第一部分第 3 条指出，个人贪污 2000 元以上的，应追究刑事责任，定罪判刑。贪污 2000 元以下的，根据情节，可以判刑，也可以不判刑，不宜都不判刑。[①] 显而易见，《解答》的上述条款已将具体数额（2000 元）设置成了贪污罪的立案标准。这一司法解释条款实际上是对 1952 年《条例》有关规定之立法精神的回归，对于惩治贪污贿赂犯罪的司法实践起了重要的指导和推动作用，也为以后进一步完善贪污受贿犯罪的定罪量刑标准奠定了良好基础。

1988 年 1 月，在总结贪污贿赂犯罪司法实践经验的基础上，为适应经济体制改革和对外开放新形势下打击贪污贿赂犯罪的实际需要，全国人大常委会审议通过了《关于惩治贪污罪贿赂罪的补充规定》[②]（以下简称《补充规定》），对贪污贿赂犯罪的有关条文作了重要补充修改，其中就包括修改了贪污罪、受贿罪的定罪量刑标准。《补充规定》第 2 条规定了数额与情节交叉型的定罪量刑模式，即将数额作为定罪量刑的基本标准，将情节作为加重量刑情节。相比于 1979 年刑法典中的有关规定，《补充规定》的上述修改，一是将贪污受贿犯罪的定罪量刑标准由之前的概括数额改为具体数额；二是将贪污罪、受贿罪法定刑排列由轻到重调整为从重到轻；三是将贪污罪、受贿罪分立的定罪量刑标准修改为适用同一定

① 参见 1985 年 7 月 8 日最高人民法院、最高人民检察院联合颁布的《关于当前办理经济犯罪案件中具体应用法律的若干问题的解答（试行）》第 3 条。

② 1988 年 1 月 21 日第 6 届全国人民代表大会常务委员会第 24 次会议通过，1988 年 1 月 21 日中华人民共和国主席令第 63 号公布，自公布之日起施行。

罪量刑标准。[①]

1997年3月14日，第八届全国人大第五次会议表决通过了现行刑法典（同年10月1日起施行）。现行刑法典是在结合改革开放以来的立法司法实践经验，吸收全国人大常委会有关补充规定、决定的内容的基础上，对1979年刑法典作出的重大修改，其中也涉及对贪污受贿犯罪法条的修订。该刑法典第383条延续了1988年《补充规定》中的具体数额与情节交叉型的定罪量刑模式。第386条规定，对于受贿罪的定罪处罚依照贪污罪来处理，并且规定索贿从重处罚的法定量刑情节。从上可以看出，1997年刑法典关于贪污罪、受贿罪定罪量刑的规定，更多的是承袭了1988年《补充规定》的相关内容，有显著变化的地方则是将起刑点数额由2000元提升到了5000元。

随着司法实践的进一步发展，贪污受贿犯罪情节差别较大。1997年刑法典中规定的具体数额难以切实反映出行为的社会危害性，无法做到罪责刑相适应。[②] 因而2015年8月29日全国人大常委会审议通过的《刑法修正案（九）》进一步修改了贪污受贿犯罪的定罪量刑标准，删去了对贪污受贿具体数额与情节交叉式的定罪量刑规定，原则规定了数额较大或者情节严重、数额巨大或者情节严重、数额特别巨大或者情节特别严重三种情况，相应规定三档刑罚，并对数额特别巨大，并使国家和人民利益遭受特别重大损失的，保留适用死刑。进而摒弃了对贪污受贿具体数额与情节交叉式的定罪量刑规定，调整了贪污受贿犯罪各档刑罚的排列顺序，重新回归到1979年刑法典时从轻到重的刑罚排列顺序。[③] 本书在后面

---

① 参见赵秉志：《贪污受贿犯罪定罪量刑标准问题研究》，载《中国法学》2015年第1期。

② 参见李适时：《关于〈中华人民共和国刑法修正案（九）（草案）〉的说明》，2014年10月27日在第十二届全国人民代表大会常务委员会第十一次会议上。

③ 参见赵秉志主编：《〈中华人民共和国刑法修正案（九）〉理解与适用》，中国法制出版社2015年版，第322~323页。

的章节中将会对《刑法修正案（九）》中的定罪量刑标准进行详细论述，在此就不再赘述。

## 四、对贪污受贿犯罪定罪量刑标准变迁演进之分析

通观我国贪污受贿犯罪定罪量刑标准从古至今的演进可以看出，贪污受贿犯罪现象及对其的惩治一直存在于中国历史的长河中。回顾和梳理我国历代贪污受贿犯罪的定罪量刑标准，我们可以看到历史上定罪量刑标准的相关特点，以期为当下中国定罪量刑标准的完善提供有益的借鉴。

### （一）贪污受贿犯罪定罪范围较为广泛

在历史的长河中，贪污受贿犯罪与社会发展紧密相连，成为影响社会稳定和国家发展的主要障碍，因而历代统治者、执政者都十分注重反腐败以维护政权的稳定。其中缜密的立法是我国历史相关朝代反腐的鲜明特色，这主要体现在：

1. 贪污受贿犯罪的对象范围广泛

我国历史上一些朝代不仅将常见的财物纳入贪污受贿范围，也将一些财产性利益纳入贪污受贿犯罪的规制范围。如《唐律·职制篇》规定："诸贷所监临财物者，坐赃论，授讫未上，亦同。余条取受及相犯，准此。若百日不还，以受所监临财物论，强者，各加二等。余条强者准此"；公物私用，也以贪污论处："诸监临之官，私役使所监临及借奴蜱，牛马骡驴、车船、碾、邸店之类，各计庸，赁以受所监临财物论。"[①] 即监临官役使部属、借用牛马、车船等应支付对价而不支付对价而在一定时期内未归还或者获取利益的行为，接受馈赠及"正常"的买卖、借贷行为，在本辖区内经商盈利或者强行购买所需物品，乃至接受水果、酒肉等送礼行为也构成贪污受贿犯罪。[②] 再如，《北魏律》中首次规定了对于"义

---

① 《唐律疏议》(卷 11)。

② 参见孙国祥：《贿赂犯罪的学说与案解》，法律出版社 2012 年版，第 5 页。

赃”的惩治，也即对于官吏利用喜庆宴会之机私自接受馈赠的行为，无论何种名义，皆计赃定罪。① 可见，早在古代就已将部分财产性利益纳入贪污贿赂的制裁范围。

2. 对官吏近亲属贪污受贿进行规制

我国历史上相关的法典中，已经对家属参与或者实行贪污受贿犯罪有所规制。例如，《唐律》中规定了监临官家人受财行为的相关处罚：“诸监临官之官家人，于所部有受乞、借贷、役使、卖买有剩利之属，各减官人罪二等；官人知情与同罪，不知情者各减家人罪五等。其在官非监临及家人有犯者，各减监临及监临家人一等。”② 这表明，监临官的家人贪污受贿，如果监临官知情要与家人承担同等罪责，如果不知情也要减半承担责任。不可否认，这对于官吏约束家人的行为能够起到一定的积极作用，但是由于其施行的是连带责任，在一定程度上违背现代刑法中罪责自负原则。元朝法律中也对官吏家属收受贿赂的行为进行惩治，当官吏家属受贿时，如果官吏开始不知道其家属收受赃贿，但是知道后立即自首，能够免去对官吏和家人的惩处；如果不自首，官吏减家人法二等坐；如果确实不知道家人及亲属利用自己的地位收受贿赂的，只处断家人及亲属；如果官吏纵容家人及亲属收受贿赂，官吏按照本法惩处，家人及亲属免去处罚。较之于唐朝的规定，元代法律规定的相对科学，会依据官吏是否知道家属贪污受贿以及是否自首的相关情况来进行定罪量刑。《大清律例》也规定了“家人求索”罪，凡是监临官吏兄弟、子侄、奴仆等取受求索借贷财物，及役使部民，若买卖多取价利之类都要惩罚官员，但是官员不知情的除外。以上对于亲属的贪污受贿行为进行规制的做法对当代中国也具有重大的借鉴意义。现代司法实践表明，我国的贪污受贿犯罪正呈现出

① 参见刘守芬、王洪波等：《对中国古代廉政法律制度的历史考察》，载《北京大学学报（哲学社会科学版）》2003 年第 3 期。

② 参见孙国祥：《贿赂犯罪的学说与案解》，法律出版社 2012 年版，第 5 页。

“家族化”的特点，因而对于官员的近亲属等特定关系人进行规制则具有重要的现实意义。

3. 贪污受贿行为种类外延较为完备

我国历史上关于贪污受贿行为的罪名设置是较为完备的。例如，《唐律》中不仅规定了一般的“受人财请求”（收受财物并为他人谋取利益）罪，还规定了“事后受财”“受所监临财物”（非因公事而受财）、“因使受送馈”（官员出差受财）、“贷所监临财物”（监临官在其管辖范围内借贷财物）、“役使所监临”（无偿使用或者借用属下官员的劳力）、“监临受供馈”（接受下属的礼品供馈等食用之物）、“监临之官家人乞借”（监临官的家人乞借财物）、“去官受旧官属士庶馈与”（卸任官员接受财物）等罪名。可见，唐律不仅将官员在任时的受贿行为规定为犯罪，而且对官员卸任后收受财物的行为进行惩治；不仅将当时接受财物的行为，也将事后受贿以及接受礼品的行为纳入了惩治范围，足见唐律中法律规定之严密。再如，《大清律例》中不仅规定了“官吏受财”罪，还规定了“坐赃致罪”“事后受财”“官吏听许财物”“有事以财请求”“在官求索借贷他人财物”“家人求索”“风宪官吏犯赃”“因公科敛”“克留盗赃”“私授公侯财物”等罪名。在现代刑法中，我国贪污受贿犯罪虽然采取的是一种罪群立法模式，但是对于贪污犯罪仅规定单独的一个贪污罪，对于受贿犯罪则规定了受贿罪、单位受贿罪、利用影响力受贿罪等罪名。虽然对于上述古代相关的贪污受贿行为在我国现行刑法典中能够进行惩治，但是大多只能以笼统的受贿罪进行惩治，其针对性较差，反观我国历史上的这种典型的罪群立法模式不得不引起我们的关注和重视。

（二）贪污受贿犯罪设定刑罚严厉

从严治吏，严惩贪官在我国具有悠久的历史。其刑罚严厉一般主要体现在以下四个方面：一是贪污受贿犯罪判处的刑罚比较严厉。例如，从云梦出土的《秦律》中规定“通一钱者，黥为城旦”，即只要受贿行贿一枚铜钱，也要在行为人脸上刺字或者是接受修城服苦役的惩罚。西周《尚书·吕刑》中记载的“惟官”“惟货”“惟来”腐败犯罪需要适用墨、劓、剕、宫、大辟五刑惩罚，而这五刑不是肉刑就是死刑，刑罚十分严酷。唐朝法律规定监临官接受他人财物，如果违背职务职责受贿一尺绢，需要杖打 100 下，没有违背职务职责，也需杖打 90 下。再如，同样是赃罪，唐律中，普通盗窃一尺绢杖打 60 下，而监临官受贿即使不枉法，也需杖打 90 下。可见，对于贪污受贿犯罪，历代都是处以较为严厉的刑罚。二是确立了官吏贪污受贿的连坐制度。如西周《法经》中的《杂法》就规定：“丞相受金，左右伏诛”①，即丞相贪赃受贿，应当处死其左右随从。宋朝统治者规定：凡负有检察和检举责任的官吏，若本属管理犯赃，主典官失觉察者受罚，知而不举者与之同罪，通谋作弊者加重处罚；即使对本属官吏犯赃者毫不知情，如果所犯赃罪重大，也要对主典官依法惩处。再如，清朝考虑到贪污受贿的严重危害性，其法典中不仅对贪污受贿的直接官吏作出严厉的惩罚，一般对其上司等官吏也要进行追责。② 三是主要体现在对贪污受贿犯罪广泛适用死刑。纵览古代反腐立法与反腐实践，死刑是为统治者广泛适用的刑罚，而且执行方式也极为残酷，如枭首、凌迟、弃市、绞刑等。如《法经》中《杂法》规定：“丞相受金，左右伏诛。犀首以下受金则诛。”汉文帝下诏规定：“吏坐受赇枉法，守县官财物而即盗之，已论命复有笞罪者，皆弃市。”③《汉律》规定：“主守而盗，值十金弃市”，也就是说，对于监守自盗的贪赃犯罪，贪污的数额达到十金则处死。《大明律》规定对于贪污受贿折银 20 两即处流刑，40 两即处斩刑。民国时的《官吏犯赃治罪条例》修改了大清《暂行新刑律》中对贪污受贿犯罪不设置死刑的

---

① 参见（明）董说：《七国考》（卷 12）《魏刑法》，中华书局 1956 年版，第 366~367 页。

② 参见王春瑜主编：《中国反贪史》（下卷），四川人民出版社 2007 年版，第 669~670 页。

③ 《汉书》（卷 23）《刑法志》。

规定，规定官吏犯赃500元以上者就要处以死刑。[①] 四是限制贪污受贿官员的特权。在古代，很多朝代都针对官吏确定了“八议”制度，也即凡属“亲、故、贤、能、功、贵、勤、宾”之人，均可以享受“议、请、减、免、赎、当”的特权。但是对于严重的贪污受贿犯罪，法律大多规定不得请、减，甚至不得赦免。例如，唐朝是历史上大赦最频繁的时期，但赦令从来不及贪官污吏；宋太祖时赵匡胤规定对贪墨官员不适用请、减、赎、官当之法，“十恶、杀人、官吏受贿者不原”[②]。明太祖朱元璋强调重刑治吏，洪武四年立法规定，凡官吏犯赃罪一律不赦。[③] 不赦贪官几乎是我国各朝各代的通例。

（三）贪污受贿犯罪定罪标准从定性到定量

贪污受贿犯罪的定性入罪标准，是指只要实施贪污受贿行为，不考虑数额或者情节因素，在立法上均将其作为犯罪；所谓定量入罪标准，是指立法中在确立是否构成贪污受贿犯罪时，不仅要实施贪污受贿行为，而且贪污受贿行为还需达到一定程度，一般体现在数额和情节上。在我国古代奴隶制国家中，据笔者所收集的相关资料来看，并没有明确的贪污受贿犯罪定罪标准，只有相关定性的描述，即只要是贪污受贿行为就应当受到处罚。如夏朝的《夏书》规定：“昏、墨、贼，杀。皋陶之刑。”[④] 即只要是贪污受贿都要判处死刑，而不管贪赃数额的多少。商朝对于官吏贪污受贿，依据相关记载，不论数额或情节，处以罚丝二束。在周朝，对于贪污受贿的官员，其定罪处罚按照所犯之罪处理。笔者以为，这与中国古代刑民不分的法律传统存在一定的关系，在奴隶制社会，私权不昌，

① 参见李慧织：《贪污贿赂犯罪死刑限制与废止研究》，中国人民公安大学出版社2014年版，第42~43页。

② 《宋刑统》（卷2）《太祖纪二》。

③ 参见孙国祥：《贿赂犯罪的学说与案解》，法律出版社2012年版，第6页。

④ 参见曾宪义主编：《中国法制史》，北京大学出版社、高等教育出版社2000年版，第27页。

“率土之滨，莫非王土”，统治者主要是以刑事手段来惩治贪污受贿犯罪，因而对于贪污受贿犯罪并无明确的定罪量刑标准，只要实施相关行为，就可以对相关行为人进行刑事处罚。因而有论者认为，从春秋战国时期以及秦代的萌芽初创，到唐宋的基本确立，再到明清的正式入律，贪污受贿的数额大小都是作为确定贪污受贿犯罪刑罚轻重的依据，而非决定犯罪成立与否的标准。①

及至近代中国，民国时期的国民政府关于贪污受贿犯罪的定罪量刑，依据的也是行为定罪，数额仅仅是量刑的标准。然而这一时期中国共产党领导下的革命根据地的反贪法律出现了新变化，如1948年1月10日颁布的《晋冀鲁豫边区惩治贪污条例》第4条对贪污受贿犯罪的规制，“贪污数目相当于七百斤小米市价以上不满一千二百斤的，处半年以上三年以下的有期徒刑、劳役或撤职”，可见，贪污数额不仅是量刑标准，同时也是定罪标准。这一立法模式也对中华人民共和国成立后贪污受贿犯罪定罪量刑标准的制定产生了较为深远的影响。1952年《条例》对贪污受贿犯罪的规定，计赃论罪的标准再一次凸显，其中贪污受贿数额是否达到人民币1000万元（旧币），是定罪量刑的重要分水岭，不仅是决定刑罚轻重的重要依据，也具有定罪的意义。1997年刑法典中规定的贪污受贿犯罪仍然是以数额（5000元）作为定罪标准。可见，自《晋冀鲁豫边区惩治贪污条例》颁行以来，我国绝大部分立法中已经将贪污受贿数额作为量刑标准和定罪标准。

然而贪污受贿犯罪定罪标准在注重数额的同时，情节对于定罪的作用也逐步受到重视。例如，第一次国内革命战争时期产生的革命刑法有关贪污受贿犯罪的规定，就非常重视情节的调节作用，情节是否严重，是决定给予政纪、拘留处分还是刑事处分的重要标准。又如，1952年《条例》关于贪污罪量刑的规定，对于贪污数

① 参见赵秉志：《贪污受贿犯罪定罪量刑标准问题研究》，载《中国法学》2015年第1期。

额不满人民币1000万元（旧币）的，可根据情节轻重判处刑罚或者给予政纪处分。这表明在坚持计赃论罚标准的前提下，行为是否构成贪污罪，还是受到情节轻重程度制约的，表明情节因素也受到了一定的重视。① 1997年刑法典也是以贪污受贿数额5000元作为入罪标准，但是如果情节较轻的，可以不进行刑事处罚而给予行政处分。可见，情节对于定罪的作用不断加大。2015年全国人大常委会通过的《刑法修正案（九）》中更是正式确立了“数额+情节”的定罪标准，不仅数额对定罪发挥决定性作用，情节也可以独立发挥定罪功能。

（四）贪污受贿犯罪量刑标准多元化

贪污受贿数额无疑是我国历史上各朝各代关于贪污受贿犯罪最为重要的量刑标准。如《法经》将受贿数额是否超过20两金作为判处死刑或其他刑罚的根本标准。又如，《唐律》依据贪污受贿数额的多少设置了幅度不同的刑罚。再如，《大清律例》针对“监守自盗库钱粮”规定1两以下杖打80下，并以此向上共计划分12个量刑等级，40两即可判处斩刑②；对“官吏受赃”也依据贿赂情况和受贿数额规定轻重不同的量刑幅度。然而各朝各代虽然将数额标准作为贪污受贿犯罪的主要量刑标准，但是在量刑时也会充分考虑相关情节的不同，这有助于根据贪污受贿行为的不同进行较为科学的定罪量刑。这主要体现在以下几个方面：

一是依据贪污受贿行为人身份的不同而量刑不同。例如，西周时对于有“惟官”“惟货”“惟来”的司法官员，实行“其罪惟均”，即司法官员有贪赃枉法行为的，与犯人同罪。上述提到的《法经》中也规定，丞相贪赃受贿，应当处死其左右随从；犀首以下官职的官员贪赃受贿，如果受贿数额未超过20两金，则不判处

① 参见赵秉志：《贪污受贿犯罪定罪量刑标准问题研究》，载《中国法学》2015年第1期。

② 参见《大清律例》（卷23）《刑律》。

死刑，而是科处其他刑罚。《唐律》中监临官受贿较之于一般官员受贿，处罚更为严厉。《唐律疏议》规定："诸监临之官，受所监临财物者，一尺笞四十，一匹加一等；八匹徒一年，八匹加一等；五十匹流两千里。""然坐赃者，谓非监临司，因事受财，而罪由此赃，故名坐赃致罪。犯者，一尺笞二十，一匹加一等；十匹徒一年，十匹加一等，罪止徒三年。"监临官受财不枉法、受财枉法，受贿数额相同，其处罚较之于一般的官员受贿处罚更为严重。《唐律疏议》中也规定"监临主守自盗，加凡盗二等，三十匹绞"。即监临官贪污比一般盗窃要加重二等处罚。《宋刑统》中也规定对于监临官受财枉法、不枉法，无禄者，各减一等，即"无禄"官（月俸粮不满一石的官吏）较之"有禄"官（月俸粮满一石的官吏）处罚轻。《大清律例》也规定风宪官有"受馈送""求索"等行为就将"罪加二等"。可见，古代的相关朝代的立法在对贪污受贿犯罪量刑时会因为贪污受贿行为人身份的不同而有所区别。这主要是由于具有监察官、司法官等特殊身份的官员，其作为司法者和执法者普通民众对其职务廉洁性具有较高的期待和信赖，其贪污受贿行为会极大地影响民众对于法治的感知，在某种程度上造成的社会危害会更大，一般处刑也较为严重。

二是依据贪污受贿行为的不同而量刑不同。从上述历代关于贪污受贿犯罪的刑罚规定来看，贪污受贿犯罪量刑时一般需要考虑：(1) 区分枉法不枉法。由于"枉法"直接侵犯、扰乱统治秩序，而"不枉法"侵害的则是官员的廉洁义务，因而枉法受财较之于不枉法受财，其危害性更为严重，故历代都对枉法受财处以较重的刑罚。《唐律》将受贿区分为枉法、不枉法后这一规定一直为之后朝代的法律所沿袭。(2) 贪污受贿的方式。在相关朝代中，一般主动索贿或者威力强乞者，较之于被动接受财物，处罚较为严厉。如《魏律》中"呵人受钱"（以敲诈的形式勒索钱财），《唐律》中"诸监临之官，受所监临财物者……乞取者，加一等；强乞取者，准枉法论。"再如，在职时收受贿赂比离职时收受贿赂处罚重，有具体请托事项比单纯的受贿处罚严重。《唐律》规定："诸受人财而为请求者，坐赃论加二等。"

（五）贪污罪、受贿罪的定罪量刑标准从分立到统一

从中国古代关于贪污罪与受贿罪的相关规定来看，先秦时期贪污罪与受贿罪并没有完全区分，其定罪量刑标准是基本相同的。但是自秦朝开始，贪污罪与受贿罪的定罪量刑标准基本分立。如秦朝的《法律答问》关于贪污罪的规定："府中公金钱私贷用之，与盗同法"，即对于监守自盗的贪污行为，按照盗窃罪的定罪量刑标准进行处罚。而对于受贿罪，则是"通一钱黥城旦"。《唐律疏议》中规定："监临主守自盗，加凡盗二等，三十匹绞。"即监临官监守自盗依据盗窃罪加重二等处罚；对于受贿，则是"一尺笞四十，一匹加一等；八匹徒一年，八匹加一等；五十匹流两千里。"自唐代以后的历代朝代均将贪污罪、受贿罪依据不同的定罪量刑标准进行处罚。及至清的《大清新刑律》依然是采取此种方式。如受贿罪的刑事责任规定在《大清新刑律》第六章"渎职之罪"中，贪污罪（职务侵占罪）的刑事责任规定在《大清新刑律》第三十三章"侵占罪"中，二者适用的完全是不同的定罪量刑标准。[①] 1935年公布的《中华民国刑法》中，受贿罪被分为普通受贿罪、违背职务之受贿罪和准受贿罪三种，被规定在"渎职罪"一章之中，而贪污罪则规定在"侵占罪"一章中，二者定罪量刑标准不同。

近现代的贪污受贿犯罪定罪量刑标准由分立走向统一发轫于抗日战争时期陕甘宁边区政府 1939 年制定的《陕甘宁边区惩治贪污条例（草案）》，该草案的第 2 条列举了克扣或截留应行发给或缴纳财物者、勒索敲诈收受贿赂者等 10 种贪污犯罪行为，第 3 条明确规定相关贪污受贿行为按照同样的定罪量刑标准进行惩处。从中华人民共和国成立后 1952 年颁布的《条例》开始，贪污受贿犯罪定罪量刑标准统一的立法格局得以一直延续。然而 1979 年刑法典

① 参见韩秀桃等编：《中国法制史》，法律出版社 2001 年版，第 641 页。

将贪污罪放在“侵犯财产罪”之中，受贿罪则放在“渎职罪”之中，对贪污罪、受贿罪分别设立了不同的定罪量刑标准。但是1988年《补充规定》规定对受贿罪“依照贪污罪的规定处罚”，导致贪污罪、受贿罪的定罪量刑标准又回到了统一的格局。而1997年刑法典修订时基本上维持了1988年《补充规定》的规定，2015年的《刑法修正案（九）》虽然对贪污罪、受贿罪的定罪量刑标准进行了修改，但是仍然没有改变贪污受贿犯罪定罪量刑标准分立的局面。

## 第二节　贪污受贿犯罪定罪量刑标准的域外考察

有比较才能有所鉴别，有鉴别，有斗争，才能有发展。就贪污受贿犯罪定罪量刑标准的科学界定而言，其不仅是当下中国所面临的难题，也是西方法治发达国家和地区在防治腐败犯罪时所面临的复杂问题。鉴于贪污受贿犯罪的严重社会危害性，各国对于治理贪污受贿犯罪均给予了积极的关切。对不同国家的定罪量刑问题进行比较研究，有助于我们更加全面地分析我国定罪量刑标准的现实境况，以“世界的眼光”来看待“中国的问题”。

### 一、英美法系国家的贪污受贿犯罪定罪量刑

按照法学界的通说，当代西方国家的法律制度大体可以划分为大陆法系和英美法系。20世纪以来，由于各国之间的政治、经济和文化联系日益加强，两大法系之间的相互借鉴逐步深入。尽管判例法是英美法系国家的主要法律渊源，但对于贪污受贿犯罪，制定法却占有十分重要的地位。本部分笔者将主要介绍英美法系的美国、英国、新加坡等国关于贪污受贿犯罪的定罪量刑标准。

#### （一）美国贪污受贿犯罪的定罪量刑

美国反腐败的重要法律渊源有四部法律，包括三部特别法——《美国政府道德法》《1989年道德改革法》和《行政部门雇员道德

行为准则》以及一部刑事法——《美国法典》。[①] 由于美国各州的刑事法律不一致，为了便于下文的论述，本部分研究对象限定于《美国法典》[②] 中的相关规定。

美国刑法中与我国贪污罪相对应的罪名是公职人员侵占罪，美国的侵占罪是效仿英国刑法制定的，其立法目的在于弥补普通法盗窃罪的处罚漏洞，美国各州法律对侵占罪的规定各不相同，但是可以总结为“占有人非法占为己有”。[③] 关于侵占罪主体，有些州将侵占罪的主体限定为通过接受委托、递送而获得占有者。少数几个州则对合法占有者的范围不作任何限制，凡合法占有后欺诈性地移转他人财物的，均可成立侵占罪。[④] 美国大多数州的立法把公务员也纳入侵占罪的主体范围，即政府官员侵占其所管理、支配的公共资金归自己所有，[⑤] 该种行为被视为普通侵占罪的加重处罚情节。

《美国法典》第十八编“犯罪与刑事诉讼”第 201～209 条规定了与公职人员贪污受贿行为的相关处罚，包括贿赂公职人员罪、贿赂证人罪、公职人员受贿罪、证人受贿罪等。如第 203 条是规制国会议员、官员以及其他人实施因影响政府的事务而获得报酬的行为，该条第（a）款明确规定：“任何人（除非依法适当解除了公职）直接或间接地从事以下行为，应受到本编第 216 条的规定的处罚：（1）寻求、收到、接受或同意收到或接受任何因以代理人、

---

① 参见庄小茜：《导读：美国的反腐败立法及相关制度》，载蒋娜等译：《美国政府道德法 1989 年道德改革法行政部门雇员道德行为准则》，中国方正出版社 2013 年版，第 9 页。

② 1926 年，美国人第一次将建国以来国会制定的所有立法加以整理编纂（除独立宣言、联邦条例和联邦宪法外），按 50 个项目系统地分类编排，命名为《美国法典》（United States Code，USC）；1964 年，编辑出版了修订版，以后每年出版增补卷，截至 2006 年，编辑出版了 51 卷。

③ 参见刘士心：《美国刑法各论原理》，人民出版社 2015 年版，第 217 页。

④ 参见王志祥、许会东：《英美法系刑法中侵占罪构成条件之比较》，载《云南大学学报（法学版）》2006 年第 2 期。

⑤ 参见刘士心：《美国刑法各论原理》，人民出版社 2015 年版，第 217 页。

律师或其他身份从事代理服务而亲自或由他人索取报酬，行为时具有以下身份…… （2）对这种提供的或准备提供的代理服务给予、许诺或提供报酬，而明知得到给予、许诺或提供报酬的人是议员、当选议员、委任代表、当选委任代表、居民代表、当选居民代表、联邦法官、官员或雇员。”① 第208条规定的是“影响个人财务利益的行为”，第209条规定的是“官员和雇员从美国政府外收取任何薪水、捐款或补偿金作为工作报酬”，在符合法定条件的情况下，都应受到第216条规定的处罚。第216条规定的是“处罚与强制令”，即“（a）对于触犯本编第203条、第204条、第205条、第207条、第208条或第209条的处罚如下：（1）任何实施构成犯罪的行为的人将被判决1年以下有期徒刑，或者根据本编规定的数额罚款，或者两种刑罚共同使用。（2）任何蓄意实施构成犯罪的行为的人将被判处5年以下有期徒刑，或者根据本编规定的数额罚款，或者两种刑罚共同适用。如果法院认定该行为构成犯罪，法院可以发出命令禁止该人实施该行为。根据本条向法院提出的请求不排除美国或任何其他人依法适用其他补救办法”②。

由上可知，美国法律中对于贪污罪并没有设置特别的罪名，而是将其纳入侵占罪作为加重的量刑情节进行处罚；另外，只是对贪污受贿行为的性质和方式进行了描述，犯罪构成中不含定量成分。只要行为人实施了《美国法典》第十八编第201～209条规定的行为，就应当依照其第216条的规定定罪处罚，或是判处1年以下监禁（蓄意实施的情况下，5年以下监禁），或是按规定的数额罚款，或是有期徒刑和罚款并罚。

（二）英国贪污受贿犯罪的定罪量刑

英国是世界上较早制定反腐败法律的国家。早在1889年，英

① 参见《美国政府道德法1989年道德改革法行政部门雇员道德行为准则》，蒋娜等译，中国方正出版社2013年版，第293页。

② 参见《美国政府道德法1989年道德改革法行政部门雇员道德行为准则》，蒋娜等译，中国方正出版社2013年版，第323～324页。

国就制定了《公共机构腐败行为法》，1906 年又制定了《禁止贿赂法》（1916 年修订），除此之外，还制定了《犯罪所得赃款法》《刑事司法与公众指导法》等系列法律。2011 年 7 月 1 日，以有效惩处贿赂犯罪为目标的英国《2010 年反贿赂法》开始正式实施。《2010 年反贿赂法》在废除此前普通法与成文法规定的相关贿赂犯罪的同时，规定了行贿罪、受贿罪、贿赂外国公职人员罪、商业组织不履行预防贿赂义务罪四项新的贿赂犯罪。根据《2010 年反贿赂法》第 2 条的规定，具有下述任一情形的，行为人应承担受贿罪的刑事责任：（1）行为人要求、同意收取或接受金钱或其他利益，以作为结果，使得某一相关职能或活动被不正当实施（无论是由行为人或另一人）；（2）行为人要求、同意收取或接受金钱或者其他利益，而且该要求、同意收取或接受行为本身，构成行为人对某一相关职能或活动的不正当实施；（3）行为人要求、同意收取或接受金钱或者其他利益，以作为其（无论是行为人或另一人）不正当实施某一相关职能或活动的报酬；（4）作为对行为人要求、同意收取或接受金钱或者其他利益的预期或结果，行为人或另一人在行为人的要求、同意或者默许下不正当地履行了相关职能或实施了相关活动。①

由此可知，英国《2010 年反贿赂法》也只对受贿行为进行定性描述，受贿罪犯罪构成中并无明确的定罪因素的规定。至于受贿罪处罚的轻重，则取决于诉讼程序的不同，即是经简易定罪还是经公诉定罪，如果是前者，处罚较轻；如果是后者，则处罚较重。②

### （三）新加坡贪污受贿犯罪的定罪量刑

新加坡在亚洲甚至是世界范围内都堪称反腐败的典范，其对贪污腐败行为素来惩处严厉。该国对贪污受贿犯罪的规定，也采取了同英国一样的做法，即立法定性、司法定量。

---

① 参见《英国反贿赂法》，王君祥编译，中国方正出版社 2014 年版，第 3~4 页。
② 参见《英国反贿赂法》，王君祥编译，中国方正出版社 2014 年版，第 37 页。

1998年修改的《新加坡刑法典》在第十七章“侵犯财产罪”中的侵占财产罪规定：“任何人不诚实地侵占或转移动产归自己使用的，处2年以下的有期徒刑，或罚金，或两罚并处。”① 第九章“公务人员或与公务人员有关的犯罪”中规定了公务人员贿赂犯罪。其中，有关打击公务员腐败的条款集中在第161～165条，第168条和第169条，分别规定了公务员受贿罪、非公务人员利用公务人员影响力受贿罪、公务员教唆受贿罪和公务员非法从事商业活动罪四类，严禁公务员在其职务行为中获取非法酬金、无偿有价物品或非法从事商业活动，也禁止任何人“接受酬金并以贿赂或者其他非法手段影响公务员”或“接受酬金意图对公务员施加个人影响”，将包括非公务人员在内的“任何人”纳入实施利用公务员影响力犯罪的实施主体，公务员对于上述犯罪行为实施教唆行为的，依照刑法进行处罚。② 如第161条规定：“现为或将为公务人员的人，为本人或第三人利益，接受或取得，或同意接受或企图取得非合法报酬的报酬，作为其实施或不实施职务行为，或在履行公务过程中给予或不给予他人好处或害处，或利用新加坡政府、国会议员、内阁成员或公务人员职务本身向他人提供或企图提供服务或对其造成损害的动因或回报的，处3年以下监禁，或罚金，或者并处。”③ 该条规定即典型的受贿罪。除了《新加坡刑法典》的规定外，新加坡还颁布了《公务惩戒程序法》《预防贪污贿赂法》《没收腐败、贩运毒品和其他严重犯罪所得法》等特别法，旨在规定更有效的防治贪污贿赂的措施。如1990年4月17日颁布的《预防贪污贿赂法》第5条规定：“任何人亲自或通过他人或与他人一起——（1）腐化地请求、接受或为自己、为他人同意接受；或

---

① 参见《新加坡刑法》，刘涛、柯良栋译，北京大学出版社2006年版，第93页。

② 参见《新加坡刑法》，刘涛、柯良栋译，北京大学出版社2006年版，第36～38页。

③ 参见《新加坡刑法》，刘涛、柯良栋译，北京大学出版社2006年版，第36～38页。

(2) 不论是为自己的利益，还是为第三人利益腐化地给予、允诺或提供给任何人报酬作为引诱或报答，或者是出于以下考虑：①任何人做或避免去做任何事情或业务，不论是实际的还是计划中的；或②任何公共机构的成员、官员或职员做或避免去做涉及该团体的事情或业务，不论是实际的还是计划中的。根据本法都构成犯罪，并应处以不超过 5 年的监禁或不超过 10000 新元的罚金，或者并处。”[①] 该法第 7 条还规定：“根据本法第 5 条或第 6 条（即对与代理人腐败交易的惩罚）被定罪的人，如果其犯罪行为涉及的事情或业务是与政府、政府部门或任何公共团体合同、合同的提议或该合同中包含的执行任何工作的分包合同时，应被处以不超过 10 年的监禁或不超过 10000 新元的罚金，或者并处。”[②]

不难发现，相比于《新加坡刑法典》关于贪污受贿犯罪的处罚规定，作为特别法的《预防贪污贿赂法》的惩治显得更为严厉，但在贪污贿赂犯罪定罪量刑标准的规定上是一致的，即只有对贪污受贿行为进行定性描述，并没有具体定罪量刑的数量或者情节因素的有关规定。

## 二、大陆法系国家的贪污受贿犯罪定罪量刑

大陆法系一般都是成文法系，制定法是大陆法系国家主要的法律渊源。相比于英美法系国家，大陆法系国家对贪污受贿犯罪定罪量刑的规定有自己的特色。本部分笔者将主要介绍大陆法系的德国、日本、意大利等国的贪污受贿犯罪定罪量刑的相关情况。

### （一）德国贪污受贿犯罪的定罪量刑

《德国刑法典》是德国反腐败最主要的法律依据。德国联邦议会于 1997 年 8 月 13 日还通过了《反腐败法》，进一步提高了贿赂

① 参见周密主编：《新加坡共和国反贪倡廉成文律选》，北京大学出版社 2005 年版，第 114~115 页。

② 参见周密主编：《新加坡共和国反贪倡廉成文律选》，北京大学出版社 2005 年版，第 224~225 页。

犯罪案件的量刑幅度，增加了对公职贿赂罪从重处理的有关规定，增设了“议员贿赂罪”等罪名。[①]

德国并未单独规定贪污罪，与我国贪污罪相对应的是其1999年《德国刑法典》第十九章“盗窃和侵占罪”中第246条第1款规定的侵占罪，侵占罪表现为“非法剥夺已在自己占有或保管之下的他人财物”。[②] 一般是适用侵占罪来规制公务人员的侵占公私财产的行为。

关于贿赂犯罪，《德国刑法典》第331~335条依次规定了受贿罪、索贿罪、行贿罪、违反公职的行贿罪、情节特别严重的贿赂罪，构建了比较严密的贿赂犯罪的刑法规制体系。如该法典第331条第1款规定：“公务员或对公务负有特别义务的人员，针对履行其职务行为而为自己或他人索要、让他人允诺或收受他人利益的，处3年以下自由刑或罚金刑。”该条第2款规定，法官或仲裁员收受贿赂的，处5年以上自由刑或罚金刑。该法典第332条第1款规定，一般公务人员违反职务义务的受贿，处6个月以上5年以下自由刑或罚金刑。该条第2款规定，法官或仲裁员实施违反职务义务的受贿行为，处1年以上10年以下自由刑。[③]

仔细分析《德国刑法典》中关于受贿罪和索贿罪的规定，可以看出，行为人只要实施受贿或者索贿行为的都构成犯罪，并无数量或者情节的规定。但是情节的轻重将直接影响量刑的轻重。而且无论是受贿还是索贿，如果是特定公务员即法官或仲裁员实施，那么其刑罚也相对要重一些。这表明情节因素和主体身份是德国索贿罪、受贿罪的重要量刑标准。

---

① 参见甘超英：“德国廉政与反腐败的法律选择”，载北大法律信息网 http://article.chinalawinfo.com/ArticleHtml/Article_26754.shtml，2015年10月1日访问。

② 参见《德国刑法典》，冯军译，中国政法大学出版社2000年版，第148页。

③ 参见《德国刑法典》，徐久生、庄敬华译，中国法制出版社2000年版，第227~228页。

### （二）日本贪污受贿犯罪的定罪量刑

日本最新的一次刑法修正是2005年，依据2005年修正的《日本刑法典》，该法典第四章有关职务的犯罪一章中共规定了8种贿赂犯罪，包括受贿罪、受托受贿罪、事前受贿罪、间接受贿罪、加重受贿罪、事后受贿罪、斡旋受贿罪、行贿罪，并根据不同罪名分别配置了不同等级的刑罚。如该法典第197条规定："公务员就其职务上的事项，收受、要求或者约定贿赂的，处5年以下惩役；接受请托的，处7年以下惩役。将要成为公务员的人，就其任后应当承担的职务，接受请托，收受、要求或者约定贿赂的，成为公务员时，处5年以下惩役。"① 再如，第197条之三规定："公务员犯前两条之罪（即受贿罪和第三者受贿罪），因而实施不正当行为，或者不实施适当行为的，处1年以上有期惩役。"②

另外，关于贪污罪，日本刑法典中与我国贪污罪类似的是该刑法典第三十八章"侵占罪"一章中规定的业务侵占罪。依据该法典第253条规定："侵占业务上占有的他人财物的，处10年以下有期徒刑。"③ 该罪基于一般预防的角度，因身份而加重了对侵占罪的处罚。该罪的业务是基于他人的委托而反复或继续实施保管、占有他人的财物，其中就包括了职务上保管公款的公务人员实施侵占行为的情形。④

可见，日本有关反贪污贿赂犯罪的刑法根据犯罪主体、手段或者是否违反职责等不同而设立了多种贿赂犯罪，其规制贿赂行为的刑事法网十分严密，但法定刑规定的相对较轻，体现了"严而不厉"的立法特点。此外，各种贿赂犯罪的成立，在立法上也都无数额或者情节方面的限制，即无犯罪成立的定性要求。

---

① 参见《日本刑法典》（第2版），张明楷译，法律出版社2006年版，第154页。

② 参见《日本刑法典》（第2版），张明楷译，法律出版社2006年版，第154页。

③ 参见《日本刑法典》（第2版），张明楷译，法律出版社2006年版，第196页。

④ 参见［日］大谷实：《刑法讲义各论》（第2版），黎宏译，中国人民大学出版社2008年版，第289页。

（三）意大利贪污受贿犯罪的定罪量刑

意大利 2006 年最新修订的《意大利刑法典》第 314 条至第 316-2 条依次规定了贪污罪、利用他人的错误贪污罪、侵吞国家财产罪三种贪污犯罪。该刑法典中第 314 条规定的贪污罪，是指公务员或受委托从事公务的人员，因职务或服务的原因占有或掌握他人的钱款或动产，将其据为已有的行为。[①] 意大利刑法典对于上述 3 种贪污罪，分别规定了处 3 年以上 10 年以下有期徒刑、6 个月至 3 年以下有期徒刑以及 6 个月以上 4 年以下有期徒刑的刑罚。

《意大利刑法典》第 317~322 条还规定了索贿罪、因职务行为受贿罪、因违反职责义务的行为受贿罪、在司法行为中受贿罪、受委托从事公共服务的人员受贿罪、教唆受贿罪等多种贿赂犯罪。如第 318 条（因职务行为受贿）规定："公务员因履行某一职务行为而为自己或第三人接受表现为钱款或利益的、不应接受的报酬，或者接受有关的许诺的，处以 6 个月至 3 年有期徒刑。如果公务员因已经履行的职务行为而接受上述报酬，处以 1 年以下有期徒刑。"[②]

值得注意的是，意大利 2012 年出台的《第 190 号反腐败法》对刑法典有关贪污贿赂犯罪的规定作出了一些修改和改革，包括增设了索贿罪、诱使非法给予或许诺给予利益罪等罪名，修改有关贿赂犯罪的罪状，提高或者降低有关贿赂犯罪的法定刑。如该特别法将《意大利刑法典》第 318 条修改为："公务员因履行其职务或行使其权力而为自己或第三人非法接受钱款或其他利益的，或者接受有关的许诺的，处 1 年以上 5 年以下有期徒刑。"[③] 不难发现，修改后的《意大利刑法典》第 318 条将"因履行某一职务行为"修改为"因履行期职责或者行使其权力"，显然扩大了该罪罪状的涵摄范围，将一切利用职务之便受贿的行为都纳入了规制范围，而且

---

① 参见《意大利刑法典》，黄风译，中国政法大学出版社 1998 年版，第 95 页。

② 参见《意大利刑法典》，黄风译，中国政法大学出版社 1998 年版，第 97~99 页。

③ 参见《意大利反腐败法》，黄风译，中国方正出版社 2013 年版，第 123 页。

提高了刑罚，将“1年以下有期徒刑”修改为“1年以上5年以下有期徒刑”。但是，无论是在修改前还是修改后，意大利反贪污受贿刑法对贪污贿赂犯罪构成的规定也都只有定性描述，定罪量刑并无定量的要求。

## 三、对域外贪污受贿犯罪定罪量刑标准的分析

域外有关立法均重视对贪污受贿犯罪的定性规定，但是由于各国刑事法治理论、法律制度、反腐情况等方面存在差异，因而其贪污受贿犯罪定罪量刑标准的具体设置、立法模式等方面也有不同之处。通过对域外国家贪污受贿犯罪定罪量刑标准立法的考察，有助于正确认识我国的贪污受贿犯罪定罪量刑标准。

### （一）贪污受贿犯罪定罪之法网严密

现代社会，随着国家在社会治理中作用的发挥，公职人员的腐败行为，尤其是贿赂行为得以不断地出现。为应对日趋严重的腐败犯罪，各国普遍加重了对贿赂犯罪的立法治理，贪污受贿犯罪定罪之法网日益严密。从世界上相关国家的刑法立法内容来看，贪污受贿犯罪的犯罪对象日益扩大，贪污受贿犯罪的行为方式规制日益严密。

1. 扩大贿赂犯罪的对象范围是世界各国腐败犯罪立法潮流

《联合国打击有组织犯罪公约》首次涉及腐败问题的刑事定罪问题，其中第8条将贿赂的范围界定为“不应有的好处”。《联合国反腐败公约》将贿赂的范围界定为“不正当好处”，根据《公职人员国际行为守则》规定，只要是能够影响职责行使的礼品和馈赠都属于不正当好处，“既包括物化的利益也包括抽象的利益，既指已得到的利益也指期待利益，既可以是腐败犯罪的诱因，也可以是腐败犯罪的结果”。[①] 从世界其他国家的立法来看，在美国，关

---

① 参见《联合国反腐败公约及其相关法律文件》，外交部条约法律司编译，法律出版社2004年版，第108页。

于贿赂犯罪中贿赂的对象，依据美国1971年颁行、1998年修改的《对外行贿行为法》规定，任何有价之物都可以成为贿赂的内容。在价值判断上采取的“主观性”认定标准，只要当事人主观上认为某物具有价值，无论其事实上是否有价值，均符合贿赂物“有价之物”的认定；[①]《日本刑法典》第137条关于贿赂犯罪的规定并未明确界定贿赂的范围，但是日本理论界一般认为，只要是该利益能够满足人的需要或者欲望，包括金融利益、高尔夫俱乐部会员权、异性之间的性交、提供的地位、斡旋就职等均可以成为贿赂的内容，不限于财物及财产性利益[②]；《俄罗斯联邦刑法典》第290条将贿赂的范围界定为“金钱、有价证券、其他财产或者财产性质的利益”[③]；《新加坡反贿赂法》第2条中以列举的形式，将财物、财产性利益以及提供官职、提供就业机会、给予袒护帮助等非财产性利益均纳入了贿赂范围。[④]

2. 在贿赂行为的划分上，贪污受贿犯罪行为方式规制日益严密

如《新加坡反贿赂法》中的贿赂行为包括以下几类，一是任何人非法索取或者收受贿赂的行为；二是代理人非法接受、获取、同意接受或试图索取任何人的作为引诱或贿赂的行为；三是索取或收受贿赂，作为撤回投标合同的引诱或报酬的行为；四是议会成员非法索取或收取贿赂的行为；五是公共团体成员非法索取或者收受贿赂的行为。考虑到受贿行为和行贿行为的对向性，《新加坡反贿赂法》在规定受贿行为的同时，也一并规定了与每一类受贿行为

---

① 参见王云海：《美国的贿赂罪》，中国政法大学出版社2002年版，第51页。

② 参见［日］大谷实：《刑法讲义各论》（第2版），黎宏译，中国人民大学出版社2008年版，第579页。

③ 参见《俄罗斯联邦刑法典》，黄道秀译，北京大学出版社2008年版，第151页。

④ 参见《新加坡刑法》，刘涛、柯良栋译，北京大学出版社2006年版，第146页。

对合的行贿行为。[①]《日本刑法典》中不仅将一般的受贿行为规定为犯罪，还将受托受贿、事前受贿、间接受贿、事后受贿等行为规定为犯罪，并且受贿罪不仅以实际收受或者交付贿赂作为犯罪成立要件，而是涵括了收受、要求或者约定贿赂的行为方式。

（二）贪污受贿犯罪刑事责任大小通过“罪刑系列”体现

“罪刑系列”，是指立法者就性质类似的犯罪规定了一系列近似的犯罪构成，并配置了不同的刑罚。[②] 罪刑系列立法，主要是为了考虑打击相关犯罪的需要，体现罪责刑相适应的原则，对于性质类似的相关犯罪灵活设计成相似的犯罪构成，系列犯罪构成中存在一定的主辅关系。正如有论者所言，“将数额及数量按照大小、多少区分为多个彼此衔接的幅度，再相应地规定轻重不同的刑罚，从而形成幅度相对较小，数额数量的大小与法定刑的轻重相互对应的罪刑等级系列”[③]。通过对国外贪污受贿犯罪的刑事立法进行考察，我们可以发现，国外贪污受贿犯罪罪名集合化现象较为突出，即贪污受贿的不同类型的行为会单独构成犯罪，并在刑法分则中形成相对独立的罪群。所谓罪群，是指在一类犯罪中直接客体相同或相似的一组个罪。[④] 罪群内的系列罪名既具有明显的共性（比如都是贪污受贿性质的犯罪），同时也具有彼此区别的特点。[⑤] 立法者根据贪污受贿犯罪的主体、手段、行为方式、违反职责义务、数额等定量因素，确立了贪污受贿犯罪罪刑系列（并配置不同的法定刑），

---

① 参见《新加坡预防腐败法》，王君祥译，中国方正出版社 2013 年版，第 2~3 页。

② 参见储槐植：《刑事一体化与关系刑法论》，北京大学出版社 1997 年版，第 118 页。

③ 参见储槐植、梁根林：《论刑法分则修订的价值取向》，载《中国法学》1997 年第 2 期。

④ 参见李永君：《罪群简论——对犯罪集合化的初步探讨》，载《中央政法管理干部学院学报》1996 年第 3 期。

⑤ 参见赵秉志：《贪污受贿犯罪定罪量刑标准问题研究》，载《中国法学》2015 年第 1 期。

这样能够将各种贪污受贿行为进行精细化的规定，有助于司法实践中对其定罪量刑，能够更好地实现罪责刑相适应。

例如，原联邦德国刑法典中将受贿罪划分为不违背职责的受贿罪、违背职责的受贿罪，在以上两种受贿罪的基础上又依据犯罪主体的不同规定了不同的法定刑，即法官、仲裁人等从事特别公务的人员其贪污受贿刑罚重于一般公务员从事上述行为所施行的刑罚。再如，日本刑法中受贿犯罪体现在受贿罪、受托受贿罪、事前受贿罪、间接受贿罪、加重受贿罪、事后受贿罪、斡旋受贿罪 7 种罪名上，其中普通受贿罪是基本罪，其客观方面表现为利用职务行为收受贿赂；单纯受贿罪与普通受贿罪相比，不需要行为人实施职务行为；而枉法受贿罪则要求行为人实施的行为违背其职责；从实施职务行为和收受财物的时间来看，可以划分为事前受贿和事后受贿；斡旋受贿罪的犯罪主体仅限于公务员，实施职务行为的主体与收受财物的主体不是同一人。[①] 可见，普通受贿罪是日本刑法典中最基本的受贿犯罪，而其他形式的受贿犯罪是在普通受贿罪的基础上衍生出来的性质相似的犯罪，因而刑法对于衍生出来的犯罪罪状则是基于对普通受贿罪的犯罪构成的修正。一般来说，贪污受贿犯罪罪刑系列中具体罪名的设置，主要取决于立法者对贪污受贿的行为方式、主体、情节和数额等因素的认识和判断。

（三）贪污受贿犯罪定罪量刑标准呈现多元化特征

由于我国刑法上的犯罪概念采取的是立法定性和定量相结合的方式，而国外，无论是英美法系国家还是大陆法系国家的犯罪概念中并无定量因素，其刑法立法重点在于对行为的定性。因而不同于我国贪污受贿罪罪状笼统规定的方式，国外相关国家对于贪污受贿犯罪采取的是细密规定模式，不同行为设置了不同的罪名并配置了轻重程度不同的刑罚，刑罚裁量因素主要体现在犯罪客体相同或者

① 参见［日］大谷实：《刑法讲义各论》（第 2 版），黎宏译，中国人民大学出版社 2008 年版，第 289~295 页。

相似的相关不同罪名中。国外相关国家这种对于不同的贪污受贿行为而投入不同的刑罚量的立法方式，也在一定程度上体现了立法机关对于不同行为方式的关切程度。通过对不相似不同罪名的刑罚研究，我们可以大致推测出有关国家刑罚裁量时所关注的相关因素，这对于我国贪污受贿犯罪量刑具有一定借鉴意义。

从国外相关国家对贪污受贿犯罪定罪量刑标准的规定来看，对于贪污受贿定罪量刑往往要综合考虑数额、犯罪主体、行为方式、手段、违反职责义务等诸多因素，而不能单独考虑某一种单一的因素。

例如，关于索贿，《意大利刑法典》第 317 条规定的索贿罪法定刑为 4~12 年有期徒刑，较之于第 318 条因职务受贿罪的 6 个月至 3 年有期徒刑的刑罚重；《德国刑法典》第 332 条的意图违背职责而收受贿赂罪较之于第 331 条的普通受贿罪法定刑都明显重。《意大利刑法典》第 319 条规定的背职贿赂罪的法定刑也较之第 318 条规定的履职贿赂罪的法定刑重。对于公职人员因实施非法行为（或不作为）收受贿赂的刑事处罚，《俄罗斯联邦刑法典》中规定了重于一般实施合法行为（或不作为）而收受贿赂的刑事处罚，还规定了对于收受贿赂并且与具有事前通谋的犯罪团伙或有组织犯罪团伙实施犯罪，或者索要贿赂，或者数额巨大情形的，则要加重处罚。又如，《新加坡刑法典》在第 161 条规定了一般的受贿罪之外，另根据犯罪的手段（如该法典第 162 条规定的“接受贿赂以腐败的或者非法的手段影响公务员”）、行为方式（如该法典第 164 条规定的“公务员教唆实施有关贿赂犯罪”）、利用业务便利与否（如该法典第 165 条规定的“公务员从与其办理业务有关的人员手中无对价获取有价物品”）规定了其他的贿赂犯罪，并配置轻重不同的刑罚。这表明该国贪污贿赂犯罪量刑标准实际上也是复合的，而不是仅考虑单一的某一因素。可见，国外相关国家的刑事立法中贪污贿赂犯罪量刑标准包括了主体（是否履行特定职责）、主观要素（是否通谋）、行为方式（是否索要贿赂）、数额

(是否数额巨大)、违反职责义务（是否实施非法行为）等复合化的因素。

(四) 贪污受贿犯罪刑罚种类多样，鲜有死刑配置

综观世界上其他国家有关贪污受贿犯罪的刑罚立法，其刑罚配置主要是以自由刑和罚金刑为主，死刑配置的立法鲜见。依据德国刑法典的规定，德国的贿赂犯罪最高可判处 10 年的自由刑；[①] 2006 年修订的意大利刑法典中对于普通受贿罪配置的是 6 个月至 5 年的有期徒刑，但是对于最严厉的“在司法行为中受贿罪”配置了 6~20 年有期徒刑。[②] 因而意大利刑法典中受贿罪的最高的法定刑为 20 年有期徒刑。2005 年修订后日本的刑法典第 197 条规定的“公务员或仲裁人”受贿的，处 5 年以下惩役。[③] 俄罗斯规定犯情节严重的受贿罪最高刑为 12 年[④]。法国刑法典规定受贿罪的最高刑罚为 10 年监禁[⑤]。韩国刑法典规定对于情节严重的受贿罪最高可判处无期徒刑。[⑥] 可见，对于受贿罪的刑罚配置，世界上绝大多数国家规定的是自由刑和罚金刑，个别国家规定对严重的受贿罪可判处无期徒刑，而对受贿罪配置死刑的国家极为罕见。

同时，几乎所有国家都针对贪污受贿犯罪设置有罚金刑，且罚金刑大多情况下可以单处。[⑦] 域外对贪污受贿犯罪的资格刑应用也较为广泛，美国设有“剥夺公职保有权”，其他国家大多也规定受

---

① 参见《德国刑法典》，徐久生、庄敬华译，中国法制出版社 2000 年版，第 227~228 页。

② 参见《最新意大利刑法典》，黄风译，法律出版社 2007 年版，第 114~115 页。

③ 参见《日本刑法典》（第 2 版），张明楷译，法律出版社 2006 年版，第 73~74 页。

④ 参见《俄罗斯联邦刑法典》，黄道秀译，北京大学出版社 2008 年版，第 151 页。

⑤ 参见《法国刑法典　刑事诉讼法典》，罗结珍译，国际文化出版公司 1997 年版，第 133 页。

⑥ 参见《韩国刑法典及单行刑法》，金永哲译，中国人民大学出版社 1996 年版，第 23 页。

⑦ 参见于雪婷：《受贿罪法定刑设置研究》，吉林大学 2011 年博士学位论文，第 168 页。

贿犯罪行为人在特定时间内禁止在特定部门再从事相关职务。[①] 可见，资格刑都是针对腐败犯罪人特定职务犯罪身份而作出的。《刑法修正案（九）》通过之前，我国 1997 年刑法典中对贿赂犯罪的处罚以自由刑为主，绝大多数贪污贿赂罪均未配置财产刑；对于没收财产刑，只有在贪污受贿情节特别严重时才能适用。而贪污贿赂犯罪属于贪利性的犯罪，如果不对犯罪分子给予经济上的制裁，难以遏制其贪婪心理。[②] 在腐败犯罪等经济犯罪重视财产刑的适用，已经成为世界性的刑罚趋势。在腐败犯罪中，依据犯罪的罪质特征，腐败犯罪分子适用财产刑，可以有效地抑制行为人的贪欲，增强刑罚惩罚的效果，也有助于预防犯罪。

与其他犯罪相比，腐败犯罪还具有职务性的显著特征，即犯罪人往往是利用一种有利的条件或者是某种特定的资格进行犯罪行为。从配刑的等价性和相应性角度看，我国应当为大多数腐败犯罪设定资格刑。与生命刑、自由刑、财产刑等刑罚相比，资格刑具有轻缓性、经济性、非物质性与可恢复性等特征，对于控制腐败犯罪有独特的功效。[③] 针对腐败犯罪的这一特点，通过对资格刑进行立法完善，永久或在一定期限内剥夺犯罪分子担任公职或者从事相关职业的资格，有助于防止其再次犯罪，这对于腐败犯罪的预防具有重要意义。[④] 由于资格刑对于防治腐败犯罪具有独特的效果，因而资格刑都被广泛应用于世界上大多数国家的反腐刑法中。

---

① 参见于雪婷：《受贿罪法定刑设置》，法律出版社 2013 年版，第 170 页。

② 参见商浩文：《我国行贿犯罪的刑法立法检视与调适》，载《华北水利水电大学学报（社会科学版）》2015 年第 1 期。

③ 参见黄骅：《论经济犯罪资格刑的设置》，载《法学杂志》2011 年第 9 期。

④ 参见商浩文：《论我国贪污贿赂犯罪刑法治理的国际化——基于〈联合国反腐败公约〉与中国反腐败的现实考察》，载《河南警察学院学报》2014 年第 4 期。

# 本章小结

贪污受贿现象以及对贪污受贿犯罪的防治在我国历史上是历朝历代所面对的重要问题，因而有必要对我国贪污受贿犯罪定罪量刑标准的历史发展脉络予以明晰，以期有助于对现行贪污受贿犯罪定罪量刑标准的合理界定。同时，腐败问题也是一个世界性的问题，国外对于贪污受贿犯罪的定罪量刑也都各有特色，故而防治贪污受贿犯罪离不开借鉴古今中外一切优秀的反腐法治经验。

从中国历史上贪污受贿犯罪定罪量刑标准来看，我国历史上贪污受贿犯罪定罪量刑呈现以下特点：(1) 定罪范围较为广泛。这主要体现在贪污受贿犯罪的对象范围广泛，我国历史上一些朝代不仅将常见的财物纳入贪污受贿范围，而且一些财产性利益也纳入贪污受贿犯罪的规制范围；对官吏近亲属贪污受贿行为也进行处罚；且贪污受贿行为种类外延较为完备。(2) 设定刑罚严厉。相关朝代对贪污受贿犯罪的刑罚严厉一般主要体现在以下四个方面：一是贪污受贿犯罪判处的刑罚比较严厉；二是确立了官吏贪污受贿的连坐制度；三是对贪污受贿犯罪广泛适用死刑；四是限制贪污受贿官员的特权。(3) 贪污受贿犯罪定罪标准从定性到定量。在注重数额定罪作用的同时，情节对于定罪的作用也逐步得以重视。(4) 贪污受贿犯罪量刑标准多元化。依据贪污受贿行为人身份、行为类型的不同而量刑不同。(5) 贪污罪和受贿罪的定罪量刑标准也从分立走向统一。

综观域外贪污受贿犯罪的定罪量刑标准，也呈现出相关特点：(1) 贪污受贿犯罪定罪之法网日益严密。这主要体现在贪污受贿犯罪的犯罪对象日益扩大、贪污受贿犯罪的行为方式刑法规制日益严密。(2) 贪污受贿犯罪刑事责任大小通过“罪刑系列”体现。立法者根据贪污受贿犯罪的主体、手段、行为方式、违反职责义务、数额等定量因素，确立了贪污受贿犯罪罪刑系列，并配置不同的法定刑。(3) 贪污受贿犯罪量刑标准呈现多元化特征。从域外国家对贪污受贿犯罪处罚标准的设定来看，其所考量的因素不是单一的，量刑轻重往往要综合考虑数额、犯罪主体、行为方式、手段、违反职责义务等诸多因素。(4) 贪污受贿犯罪刑罚种类多样，鲜有死刑配置。在刑罚种类上，域外国家对贪污受贿犯罪一般会配置财产刑和资格刑，鲜有国家对贪污受贿犯罪配置死刑。

# 第三章 贪污受贿犯罪定罪标准问题研究

随着经济社会的进一步发展，由我国1997年刑法典中关于贪污受贿犯罪定罪标准设置不合理的缺陷日益凸显，贪污受贿犯罪的相关立法无法适应司法实践发展，导致贪污受贿犯罪个案不能更好地实现社会公平正义，难以体现罪责刑相适应的原则。因而为促进贪污受贿犯罪的科学化、合理化，2015年8月29日全国人大常委会审议通过的《刑法修正案（九）》应社会发展需要，为解决司法实践中存在的问题，优化了贪污受贿犯罪的定罪标准，确立了“概括数额+情节”的定罪标准，这对于惩治贪污受贿犯罪具有积极显著的意义。但是，贪污受贿犯罪的犯罪数额与犯罪情节在贪污受贿犯罪定罪中其功能如何发挥？相关的数额定罪标准和情节定罪标准如何择定？这都需要我们进一步深入探讨。

## 第一节 贪污受贿犯罪定罪标准之确定

贪污受贿犯罪定罪标准的科学择定，关系到贪污受贿犯罪的惩处力度和范围。但是对于贪污受贿犯罪定罪标准是否需要调整、如何调整，犯罪数额和情节在贪污受贿犯罪的定罪中其功能如何发挥，以及贪污受贿犯罪数额标准该如何确定，其情节定罪标准如何择定等问题，在法学理论界和实务界引发了广泛的争议。笔者以贪污受贿犯罪定罪量刑标准的相关争议问题为切入点，探讨贪污受贿犯罪中定罪标准的合理确定，以有效防治贪污受贿犯罪。

## 一、贪污受贿犯罪定罪标准的理论纷争：一元抑或二元

与西方国家犯罪“立法定性+司法定量”的定罪模式不同，我国的刑事立法在犯罪的界定上采取的是“立法定性+立法定量”模式，因而这种立法传统也体现在对贪污受贿犯罪的定罪上，即在对行为的性质进行判断的同时，也需要考量定量因素，只有罪量达到一定的程度才构成犯罪。《刑法修正案（九）》出台之前，这种定量因素主要体现在刑法典第383条规定的具体数额上。[①] 然而基于贪污受贿犯罪的罪质特征，对于贪污受贿犯罪仅仅考量具体数额的定罪标准无法全面体现贪污受贿行为的社会危害性，受到理论界和实务界的诸多质疑，不少学者认识到，贪污受贿犯罪的定罪标准不应当只是单纯考虑数额，而应当确立复合的二元标准。当然，也有学者赞同当前对于贪污罪、受贿罪犯罪门槛设置方式的立法规定，还有论者提倡刑法立法中对贪污受贿罪不设置定量因素。这些观点集中表现为“行为标准说”“情节标准说”“概括数额+情节标准说”三种观点。

### （一）行为标准说

一般而言，我国刑法典中在规定具体犯罪时，在规定具体的犯罪行为性质之外，还会在立法层面规定相关的定量要素，如犯罪数额或者犯罪情节等。但是在贪污受贿犯罪中，相关论者基于不同角度，明确主张应当在立法层面废止贪污受贿行为入罪的数额要素。如有论者从近十年我国已在立法和司法两个层面呈现了犯罪门槛的大幅度下降之趋势的判断，提出构建大刑法观点，主张对犯罪进行分层，认为犯罪定量要素在立法层面没有必要存在。为了更好地发挥刑法规范的行为指引功能，贪污受贿犯罪的罪状不应规定具体数

① 1997年刑法典规定，个人贪污受贿数额在5000元以上不满5万元的，处1年以上7年以下有期徒刑；个人贪污数额不满5000元，情节较重的，处2年以下有期徒刑或者拘役。

额标准，也不应规定概括的数额标准和情节标准，甚至在司法解释中，也不能用具体明确的数额、次数来规定受贿犯罪的门槛。[①] 还有论者立足于社会对贿赂犯罪容忍的角度，认为贿赂犯罪的形式多样，经济社会的发展对数额大小影响较大，如果取消对贿赂犯罪数额的规定，可以避免以犯罪数额定罪出现的弊端，也可以有效地防治贿赂犯罪。[②] 也有观点认为，取消贪污受贿犯罪入罪数额的要求是为了与《联合国反腐败公约》相衔接以及量刑的科学化要求[③]，实现促使公职人员严于律己，进而达到防微杜渐等效果。[④]

事实上，这里的"行为标准说"，其立足点在于贪污受贿犯罪的刑法立法中是否需要确立定量因素，上述行为标准持"定量要素否定说"，但是，笔者认为此种观点不符合我国"立法定性+立法定量"的犯罪界定模式。从相关国家的刑事立法和司法来看，即使一些国家在刑法立法层面没有规定犯罪定量因素，但也不是说对于所有的犯罪行为都进行刑事处罚。"任何国家对犯罪的处理实际都有一个量的考虑，即使在犯罪概念只有定性因素的法制下，一个贼汉偷一块面包也不会给以刑事处罚，尽管这种行为在法律上是犯罪。这就是说，对于犯罪，立法（仅仅）定性，司法定量（处理）。"[⑤] 因而对于贪污受贿犯罪而言，即使不在刑法立法上确立定量因素，但是司法实践中还会确立相对明确的定量因素，或者是犯罪数额，或者是犯罪情节，总之都会存在一个相对统一的定罪标准。这个定罪标准就是一般贪污受贿行为和贪污受贿罪之间的界

① 参见卢建平、赵康：《论受贿罪犯罪门槛的科学设置》，载《北京师范大学学报（社会科学版）》2015 年第 5 期。

② 参见王秀梅：《论贿赂犯罪的"破窗理论"与"零容忍"的惩治对策》，载《法学评论》2009 年第 4 期。

③ 参见徐日丹：《建议取消关于受贿罪的数额规定》，载《检察日报》2008 年 3 月 17 日。

④ 参见彭凤莲、胡文静：《论受贿罪的立案标准》，载《安徽师范大学学报（人文社会科学版）》2011 年第 4 期。

⑤ 参见储槐植、宗建文等：《刑法机制》，法律出版社 2004 年版，第 20 页。

限。但是，是不是说像有论者认为的那样，存在一定的犯罪容忍就意味着对于定罪标准之下的贪污受贿行为释放出允许的信号呢？答案当然是否定的。因为我国对于违法行为实行的是行政制裁和刑事制裁的二元法律制裁体系，更何况我国对于大多数贪污受贿犯罪分子还有党纪进行处理，因而对于没达到定量标准下的贪污受贿行为，完全可以由纪委、监察部门查办。如果取消定量因素而让刑事司法权完全代替党纪、政纪处分权，在中国现行的政治体制和反腐机制下缺乏可行性，司法机关也会难以承受其重。故而对于一部分数额不大、情节相对轻微的贪污受贿案件，应当通过党纪、政纪来处理。

（二）情节标准说

有论者在反思具体数额来作为贪污受贿行为定罪标准的基础上，认为数额并不是表征犯罪构成量规定性的唯一因素。而贿赂犯罪“职务行为不可交易性”的法益不仅仅体现在犯罪数额要素上。单纯的将数额要素作为贪污受贿犯罪的定罪标准易造成罪刑失衡，也会造成刑法打击的真空，使得无法用数额衡量的贿赂难以规制，因此，应当建立以情节为中心的贿赂罪罪刑体系。[①] 然而该论者并未否定犯罪数额在定罪标准中的作用，只是认为应将犯罪数额置于情节要素中，将数额作为情节的一部分，主张建立“以情节为中心的评价体系”。还有论者也认为，从贪污受贿的罪质来看，职权性质、违反职责的程度以及是否枉法等也是认定贪污受贿危害性的重要因素，应当采用情节这一综合性的判断标准。[②] 若在刑法立法中保留数额的定罪量刑标准，与受贿罪的罪质不符，在高压反腐常态化的情势下，在立法层面取消受贿罪定量标准而在司法层面保留

① 参见李本灿：《以情节为中心重构贿赂罪罪刑体系——兼评〈刑法修正案（九）〉（草案）贿赂罪定罪量刑标准的修订》，载《南京大学学报（哲学·人文科学·社会科学）》2015年第4期。

② 参见刘伟：《贿赂犯罪刑事责任体系的反思与重构》，载赵秉志、张军、郎胜主编：《现代刑法学的使命》（下卷），中国人民公安大学出版社2014年版，第733页。

数额标准的做法是可行的，因而在刑法条文中取消受贿罪定罪量刑的数额标准，采用情节一元的立法模式，这是一种立法照顾司法现实的立法模式。①

从以上观点可见，建议采用情节一元的定罪标准的观点并不否认数额在定罪量刑中的作用，只是将数额要素作为情节要素下位概念的定罪标准进行判断。正如有论者所论，情节一元化的定罪标准较之于数额一元化的标准，虽然增加了司法人员裁判的难度，但是能让司法人员科学理性地看待数额的地位，注重结合贪污受贿的罪质，从犯罪手段、行为人的职权、危害后果等因素进行综合判断，避免了数额认定犯罪的刚性、僵化。② 对于去“数额中心化”的定罪观念具有一定的形式意义。③ 但是同时，情节一元化的标准也面临着一些质疑。在我国刑法理论中，情节是一个综合性的要素，不仅涉及犯罪的客观要件，还可能涉及主观要件等内容。因此，我国学者对于犯罪定量要素的分类，是将数额和情节并列的。④ 即便有论者认为，应将刚性的数额纳入情节要素中进行判断，但是在司法实践的实际操作中是否可能会出现易于操作的数额标准取代了整个情节标准的情形。那么，这种情节一元化的标准同数额一元化的标准又有何区别?

(三) 概括数额+情节标准说

《刑法修正案（九）》颁行之前，我国对贪污受贿犯罪主要采

① 参见舒洪水、王刚:《受贿罪定罪量刑标准的立法完善》，载李少平、朱孝清、卢建平主编:《法治中国与刑法发展》，中国人民公安大学出版社 2015 年版，第 946~947 页。

② 参见卢建平、赵康:《论受贿罪犯罪门槛的科学设置》，载《北京师范大学学报（社会科学版）》2015 年第 5 期。

③ 参见李本灿:《以情节为中心重构贿赂罪罪刑体系——兼评〈刑法修正案（九）〉（草案）贿赂罪定罪量刑标准的修订》，载《南京大学学报（哲学·人文科学·社会科学）》2015 年第 4 期。

④ 参见陈兴良:《作为犯罪构成要件的定量要素——立足于中国刑法的探讨》，载《环球法律评论》2003 年第 3 卷。

取的是具体数额兼顾犯罪情节的定罪标准，即贪污受贿数额达到5000元，情节较重的，处2年以下有期徒刑或者拘役。但是，这种具体数额的定罪标准难以全面适时反映贪污受贿个罪的社会危害性。贪污受贿犯罪，尤其是受贿犯罪情节差别很大，单纯考虑受贿数额，无法全面、准确、客观地反映行为的社会危害程度。特别是与1997年全面修订刑法典时相比，现阶段相同数额的货币代表的社会财富和购买力与之前相比都发生了变化，1997年确定的犯罪数额难以全面适时反映现阶段贪污受贿个罪的社会危害性，导致贪污受贿犯罪定罪量刑的数额标准在司法实践中存在一定的“虚置”，不利于刑罚对贪污受贿犯罪预防作用的发挥。① 因而我国绝大多数学者都建议应当摒弃绝对数额的定罪模式。而对于情节定罪要件，1997年刑法典在关于贪污受贿犯罪定罪量刑标准中实际上已经确立，只是在司法实践中，由于受“数额中心论”的定罪量刑思维的影响，导致司法实践中长期忽略情节对于贪污受贿犯罪定罪作用的发挥。因而学者主张提升情节在贪污受贿犯罪定罪量刑中的地位和作用，确立犯罪数额和犯罪情节并重的二元定罪标准。我国应当在刑法典中取消贪污罪、受贿罪定罪过程中的具体数额标准，确立“概括数额+情节”并重的二元弹性模式，然后由司法解释依据社会形势，明确贪污受贿犯罪的定罪的概括数额、情节标准。②

此种观点也为2015年8月29日通过的《刑法修正案（九）》所采纳。在《刑法修正案（九）》中，概括数额体现为“数额较大”“数额巨大”“数额特别巨大”三个档次。关于在司法实践中如何具体掌握“概括数额”，主张这种观点的学者大多认为应当由司法解释来规定，但对于有裁量权的司法机关确立数额时，应当以

① 参见张兆松：《再论贪污受贿罪定罪处罚数额标准的立法完善》，载赵秉志等主编：《现代刑法学的使命》（下卷），中国人民公安大学出版社2014年版，第777页。

② 参见赵秉志：《贪污受贿犯罪定罪量刑标准问题研究》，载《中国法学》2015年第1期；高铭暄、张慧：《论受贿罪的几个问题》，载《法学论坛》2015年第1期。

全国城镇居民人均可支配收入这一体现各地区经济发展水平的指标为标准①；还有学者主张应当对贪污受贿罪的“数额较大”等概括性规定统一进行立法解释。② 选择概括数额作为贪污受贿犯罪定罪标准之一，较之绝对的数额定罪标准可以避免司法认定的机械、僵化，弥补地区经济、社会差异给贪污受贿罪司法实践带来的罪刑不相适应的缺陷。近年来贪污受贿犯罪，尤其是受贿犯罪形式趋于多样化、非典型化，就受贿犯罪的量刑标准而言，除了收受贿赂的数额之外，受贿行为所侵害的法益及其危害程度，还可以通过谋取利益的性质、贿赂的次数、造成损失的大小、是否造成恶劣的社会影响等“其他犯罪情节”加以体现。所以，必须在刑事立法和司法中淡化“数额中心论”之思维观念，强化“其他犯罪情节”在贪污罪、受贿罪定罪量刑中的作用。因而犯罪数额之外的“其他犯罪情节”在罪刑评价体系中的地位和作用变得日趋重要。因而确立“概括数额+情节”的贪污受贿犯罪定罪标准，有助于科学、合理、全面地评价贪污受贿行为的社会危害性。

## 二、贪污受贿犯罪定罪标准之择定

能否科学择定贪污受贿犯罪定罪标准，关系到对腐败犯罪的惩治力度和效果，因而要科学合理、审慎抉择。对于贪污受贿犯罪定罪标准的择定，笔者认为应当将我国犯罪的定量立法模式纳入体系考量，同时以贪污受贿犯罪的罪质作为基本考察点，结合当下我国贪污受贿犯罪的刑事政策和刑事司法的现状加以合理考量。

---

① 参见赵秉志：《贪污受贿犯罪定罪量刑标准问题研究》，载《中国法学》2015年第1期；于志刚：《贪污贿赂犯罪定罪数额的现实化思索》，载《人民检察》2011年第12期。

② 参见高珊琦、曹玉江：《对贪污受贿犯罪数额标准的重新审视》，载赵秉志、张军、郎胜主编：《现代刑法学的使命》（下卷），中国人民公安大学出版社2014年版，第763页。

（一）犯罪定量立法模式是定罪标准确定的体系考量

世界各国立法中关于犯罪的界定有两种模式：一种是单纯的立法定性模式。这种模式是指立法者在规定犯罪的概念时，只对行为性质进行考察，不作任何量的分析，犯罪构成中不含量的规定。法国、德国、日本、英国、美国等国家采用的是这种模式；另一种是立法"定性+定量"的模式，该种模式的立法在界定犯罪概念时，既规定了行为的性质，又对行为危害程度进行规定，某种行为是否达到一定的犯罪"量"决定此种行为是否成立犯罪。①

我国刑法典对于犯罪界定采取的是典型的"立法定性+立法定量"模式。犯罪概念的定量因素是我国刑法的创新。② 在此立法原则指导之下，我国刑法分则中具体犯罪的构成要件也有"量"的要求。犯罪构成中的定量因素，是指犯罪构成中决定犯罪基本性质以外的、单纯反映行为对法益的侵犯程度、影响犯罪成立的因素。③ 犯罪构成要件中，只有犯罪性质与危害程度的"量"的统一才能表明某一行为的性质，只有达到条文规定的行为的质和量的要求，才可以被认定为犯罪。④ 刑法理论一般认为，我国刑法中犯罪构成的定量因素包括数额和情节两大类。⑤ 由于我国刑法选择的是立法"定性+定量"的犯罪界定模式，刑法规范中从犯罪概念到具体个罪罪状，都有关于定量因素的规定，定量因素在立法、司法上已经成为出罪与入罪的重要标准。⑥

我国 1997 年刑法典以罪刑法定为基本原则，修订的一个很重要的目标就是通过修改刑法使刑法在实践中具备可操作性，"对一

① 参见储槐植：《刑事一体化论要》，北京大学出版社 2007 年版，第 110~112 页。

② 参见储槐植：《刑事一体化论要》，北京大学出版社 2007 年版，第 113~115 页。

③ 参见王志祥：《犯罪构成的定量因素论纲》，载《河北法学》2007 年第 4 期。

④ 参见刘艳红：《开放的犯罪构成要件理论研究》，中国政法大学出版社 2002 年版，第 215 页。

⑤ 参见陈兴良：《规范刑法学》，中国政法大学出版社 2013 年版，第 193 页。

⑥ 参见商浩文：《论犯罪构成体系中定量因素之定位》，载《刑法论丛》2015 年第 2 卷。

些原来比较笼统、原则的规定，尽量把犯罪行为研究清楚，作出具体规定”,① 即在刑法分则条款中既体现犯罪的定性因素又包含犯罪的定量因素。在对贪污贿赂罪的罪状设计中，我国立法机关坚持了一贯的立法“定性+定量”的犯罪界定模式，即对于某一贪污贿赂行为是否构成犯罪，设置了定量因素。如 1997 年刑法典第 163 条规定的非国家工作人员受贿罪和第 164 条规定的对非国家工作人员受贿罪之“数额较大”、第 384 条规定的挪用公款罪之“数额较大或情节较重”、第 388 条之一规定的利用影响力受贿罪之“数额较大或其他较重情节的”等标准。

笔者认为，我国刑法典中提高对于具体犯罪通过采取犯罪数额或情节进行定量的规定方式，是符合我国刑法理论和刑法体系的。一般而言，大陆法系国家是递进式的犯罪论体系，而我国犯罪构成则是耦合式的四要件。因而具体犯罪的构成要件在不同的犯罪论体系下就会呈现不同的样态。我国耦合式的四要件理论要求刑法分则中的具体犯罪构成要件不仅能够体现行为的社会危害性，同时还需要表征行为社会危害性的大小。而德国、日本递进式的犯罪论体系则只需要刑法分则中具体犯罪的构成能够体现行为的具体犯罪样态，然后再对行为的违法性进行评价。② 由于我国刑法分则中的具体个罪的构成要件承载着体现社会危害性大小的评判功能，因而具体构成要件需要同时体现社会危害性程度。故而立法者在规定具体犯罪的构成要件时必然要规定相关行为危害的“量”的要求。就此而言，我国刑法分则中具体个罪选择定量的犯罪构成模式是合理且必然的。而且，对于具体个罪采用定量的犯罪构成建构模式，有助于刑法的具体性和明确性。因而笔者坚持认为，应当将数额和情节作为贪污受贿犯罪定罪考量因素，这符合我国刑法总则中犯罪概

---

① 参见王汉斌 1997 年 3 月 6 日在第八届全国人大第五次会议上的《关于中华人民共和国刑法（修订草案）的说明》。

② 参见刘伟：《贪污贿赂犯罪立法模式研究》，载《江苏行政学院学报》2006 年第 6 期。

念的界定，也符合刑法分则中罪状建构的相关原理。

（二）贪污受贿犯罪罪质是定罪标准确定的实质考量

罪质即犯罪本质。犯罪是行为人实施的严重危害社会、违反刑事法律规定、应当受到刑事处罚的行为。[①] 所谓犯罪本质，即某一行为之所以构成犯罪的内在根据与特质。国家将某种实质的危害行为予以犯罪化是因为其符合犯罪的本质特征，若某种行为不符合犯罪的本质要求却将其犯罪化，会违背刑事法治的要求。目前，关于犯罪本质的主要争论存在“法益侵害说”“规范违反说”“社会危害性说”和“严重脱逸社会危害性说”。其中“社会危害性说”与“法益侵害说”在我国法学界具有较大的学术影响力，但是社会危害性的评价具有一定的主观性和政治性，在具体判断上具备概括性和笼统性。“法益侵害说”将侵害或威胁法益作为违法评价的基础，为违法性判断提供了客观内容和事实基础。社会危害性理论是从法律关系的整体（主体、客体、内容）来认识犯罪的本质的，考虑的是犯罪行为对整个社会关系（法律关系）的危害。而法益侵害理论则是单纯从法律关系的具体组成要素之一（法益）来认识犯罪的本质，考虑的是犯罪对法律关系内容的影响。[②] 笔者基于研究的简明具体之考量，选择“法益侵害说”作为犯罪本质加以论述。但是，深入研究犯罪客体可以揭示犯罪本质。罪质是犯罪客体的具体表现，因而笔者从犯罪客体入手来探讨罪质。

1. 关于贪污罪、受贿罪的罪质界定

关于贪污罪，一般认为是国家工作人员利用自己经手、管理、控制国有财产的便利，将自己直接占有的国有财产据为己有，或者将自己与他人共同占有或者辅助占有的国有财产据为己有，或者是利用日常工作关系，欺骗工作中具有财产处分权限的人使其处分财

---

① 参见赵秉志主编：《刑法总论》（第2版），中国人民大学出版社2012年版，第106页。

② 参见赵秉志、陈志军：《社会危害性理论之当代中国命运》，载《法学家》2011年第6期。

产而获益。[①] 至于贪污罪的保护法益，目前理论界尚无多大疑义，一般认为包括两部分：国家工作人员的职务廉洁性和公共财产所有权。[②]

关于受贿罪的罪质，理论界存在一定的争议。从世界范围来看，一般而言主要有两种主张：一种是受贿罪的罪质是职务行为的不可收买性；另一种是受贿罪的罪质是职务行为的不可收买性和公正性。[③] 综观世界上相关国家的立法例，多数国家的刑法立法中关于受贿罪的罪质综合采取了这两种思想主张，即规定了不违反职务行为的受贿罪，同时也规定了违背职务行为的受贿罪。如德国、日本、意大利等国刑法典的规定。

我国的刑法理论中关于受贿罪侵犯的客体，通说认为是国家工作人员职务行为的廉洁性。[④] 此外还有观点认为，将受贿罪的客体确定为国家工作人员职务行为的不可收买性，能够表明受贿罪是一种以权换利的行为。[⑤] 这种表述不但精确地表明了受贿罪的本质，而且较为明确具体。就受贿罪的罪质而言，笔者认为，应当将受贿罪的罪质界定为“职务行为的不可收买性”。

（1）受贿罪的行为性质。对于受贿人而言，收受贿赂侵犯的应当是职务行为的不可收买性。特别是在受贿人主动索贿的场合，此时受贿人将职务以及职务行为作为一种商品进行出卖，此时明显侵犯的是职务行为的不可收买性。现行通说将受贿罪的客体界定为国家工作人员职务行为的廉洁性，不可否认此种观点揭示的是腐败

---

① 参见姜涛、余晓杰：《贪污罪与受贿罪界分的三个新维度》，载李少平、朱孝清、卢建平主编：《法治中国与刑法发展》，中国人民公安大学出版社 2015 年版，第 829 页。

② 参见高铭暄、马克昌主编：《刑法学》（第 5 版），北京大学出版社、高等教育出版社 2011 年版，第 621 页；黎宏：《刑法学》，法律出版社 2012 年版，第 926 页。

③ 参见马克昌主编：《百罪通论》，北京大学出版社 2014 年版，第 1167 页。

④ 参见高铭暄、马克昌主编：《刑法学》（第六版），北京大学出版社、高等教育出版社 2014 年版，第 126 页。

⑤ 参见张明楷：《刑法学》，法律出版社 2012 年版，第 1060 页。

犯罪的同类客体，但是过于抽象，不能揭示受贿罪的本质。故而哪些行为侵犯了职务行为的廉洁性仍然不明确。因而导致受贿罪的犯罪客体在司法实践中罪与非罪的区分功能缺位。因此，应该用更明确的表述揭示受贿罪的罪质。

（2）受贿、行贿的对向行为特点。在受贿的情形下，受贿者固然能得到财物，行贿者客观上也会失去相关财物，但是此时并未侵犯公私财产所有权。因为在贿赂场合，双方支付财物是自愿的，呈现出交易性的特点。行贿者自愿交付财物，受贿者接受财物后利用职权为行贿者谋取利益，由于此时行贿人对于自己财产是基于自由意志处分，并不会侵犯行贿者的财产所有权。[①] 至于受贿罪侵犯“国家机关的正常活动”的观点，笔者认为此种观点失之偏颇。对于一些受贿行为，行贿人谋求的是正当利益，受贿人也并未违背职务的相关要求，此时何来的侵犯“国家机关的正常活动”，因而此种观点不可取。

（3）我国现行刑法典关于受贿罪的相关规定。我国现行刑法典规定的受贿罪包括索取、非法收受、回扣和斡旋受贿四种行为方式。我国刑法典为上述四种行为方式的受贿罪确定了不同的构成要件。对于索贿型的受贿罪只要求行为人索取他人财物，不要求为他人谋取利益，行为人是否违背职务行为没有要求，因而此时索取型受贿罪保护的法益是国家工作人员职务行为的不可收买性。对于非法收受财物型受贿罪，除了行为人收受他人财物之外，还要求行为人为他人谋取利益，且对是否违反职务行为也未有所要求，因而非法收受财物的保护法益亦可以认为是职务行为的不可收买性。而回扣型受贿罪，依据刑法典的规定，只要求行为人违反国家规定收受各种名义的回扣和手续费，故而也可以将其保护法益理解为职务行为的不可收买性。对于斡旋受贿，受贿者利用了本人职权或者地位所形成的便利条件，为请托人谋取不正当利益是通过其他国家工作

① 参见赵秉志主编：《刑法分则要论》，法制出版社 2009 年版，第 667 页。

人员职务上的行为实现的[1]，但是其实质上侵犯的仍然是受贿者的职务便利行为，故斡旋受贿的保护法益也可理解为职务行为的不可收买性。

2. 罪质界定下的贪污受贿犯罪定罪标准

如上所述，贪污罪的保护法益是国家工作人员的职务廉洁性和公共财产所有权。受贿罪的罪质为“职务行为的不可收买性”，因而只要能够成为公权力对价的，在理论上均可以成为交易的标的物。既往刑法理论界和实务界将贿赂犯罪的本质形象表述为“权钱交易”，认为“权钱交易”是贿赂犯罪的本质特征，行为人没有利用职务便利收受财物的，不构成受贿罪。[2] 2007 年“两高”相关负责人就《关于办理受贿刑事案件适用法律若干问题的意见》（以下简称《意见》）进行解读时，也提出要把握受贿罪“权钱交易”的特征。[3] 有学者进而指出，受贿犯罪的独立判断标准就是“权钱交易”。凡是符合权钱交易特征的，无论是何种变相的受贿，都是刑法可以惩罚的行为。

在贪污受贿犯罪中，犯罪的危害行为主要体现在两个维度上，一方面体现为“外显”于罪名的贪污受贿行为，贪污受贿数额的多少可以测算罪量的大小；另一方面则是“内隐”于犯罪中的侵犯职务廉洁性的行为，在此行为侧面中，“情节”是罪量评价的重要因素。对于数额，由于其较为刚性、明确，因而在定罪数额所体现出的罪量大小都得到了明确的考量，但是，对于“内隐”于犯罪中的侵犯职务廉洁性的行为，则只能依据贪污受贿犯罪的情节进行衡量。即在确定贪污受贿犯罪的定罪标准时，一方面我们需要关

① 参见赵军：《受贿罪罪质研究——以郑筱萸死刑案为视角》，载《法学论坛》2008 年第 6 期。

② 参见周道鸾、张军主编：《刑法罪名精释》，人民法院出版社 2007 年版，第 822 页。

③ 参见张立：《最高人民法院、最高人民检察院有关负责人就〈关于办理受贿刑事案件适用法律若干问题的意见〉答记者问》，载《检察日报》2007 年 7 月 9 日。

注表征社会危害性大小的贪污受贿的数额；另一方面我们也需要考察贪污受贿行为对公权力本身的侵害程度，也即贪污受贿犯罪中不应忽视“职务”本身在犯罪罪量中的权重。

不过需要注意的是，贪污罪行为的具体指向上，其侵害行为均直接指向公共财产，而对公权力的利用及由此产生的对公务廉洁性的侵害，则可视为此类侵犯公共财产所有权犯罪行为的副产品。①类似于我国的贪污罪，西方多数国家是将其作为侵犯财产罪来对待的，如德国称之为侵占罪，日本称之为业务侵占罪，有的国家将其纳入盗窃、诈骗、背信等犯罪中。② 贪污罪实质上是一种贪利性职务犯罪，危害性很大程度上可以透过贪污数额直观反映出来。受贿罪本质上是“权钱交易”的职务犯罪行为，这就意味着“利用职务上的便利”和“索取他人财物，或者非法收受他人财物”均为受贿罪的“主行为”，这两种行为在定罪中均应有效体现。也就是说，对于受贿犯罪不能简单地仅依据犯罪数额来进行评价，还需通过情节来考察行为对公权力造成的损害。

（三）贪污受贿刑事政策是定罪标准确定的现实考量

定罪标准的确立关系到犯罪圈的大小，而犯罪圈的大小最终还是取决于一定时期内的刑事政策。刑事政策作为一种价值选择，其基本价值在于提供犯罪化的标准和原则，即应当将多大范围内的行为和何种性质的行为纳入刑事调整的范围。就此而言，刑事政策就是体现国家意志、惩治犯罪、维护社会秩序、实现社会动态平衡的功能栓阀。③

反腐败关系党和国家的前途命运。习近平总书记深刻指出：

---

① 参见林竹静：《受贿罪数额权重过高的实证分析》，载《中国刑事法杂志》2014 年第 2 期。

② 参见董邦俊：《两大法系贪污罪立法评析》，载《武汉大学学报（人文科学版）》2004 年第 5 期。

③ 参见赵威：《数额犯研究》，辽宁大学出版社 2010 年版，第 114 页。

"反腐败高压态势必须继续保持，坚持以零容忍态度惩治腐败。"[①]"深入推进反腐败斗争，持续保持高压态势，做到零容忍的态度不变、猛药去疴的决心不减、刮骨疗毒的勇气不泄、严厉惩处的尺度不松，发现一起查处一起，发现多少查处多少，不定指标、上不封顶，凡腐必反，除恶务尽。"[②] 2015 年 1 月 13 日，习近平总书记在第十八届中纪委第五次全体会议上也指出："坚持无禁区、全覆盖、零容忍，严肃查处腐败分子，着力营造不敢腐、不能腐、不想腐的政治氛围。"[③] 中纪委书记王岐山在十八届中纪委第三次全体会议上的工作报告中也提出"坚持以零容忍态度惩治腐败"。[④] 这些重要论述，充分表明了党中央反腐败的坚强意志和坚定决心，体现了我国反腐败的零容忍的政策。虽然理论界对于反腐败的零容忍政策存在不同的看法，但是不论如何争论以及是否承认零容忍的反腐政策，零容忍政策确实在实际上成为我们党和政府反腐败的一个重要策略举措。但是需要注意的是，党中央对腐败现象的"零容忍"主要是指"坚决查处领导干部违纪违法案件"和"从严治党"，而并非仅指涉腐败犯罪。[⑤] 因而要厘清反腐败的零容忍政策，需要明确区分"对腐败犯罪的零容忍"和"对腐败的零容忍"。腐败包括一般腐败行为和腐败犯罪。当前，我国抗制腐败采取的是二元机制：对于腐败犯罪，主要通过刑法进行规制；对于一般腐败行为，则主要通过党纪政纪进行规制。所以，对于腐败犯罪的零容

---

① 任仲文编：《深入学习习近平同志关于党风廉政建设和反腐败斗争重要讲话》，人民日报出版社 2014 年版，第 2 页。

② 中共中央纪律检查委员会、中共中央文献研究室编：《习近平关于党风廉政建设和反腐败斗争论述摘编》，中央文献出版社、中国方正出版社 2015 年版，第 102~103 页。

③ 参见张晓松等：《无禁区全覆盖零容忍——习近平总书记重要讲话释放反腐六大信号》，载《人民日报》2015 年 1 月 13 日，第 3 版。

④ 参见王岐山：《中国共产党第十八届中央纪律检查委员会第三次全体会议公报》。

⑤ 参见魏东：《刑事政策原理》，中国社会科学出版社 2015 年版，第 172 页。

忍，主要通过刑法规制来实现，对于一般腐败行为的零容忍则主要是通过党纪政纪来实现。因而对于腐败的零容忍并不是简单地等同于对腐败犯罪的零容忍。[①] 故而当下一些学者以反腐败零容忍政策来主张取消贪污受贿犯罪的数额定罪量刑标准是站不住脚的，混淆了“对腐败犯罪的零容忍”和“对腐败的零容忍”的概念。[②] 刑法只能对“腐败犯罪”零容忍，而不可能对所有的腐败行为零容忍。故而在此情形下，我们应当根据当下我国反腐败的零容忍政策和抗制腐败行为的规制模式，确定合理的入罪标准，不能以刑事制裁代替其他腐败行为的制裁模式。

总之，我国刑事立法中犯罪界定的“立法定性+定量”的模式决定了贪污受贿犯罪的定罪标准中必须涵括定量因素；贪污受贿犯罪的罪质特征决定了我们必须将犯罪数额和情节作为体现贪污受贿行为社会危害性的考量因素。《刑法修正案（九）》为应对我国反腐败的现实需要，贯彻中央相关反腐政策精神，修改了贪污受贿犯罪的定罪量刑标准，第 44 条确立了“概括性数额+情节”的模式，即原则规定数额较大或者其他情节较重、数额巨大或者其他情节严重、数额特别巨大或者其他情节特别严重三种情况，相应规定三档刑罚。理论界和实务界普遍对于其修改具体数额而代之以“概括数额+情节”的定罪量刑标准予以认同。但是，当前零容忍的反腐政策将会导致大量的贪污受贿案件进入司法程序，因而为了发挥有限司法资源之功效，有必要依据社会经济的发展适当提高贪污受贿犯罪的定罪数额标准。事实上，2016 年 4 月 18 日“两高”联合颁行的《关于办理贪污贿赂刑事案件适用法律若干问题的解释》（以下简称《解释》）在认真贯彻《刑法修正案（九）》相关修法精

① 参见张磊、车明珠：《反腐败零容忍政策的应有内涵以及贯彻》，载李少平、朱孝清、卢建平主编：《法治中国与刑法发展》，中国人民公安大学出版社 2015 年版，第 448 页。

② 参见欧阳本祺：《论〈刑法〉第 383 条之修正》，载《当代法学》2016 年第 1 期。

神的基础上，科学合理地设定了贪污受贿犯罪具体的数额和情节定罪标准。《解释》规定了贪污受贿犯罪双轨定罪标准：一为独立的数额定罪标准；二为数额与情节相结合的标准，即情节与相对较低的数额相结合而规定了“数额+情节”模式的标准，规定贪污或者受贿数额在 3 万元以上不满 20 万元的为“数额较大”，适用“三年以下有期徒刑或者拘役，并处罚金”的法定刑幅度（《解释》第 1 条第 1 款）。同时规定，贪污受贿数额在 1 万元以上不满 10 万元，同时具有《解释》所列举的严重情节之一的，即认定为法条规定的“其他较重情节”，与“数额较大”（即单纯的数额在 3 万元以上不满 20 万元）一样适用第一档次的法定刑。[①]

## 第二节　贪污受贿犯罪定罪标准之解析

《刑法修正案（九）》确立了贪污受贿犯罪数额与犯罪情节并重的二元标准，因而犯罪数额和犯罪情节都可以作为衡量贪污受贿行为的社会危害程度的基本标准。[②] 不可否认，《刑法修正案（九）》的立法修改对于完善贪污贿赂犯罪的定罪量刑标准具有重大意义。但是笔者认为，如果在刑法立法和刑事司法中不能切实提高情节对于贪污受贿犯罪定罪体系中的作用，刑法立法者的上述良好的立法意图在我国现行的刑事司法体制、司法理念的情形下，将会是美丽的乌托邦，其立法宣示意义远远大于其司法操作价值。在司法实践中，或基于司法可操作性，或基于司法惯性，数额标准仍然会是作为贪污受贿犯罪基础性的定罪标准，情节标准之于定罪的独立性仍然难以确立。因而在相关的司法解释中如果不能有效发挥情节定罪标准的作用，那么，《刑法修正案（九）》中确立的数额

① 参见赵秉志：《略谈最新司法解释中贪污受贿犯罪的定罪量刑标准》，载《人民法院报》2016 年 4 月 19 日。

② 参见赵秉志：《完善贪污受贿犯罪定罪量刑标准的思考和建议》，载《刑法论丛》2015 年第 3 期。

与情节并重的二元定罪标准的立法模式将会难以得到有效贯彻。那么，在贪污受贿犯罪定罪过程中，数额与情节应当如何发挥定罪功能呢？

## 一、贪污受贿犯罪数额定罪标准功能之发挥

2015 年 8 月 29 日全国人大常委会通过的《刑法修正案（九）》确立了“概括性数额+情节”的定罪模式。按照刑法立法的规定，不仅数额能够决定贪污受贿犯罪的成立与否，情节也会在贪污受贿犯罪的定罪量刑中发挥重大作用，这样有助于改变贪污受贿犯罪中以数额为中心的定罪倾向。那么，对于数额的定罪标准应当如何理解呢？

### （一）犯罪数额在贪污受贿犯罪定罪中具有基础性作用

#### 1. 犯罪数额在贪污受贿犯罪中具有质的规定性

理论界曾对于犯罪数额能够反映贪污受贿犯罪的罪质，进而成为定罪标准存在一定的分歧。有论者认为，对于刑法典第 383 条、第 385 条规定的犯罪数额决定贪污受贿成立，该条并没有规定犯罪数额起点，只要实施贪污受贿行为，就可以构成犯罪。因而刑法立法规定了“不满 5000 元”也可定罪，故而犯罪数额的多少，只是罪轻罪重的界限，没有罪与非罪的界限。[①] 也有论者认为，贪污受贿罪中，犯罪数额是构成犯罪的定量要件，起到的是定性功能。因此，“犯罪数额对于犯罪成立具有决定性的影响，是犯罪构成规格中的一种限量要求”[②]。犯罪数额之所以能够决定贪污受贿犯罪成立与否，不仅在于其身份性质，还在于贪污受贿的经济内容。[③]

对此，笔者认为，对于犯罪数额能否成为贪污受贿犯罪罪质的

---

① 参见吴学斌、史凤琴：《贪污受贿犯罪数额起点辨析》，载《中国刑事法杂志》1998 年第 3 期；侯国云、白岫云：《新刑法疑难问题解析与适用》，中国检察出版社 1998 年版，第 403 页。

② 参见于志刚：《关于数额犯未遂问题的反思》，载《刑法论丛》2010 年第 1 卷。

③ 参见唐保银：《贪污论》，中国检察出版社 2007 年版，第 244 页。

表征因素，需考量我国刑法中的犯罪规定的立法模式和贪污受贿犯罪的罪质。在我国刑法学理论界，有论者依据“立法定性+立法定量”的犯罪规定模式，将定量因素总结为罪量。罪量是在具备犯罪构成的本体要件的情况下，能够表征行为对法益侵害程度的数量要件。① 罪量与罪质相对应，罪质是犯罪社会危害性的本质属性，而罪量是犯罪行为社会危害性大小，是犯罪内在的数量规定性，只有当某种违法行为的社会危害量达到一定程度的数量界限，才构成犯罪。② 依据我国刑法典的规定，“数额”与“情节”是体现罪量大小最重要的表征因素。如上分析，贪污受贿犯罪的罪质主要体现在两个维度上，贪污受贿数额的多少可以测算经济内容罪量的大小，犯罪情节可以评价侵犯职务廉洁性的程度。因而在贪污受贿犯罪中，数额当然是其中表征行为社会危害性程度的重要因素，在数额之外的情节也是社会危害性大小的衡量标准。这就决定了犯罪数额必然会是贪污受贿犯罪的罪质表征因素，但同时又不是唯一的表征因素。

2. 将数额作为贪污受贿犯罪定罪标准是我国一贯的立法和司法传统

司法惯性，是指司法人员在诉讼过程中保留的习惯性思维过程和行为方式。③ 思维定势，是指在已有知识、观念的影响下，行为人在解决问题时所具有的倾向性和心理准备。④ “思维定势是思维模式的基本要素，它指主体调整认识指向和行为方式的推定的重点和限定性机制。”⑤ 在心理学中，所有的思维模式都具有一种定势。

① 参见陈兴良：《作为犯罪构成要件的罪量要素》，载《环球法律评论》2003年第3期。

② 参见张勇：《经济犯罪定量化研究》，法律出版社2008年版，第12页。

③ 参见姜保忠：《刑事司法错误与司法惯性——试论惯性在司法中的消极作用》，载《河北法学》2010年第8期，第72~73页。

④ 参见陈光全：《怎样避免思维定势的负效应》，载《新华文摘》1985年第5期。

⑤ 参见林喆：《法律思维学导论》，山东人民出版社2000年版，第125页。

在思维定势的影响下，行为主体总是依据自身的需要和具有的能力选择和解析认识对象，并将思维定势所决定的直觉、偏好和价值观等渗入其认知模式、行为方式中。① 一国的立法或者司法传统经常会在潜移默化中对立法者和司法者的思维产生潜在的影响。

在中国古代法律中，把涉及财产方面的犯罪称为犯赃。自唐律中把强盗、窃盗、受财枉法、受财不枉法、受所监临财物及坐赃定为"六赃"之后，更突出了对赃罪的打击重点。② 中国历代对赃罪的处罚，皆以赃物的多少作为定罪量刑的重要依据。我国自古就有计赃论罪（计赃论罚）的传统，将赃的多少与价值的高低作为定罪量刑的根本依据。③ 例如，中国封建社会最早的一部粗具体系的成文法典《法经》中第五篇《杂法》关于受贿罪就规定："丞相受金，左右伏诛。犀首以下受金则诛。金自镒④以下罚，不诛也，曰金禁。"⑤ 也就是说，丞相贪赃受贿，那应当处死其左右随从；犀首以下官职的官员贪赃受贿，如果受贿数额未超过 20 两金，则不判处死刑，而是科处其他刑罚。在这里，贪污受贿的数额（是否超过 20 两）乃是量刑轻重（是否判处死刑）的重要标准。《唐律疏议》规定："诸监临之官，受所监临财物者，一尺笞四十，一匹加一等；八匹徒一年，八匹加一等；五十匹流两千里。与者，减五等，罪止杖一百。乞取者，加一等；强乞取者，准枉法论。"唐律中确定的以绢价平赃，以绢数计赃定罪之法为宋朝所继承，但宋朝亦采取了以钱代绢、计钱定罪的原则。在以绢计赃论罪中，计赃绢

---

① 参见姜保忠：《刑事司法错误与司法惯性——试论惯性在司法中的消极作用》，载《河北法学》2010 年第 8 期，第 76 页。

② 参见郭东旭：《宋朝的物价变动与计赃论罪》，载《中国经济史研究》2004 年第 1 期。

③ 参见赵秉志：《贪污受贿犯罪定罪量刑标准问题研究》，载《中国法学》2015 年第 1 期。

④ 古代重量单位，合 20 两（一说 24 两）。

⑤ 参见（明）董说：《七国考》（卷 12）《魏刑法》，中华书局 1956 年版，第 366~367 页。

价标准的高低将直接影响计赃数量的多少和定罪的轻重。[①] 计赃论罪在不同时代其内涵是不完全一样的，在古代主要是将赃的多少作为量刑轻重的依据，即表现为计赃论罚；而自我国新民主主义时期的革命根据地有关立法开始直至中华人民共和国成立后的相关法律规定，计赃论罪的内涵更加丰富，赃的多少不仅是决定刑罚轻重的依据，同时也具有定罪的意义，即将其作为犯罪成立与否的标准。1979 年刑法典没有规定贪污受贿犯罪的定罪数额标准，但是其后颁布的相关司法解释[②]将贪污受贿人民币 2000 元设置成了立案标准，因而此时依然是计赃论罪。一直到 1997 年刑法典的颁布，贪污受贿犯罪定罪量刑标准仍然坚持计赃论罪，贪污受贿数额（5000 元）具有定罪和量刑双重意义。数额定罪的立法传统所产生的思维惯性，直接影响了我国贪污受贿犯罪定罪量刑中规定的数额定罪标准，这是我国刑法典中确立贪污受贿犯罪数额定罪标准的深层性社会文化根源。[③]

3. 司法可操作性是贪污受贿犯罪确立数额定罪标准的现实考量

1997 年刑法典关于贪污受贿犯罪定罪量刑标准的规定起源于 1988 年《补充规定》第 2 条的规定。时任全国人大常委会秘书长的王汉斌在 1987 年 11 月 17 日第六届全国人大常委会第 23 次会议上对于该条的规定，作了详细说明。他指出："《刑法》对贪污罪的量刑标准，没有具体数额规定，各地感到不好掌握。根据几年来的审判实践经验，草案按照贪污的不同数额分别规定了不同的量刑

① 参见郭东旭：《宋朝的物价变动与计赃论罪》，载《中国经济史研究》2004 年第 1 期。

② 参见最高人民法院、最高人民检察院于 1985 年 7 月 8 日颁布的《关于当前办理经济犯罪案件中具体应用法律的若干问题的解答（试行）》。

③ 参见赵秉志：《贪污受贿犯罪定罪量刑标准问题研究》，载《中国法学》2015 年第 1 期。

标准。”[①] 之后在1997年刑法典修订时，他又提出：“根据情况的变化，将原贪污贿赂犯罪法定最低刑的数额2000元以下修改为5000元以下，法定最高刑的数额5万元以上修改为10万元以上。”[②] 其实，关于贪污受贿犯罪定罪量刑标准的确定，在刑法修订研拟过程中也曾有不同的观点，其中代表性的观点认为，刑法应当对贪污罪规定具体的数额标准，以便更有效地惩治贪污罪。[③] 显而易见，1988年《补充规定》和1997年刑法典采纳了第二种观点。可见，刑法典中对贪污受贿犯罪规定数额定罪标准，其主要是基于便于司法适用、增强司法的可操作性的角度来考虑的。

虽然《刑法修正案（九）》中取消了具体的定罪数额标准，但是由于情节较为概括抽象，即使相关司法解释对情节进行了明确的解释，事实上，司法解释根本无法对情节进行十分明确的界定，故而司法的可操作性仍然将会是司法实践中的现实考量。而数额标准作为一种刚性标准，是判断犯罪人的行为社会危害性程度最直接、最清晰的标准。与抽象概括的情节相比较，司法人员可以通过简明的、直接的、便于识别的具体数额去衡量一个行为社会危害性的大小，从而使得定罪较为容易认定。在刑法立法中，即使如盗窃罪等罪，虽然没有规定具体的入罪数额，但在实务中仍有具体的数额标准。刑法立法既然已经将犯罪数额作为贪污受贿犯罪的定罪标准，那么贪污受贿数额也就会是决定贪污受贿罪成立与否的入罪标准，这符合罪刑法定的原则，否则也会脱离我国刑事司法实践的实际情况。从众多的论著中我们也可以看到，刑法理论界和实务界对于数额作为贪污受贿犯罪的定罪标准并无多大反对意见，不赞同的

① 参见王汉斌1987年11月17日在第六届全国人大常委会第23次会议上《关于惩治走私罪和惩治贪污罪贿赂罪两个补充规定（草案）的说明》。

② 参见王汉斌1997年3月6日在第八届全国人大第五次会议上《关于〈中华人民共和国刑法（修订草案）〉的说明》。

③ 参见高铭暄：《中华人民共和国刑法的孕育诞生和发展完善》，北京大学出版社2012年版，第602页。

仅仅是不能将数额作为贪污受贿犯罪的唯一定罪标准，需要同时考量情节对于定罪的作用，这才符合贪污受贿犯罪的罪质特征。

（二）贪污受贿犯罪的数额定罪标准应当适当进行调高

《刑法修正案（九）》将既往刑法中贪污受贿犯罪的具体数额修改为概括数额，即数额较大、数额巨大、数额特别巨大三个档次。但为了统一司法和正确定罪量刑，法定的概括数额必须进一步转化为具体数额。绝大多数观点认为，概括数额应由司法解释规定一个相对确定的幅度，再授权省级司法机关根据本地区经济发展状况和社会治安状况，在司法解释规定的幅度内明确本地区执行的具体数额标准。① 那么，对于具体的数额标准到底是在原有的标准上进一步提高，还是维持现状或者是进一步降低，这存在一定的争论。

1. 贪污受贿犯罪起刑点数额之争论

（1）定罪数额标准提高说。关于定罪数额标准，绝大多数主张认为，贪污罪、受贿罪的入刑门槛应当在1997年刑法典规定的5000元的基础上适当提高。如有论者认为，1997年刑法典中规定的贪污受贿入刑的数额标准在司法实践中存在一定的“虚置”现象，一些贪污受贿数额为几万元的案件，由于司法实践中人为地提高入刑数额标准，导致相关的犯罪没有得到应有的惩处，极大地损害了刑法的公信力和权威性，不利于发挥刑罚一般预防之功效。为顺应反腐败的新形势、新要求，适当提高起刑点数额是可行的②。也有论者认为，原有的数量因素能体现的对法益侵害的程度在不断地降低，综合考虑当下时代背景和司法形式，贪污罪和受贿罪的定

① 参见雷建斌主编：《〈中华人民共和国刑法修正案（九）〉释解与适用》，人民法院出版社2015年版，第212页；赵秉志：《贪污受贿犯罪定罪量刑标准问题研究》，载《中国法学》2015年第1期。

② 参见赵秉志、刘志伟、彭新林：《努力完善惩治腐败犯罪立法建设——“我国惩治腐败犯罪的立法完善问题学术座谈会”研讨综述》，载《法制日报》2015年4月8日，第4版。

罪起点数额都应有所提高。[1] 还有论者立足于经济社会发展下的货币财富的角度分析，认为在当前时代背景下，同样数额货币所代表的社会财富不可同日而语，应当从司法层面上提高贪污贿赂犯罪的起刑点。[2]

（2）定罪数额标准降低说。还有相关学者主张在1997年刑法典中规定的5000元起刑点的基础上进一步降低贪污罪受贿罪的入刑数额标准。例如，有论者将贪污受贿犯罪与盗窃罪进行比较，认为贪污罪实际上是属于利用职务上便利的窃取行为，其较之于一般的盗窃罪增加了“利用职务上的便利”这一条件，因而其危害性不一定轻于单纯的盗窃罪，刑法典为贪污罪确立远远高于盗窃罪的入刑数额，不具有合理性，为了与盗窃罪的入刑数额标准相协调，有必要降低贪污受贿犯罪的入刑数额。[3] 也有论者指出，为了预防和打击贪污贿赂犯罪，我国应当对贪污受贿实行零容忍，贪污贿赂犯罪的数额起刑点应当进一步降低乃至取消，而不是提高。[4] 为了避免贿赂犯罪出现“破窗”式的多米诺效应，我国应取消贪污贿赂犯罪的起刑点。[5]

（3）定罪数额标准保持说。也有少数观点认为，相较之于世界上其他相关国家，我国关于贪污受贿犯罪具体入刑数额标准已经

---

① 参见高珊琦、曹玉江：《对贪污受贿犯罪数额标准的重新审视》，载赵秉志等主编：《现代刑法学的使命（下卷）》，中国人民公安大学出版社2014年版，第760~761页。

② 参见于志刚：《贪污贿赂犯罪定罪数额的现实化思考》，载《人民检察》2011年第12期。

③ 参见赵秉志、刘志伟、彭新林：《努力完善惩治腐败犯罪立法建设——“我国惩治腐败犯罪的立法完善问题学术座谈会”研讨综述》，载《法制日报》2015年4月8日，第4版；庄永廉：《织密刑事法网推动贿赂犯罪治理》，载《检察日报》2014年12月8日，第5版。

④ 参见郭嘉、白平则：《贪污贿赂犯罪的数额问题研究》，载《政法论丛》2012年第6期。

⑤ 参见王秀梅：《论贿赂犯罪的破窗理论与零容忍惩治对策》，载《法学评论》2009年第4期。

非常低，故而目前应保持 1997 年刑法典中确定的贪污罪、受贿罪的入刑数额标准 5000 元不变。如果提高或者降低入刑数额标准不合理，不仅民众难以理解，而且也会影响国家政权的长治久安。①还有论者认为，贪污受贿犯罪的起刑点不能仅算经济账，应当综合考虑政治、文化、社会等因素。随着经济、社会、文化的全面进步，国家和社会对于贪污受贿犯罪的容忍度越来越低，即便不进一步提高，至少应当维持当前的底线绝不后退。②

2. 入罪数额应当提高之基本观点

笔者认为，要基于贪污受贿行为的性质，从刑法理论和当前反腐败的现实需要来合理确定贪污受贿犯罪的入刑数额标准，而不能将其与盗窃罪定罪量刑的具体数额标准进行简单类比。贪污受贿犯罪入罪起点数额的设定，关系到贪污受贿犯罪圈的大小、刑事司法资源的承受能力以及民众对于反腐刑法的公众认知等问题。结合当前的反腐形势，笔者认为，贪污受贿犯罪的数额入罪标准应当提高。事实上，2016 年 4 月 18 日“两高”联合颁行的《解释》中已经将贪污受贿犯罪的数额入刑标准提高到 3 万元，该司法解释具有合理性。

第一，提高贪污受贿犯罪起刑点数额是社会经济发展的客观需要。犯罪数额是以货币形式来衡量的经济价值量，反映了犯罪行为的社会危害程度。随着经济社会的发展，1997 年规定的 5000 元入罪数额所代表的社会财富已不可同日而语。诚如有学者所言：“2013 年人均可支配收入是 1997 年的 5.2 倍，可见通货膨胀、货币贬值导致现在的 5000 元已经和当时的 5000 元所代表的社会财富

① 参见赵秉志、刘志伟、彭新林：《努力完善惩治腐败犯罪立法建设——“我国惩治腐败犯罪的立法完善问题学术座谈会”研讨综述》，载《法制日报》2015 年 4 月 8 日，第 4 版。

② 参见邓清波：《贪污贿赂罪不能只算经济账》，载《中国改革报》2009 年 11 月 6 日，第 5 版。

和社会危害性不能同日而语。"[①] 原有的数量因素所能体现的对法益侵害程度在不断地降低。"随着经济的发展以及剩余财产数额的增加，以及用于食物、服饰、住所方面的支出占总支出（总收入）的比例越来越低，发展和享受资料（奢侈品）越来越多，财产犯罪的数额标准应越高。"[②] 而且之前刑法修正时，也是依据经济社会的发展的情况，提高贪污受贿犯罪的入罪数额标准。如 1988 年全国人大常委会通过的《补充规定》对贪污罪设置的起刑点是 2000 元；1997 年刑法典通过时调整为 5000 元。5000 元的入刑数额标准现已适用 18 年，而 2014 年的人均 GDP 比 1997 年增长了 6.25 倍，因而适度提高数额标准是符合经济社会发展的客观需要，也能够体现行为所表征的时代社会危害性。[③]

第二，提高贪污受贿犯罪起刑点数额是罪责刑相适应原则的现实需要。让人民群众在每一个司法案件中都感受到公平正义，是新形势下政法工作的任务和目标。因而在贪污受贿案件中当然也要体现司法公平正义。由于 1997 年刑法典中规定的贪污受贿犯罪入罪数额较低，导致存在 5000 元的定罪标准虚置的现象。司法实践中相关司法机关很少对于贪污、受贿数额在 1 万元左右的案件进行立案侦查。而且在司法实践中，贪污受贿数额低于 2 万元而实际受到刑事追究案件一般是由其他犯罪牵连出来的，且多被判处免予刑事处罚。事实上，在 1997 年刑法典规定的绝对起刑点数额的情况下，一些地方已经对 5000 元的起刑点数额标准作了不同程度的上浮处理。如在中西部地区，一般以 1 万元为起点数额，而在北京、天津、上海、江浙等经济发达地区，起刑点数额为 5 万元，未达到这

---

① 参见刘敬新、郭赛：《贪污罪与受贿罪数额标准的修改完善》，载赵秉志等主编：《现代刑法学的使命》（下卷），中国人民公安大学出版社 2014 年版，第 807 页。

② 参见刘四新、郭自力：《恩格尔定律与财产犯罪数额标准之确定》，载《法学家》2008 年第 4 期。

③ 参见刘为波：《贪污贿赂罪刑罚体系的修正与适用》，载《中国审判》2015 年第 10 期。

个数额标准，又没有其他严重情节的，不以犯罪处罚。[①] 2009 年，时任最高人民法院副院长的张军在一次讲座中也提到，在当前的司法实践中，许多贪污受贿涉案金额为几万元的案件，并没有被移送到法院。但如果这些案件移送过来，法院又得依法判处，这本身就缺乏社会公正性。[②] 因而适当提高入罪门槛，有助于实现罪刑均衡和罪责刑相适应。

第三，提高贪污受贿犯罪起刑点数额有助于缓解刑事司法资源的负重。贪污受贿犯罪的定罪标准控制犯罪圈的大小，决定贪污受贿犯罪的犯罪基数。因而取消或者降低贪污受贿犯罪的数额标准，将会扩展贪污受贿犯罪的犯罪圈；反之，提高贪污受贿犯罪的定罪数额标准，则会适当缩小贪污受贿犯罪的犯罪圈。进入司法程序的贪污受贿案件数量取决于贪污受贿犯罪定罪标准和国家的反腐强度两个要素。党的十八大以来，我们党和国家坚持零容忍的反腐政策，查处了大量的贪污受贿违法行为和贪污受贿犯罪。如果贪污受贿犯罪的数额标准不变，都会导致查处的贪污受贿案件剧增，更不用说是降低贪污受贿犯罪的定罪数额标准。故而在当前零容忍的反腐政策下，如果降低或者是取消贪污受贿犯罪的定罪数额标准，将会导致有限的司法资源无以应对剧增的贪污受贿案件，也会影响贪污受贿犯罪的刑事司法的公正和效果。基于此，对于司法实践而言，在当前零容忍的反腐政策下，提高贪污受贿犯罪的定罪数额标准，以减轻有限司法资源的配置压力，将是当下我国客观存在的现实要求和现实选择。

第四，提高贪污受贿犯罪的数额标准并不意味着不对起刑点以下的贪污受贿行为进行惩处。谦抑性是刑法的基本品格，即国家对于社会生活的刑事干预是有限度的，应当科学合理地设定犯罪的范

---

① 参见张亚平、皇甫忠：《贪污数额标准的修改》，载赵秉志、张军、郎胜主编：《现代刑法学的使命》，中国人民公安大学出版社 2014 年版，第 767 页。

② 参见《最高法副院长：贪污贿赂罪起刑点应调整》，载《重庆晚报》2009 年 11 月 4 日，第 5 版。

围。只有那些严重危害社会的不当行为才能被规定为犯罪并加以刑事处罚。犯罪数额作为我国犯罪概念中定量因素的表征，具有收缩犯罪圈、抑制重刑主义的倾向。更何况，我国确立的是行政制裁和刑事制裁的二元法律制裁体系，“出刑入行”是刑事司法的一贯做法，而且对于党员干部我们可以进行党纪处理。因而对于没有达到起刑点数额的违法行为，完全可以通过党纪政纪手段加以惩处。虽然我国当前施行的是零容忍的反腐败刑事政策，但是零容忍不意味着不设定一定的入罪数额标准。在刑罚之外还有党纪处分、行政处分可以惩处腐败行为。对没有达到入罪数额标准的贪污受贿行为，如果无其他严重情节，完全可以用党纪处分、行政处分进行处理，这有利于体现党纪严于国法，贯彻了宽严相济的刑事政策，集中有限的司法资源，突出刑事打击重点，增进刑事处罚的确定性、公平性与严肃性。

3. 入罪数额确定之模式与依据

（1）入罪数额规定的模式。《刑法修正案（九）》将既往刑法中贪污受贿犯罪的具体数额修改为概括数额，即数额较大、数额巨大、数额特别巨大三个档次，应由司法解释来确定具体的数额标准。关于贪污受贿犯罪的数额定罪标准采用的模式曾存在一定的争论。从理论与实践的结合上考虑，大体上有三种模式选择：一是数额幅度模式。即由“两高”制定司法解释规定贪污受贿犯罪定罪量刑的数额幅度，同时授权省级司法机关在司法解释规定的数额幅度内，根据本地区经济发展水平并考虑犯罪状况，确定本地区执行的具体数额标准，再报“两高”批准。如“两高”对盗窃罪、诈骗罪等侵犯财产犯罪的具体数额确定即采用了此种模式。二是不同类型的地区数额分立模式。即由“两高”将全国各省区按其经济发展状况划分为三类或四类地区，并对几类地区分别确定不同的数额。三是统一数额模式。即由“两高”以司法解释在全国范围内规定统一的贪污受贿犯罪定罪量刑的数额标准。[①] 这是《解释》所采取的模式。由于现阶段我国经济社会发展的不平衡，经济发达地区与经济欠发达地区、东部地区和中西部地区经济发展程度不一致。同一时期不同地区的金钱购买力、人均收入不相同，相同数额的财产在不同地区所代表的社会财富也不同，因而在确定贪污受贿犯罪定罪数额标准时，应当适当考虑地区的差异性。笔者认为贪污受贿犯罪确立统一的数额模式具有相对合理性，尽管该种模式未能体现不同地区经济发展状况之差异，但是维护了司法的统一性。贪污受贿犯罪属于妨害国家公权力的犯罪，国家公权力统一行使，不应因地区经济发展程度不同而有高低贵贱之分，特别是对于一些国家工作人员跨地区犯罪，各地量刑标准不一致将导致个案量刑标准适用的无所适从，不仅影响到量刑公平公正，还会给指定管辖带来不必要的麻烦。对跨省区案件的定罪量刑采取统一标准维护了司法的公平、公正，也增强了司法的可操作性。

（2）入罪数额考量因素。那么如何确定具体的定罪数额标准呢？通过理论梳理发现，有的建议以当地国家工作人员上年度平均工资乘以倍数来确定，有的建议以上年度职工月平均工资为准，有的建议以最低劳动报酬为准，有的建议以家庭平均年剩余财产数额为准，有的建议以上年度职工年平均工资的百分比为准，有的建议以上年度人均国民生产总值为准，有的建议按照一定区域一定时期内经济发展水平来确定，有的建议以货币购买力以及年人均可支配收入水平为准等。[②] 笔者认为，贪污受贿犯罪带有经济犯罪的特征，因而确定其入罪数额应当考虑国家经济发展因素。1997 年全国人均可支配收入为 5160 元，而当年通过的 1997 年刑法典将贪污

① 参见赵秉志：《略论最新司法解释中贪污受贿犯罪定罪量刑标准》，载《人民法院报》2016 年 4 月 19 日。

② 参见申飞飞、车明珠：《论贪污受贿犯罪数额标准的修改与完善》，载赵秉志、张军、郎胜等主编：《现代刑法学的使命》，中国人民公安大学出版社 2014 年版，第 801 页。

受贿犯罪的定罪数额标准确定为 5000 元；根据国家统计局相关统计显示，2013 年全国城镇居民人均可支配收入为 26955 元，全年全国居民人均可支配收入为 18311 元，；2014 年城镇居民人均可支配收入为 28844 元，全年全国居民人均可支配收入为 20167 元；2015 年城镇居民人均可支配收入为 31195 元，全年全国居民人均可支配收入为 21966 元。[①] 鉴于此，笔者赞同贪污受贿犯罪定罪量刑具体数额的确定，以全国居民人均可支配收入为主要基准，并在参酌货币购买力、居民消费指数（CPI）、通货膨胀等因素的基础上进行适度调节。[②] 居民人均可支配收入能够大体反映经济社会发展状况、居民收入和生活水平情况以及贪污受贿行为的客观危害程度，也比较符合公众对贪污受贿行为刑事可罚根据的基本认识。

（三）数额在贪污受贿犯罪定罪评价中的作用存在差异

从我国古代贪污受贿犯罪定罪量刑标准的考察中，我们可以看出，我国古代关于贪污罪、受贿罪的定罪量刑标准一般都是分立的。但是，近现代的贪污受贿犯罪定罪量刑标准却由分立走向统一，该立法模式发轫于抗日战争时期陕甘宁边区政府 1939 年制定的《陕甘宁边区惩治贪污条例（草案）》，该草案第 2 条列举了克扣或截留应行发给或缴纳财物者、勒索敲诈收受贿赂者等 10 种贪污犯罪行为，第 3 条明确规定相关贪污受贿行为按照同样的定罪量刑标准进行惩处。从中华人民共和国 1952 年颁布的《条例》开始，贪污受贿犯罪罪量刑标准统一的立法格局得以延续。然而 1979 年刑法典将贪污罪放在“侵犯财产罪”之中，受贿罪则放在“渎职罪”之中，对贪污罪、受贿罪分别设立了不同的定罪量刑标准。但是 1988 年的《补充规定》将“贪污贿赂犯罪”类罪化，贪污罪、受贿罪均集中规定在“贪污贿赂犯罪”之中。对贪污罪根

① 参见《数字三农》，载《农民文摘》2016 年第 2 期。

② 参见赵秉志：《贪污受贿犯罪定罪量刑标准问题研究》，载《中国法学》2015 年第 1 期。

据贪污的数额和情节规定了四档刑罚，对受贿罪规定“依照贪污罪的规定处罚”，这样导致贪污罪、受贿罪的定罪量刑标准又回到了统一的格局。而 1997 年刑法典修订时则基本上维持了 1988 年《补充规定》的有关规定，2015 年颁行的《刑法修正案（九）》虽然对贪污罪、受贿罪的定罪量刑标准进行了修改，但是仍然没有改变贪污受贿犯罪定罪量刑标准统一的局面。2016 年 4 月 18 日“两高”颁行的贪污贿赂司法解释对于贪污罪、受贿罪采取的也是统一定罪量刑标准模式。

因而目前我国贪污罪和受贿罪适用的是同一定罪量刑标准。在刑法典分则之中，一般而言，都是一个罪名对应一个定罪量刑标准，贪污罪和受贿罪是唯一一个共用相同定罪量刑标准的两个罪名。正如有论者所述，这种立法例在世界范围内实属罕见。[①] 笔者认为，犯罪数额在贪污受贿犯罪定罪机制中的作用存在差异，我国应当在以后的刑法修正时考虑将贪污罪、受贿罪的定罪量刑标准独立，其理由如下：（1）贪污罪和受贿罪的罪质不同。虽然我国刑法典将贪污罪与受贿罪都置于贪污贿赂罪一章，侵犯的共同客体都是国家工作人员职务的廉洁性，受贿罪的客体就是国家工作人员职务的廉洁性，犯罪数额与职务行为的廉洁性之间不存在直接的对应关系，必须有其他的情节因素加以佐证。但是贪污罪的客体是复杂客体，既侵犯国家工作人员职务的廉洁性，也侵犯公共财产的所有权，公共财产所有权是贪污罪侵犯的直接客体，国家工作人员职务的廉洁性是贪污罪侵犯的深层次客体。[②] 贪污罪的本质特征之一就是侵犯了公共财产所有权，因而犯罪数额在一定程度上能够较为全面地反映行为对公共财产造成的直接损害。这也正是 1979 年刑法典将贪污罪归入侵犯财产罪、受贿罪归入渎职罪的原因所在。

---

① 参见赵秉志：《贪污受贿犯罪定罪量刑标准问题研究》，载《中国法学》2015 年第 1 期

② 参见高珊琦、曹玉江：《对贪污受贿犯罪数额标准的重新审视》，载赵秉志等主编：《现代刑法学的使命》（下卷），中国人民公安大学出版社 2014 年版，第 761 页。

(2) 贪污罪和受贿罪社会危害的评价标准不同。对于贪污罪而言，其对职务廉洁性的破坏主要体现在财产方面的不诚实，侵害的是公共财产的所有权，数额在贪污罪中表征的是公共财产被侵犯的多少，具有较为确定的社会危害性以及衡量社会危害性程度的功能，数额作为危害结果意义上的要素，反映了贪污罪的社会危害程度，贪污的数额越大，行为的社会危害性就越大，因而贪污数额是评价贪污罪法益侵害程度的主要因素[①]；而受贿罪的本质是“权钱交易”，受贿罪的社会危害性并不在于受贿人收取了多少财物，而关键在于其通过权钱交易的方式出卖了国家公权力。故而受贿数额难以全面反映受贿罪的社会危害性，其更多的是要通过受贿的情节等因素来综合衡量。(3) 贪污罪和受贿罪共用同一个定罪量刑标准不符合刑法分则立法惯例。罪刑法定原则所要求的就是立法上罪与刑的明确性和具体性。既然贪污罪、受贿罪是两个不同罪名，在立法上就具有区分的必要性。正如有论者所言，虽然刑罚的种类和幅度划分的数量远远少于罪名的数量，但是刑事立法并不采取以相同的刑罚来合并不同罪名的立法模式，刑事立法尽量做到一罪一刑的立法模式。[②] 即使在定罪起点和量刑幅度都相同的个罪规定上也采取一罪一规定的形式，如刑法典分则中的侵犯财产罪中的盗窃罪、诈骗罪、抢劫罪等。如果将贪污罪和受贿罪定罪量刑标准采取并合的方式，极大可能会导致刑罚适用时对二罪罪质的混同，不利于对贪污罪和受贿罪的研究和认定。

## 二、贪污受贿犯罪情节定罪标准定罪功能之发挥

《刑法修正案（九）》中确立了“概括数额+情节”的入罪标

---

① 参见舒洪水、王刚：《受贿罪定罪量刑标准的立法完善》，载李少平、朱孝清、卢建平主编：《法治中国与刑法发展》，中国人民公安大学出版社 2015 年版，第 946 页。

② 参见黄伟明、陈昌林：《贪污受贿犯罪量刑标准的立法完善》，载李少平、朱孝清、卢建平主编：《法治中国与刑法发展》，中国人民公安大学出版社 2015 年版，第 761 页。

准，可见，立法机关已经认识到了情节于贪污受贿犯罪定罪之重要作用。但是，情节因素在贪污受贿犯罪中到底起什么作用？哪些情节应当作为定罪情节加以考量呢？鉴于此，笔者结合我国刑法分则中关于情节定罪之规定，并结合贪污受贿犯罪的实际情况，提出相关的情节定罪之主张。

### （一）贪污受贿犯罪犯罪情节难以独立发挥定罪功能

作为现代刑事法治基本原则的罪刑法定原则要求刑法规范具有明确性，刑法规范明确性是现代刑法立法技术科学性、合理性的重要标志。但是，刑法的明确性是相对的，并非绝对的。语言文字自身的模糊性、立法者预见能力的局限性以及社会发展的变化性决定了刑法规范模糊性的客观存在。博登海默曾指出："数个世纪的经验告诉我们，任何法律制度都不能也不可能达到如此之明确无误的程度。"[①] 我国学者也认为，刑法规范的明确性是相对的，模糊性是绝对的。[②] 这就决定了情节犯在我国刑法立法存在的价值。情节犯是我国刑法典中规定的犯罪形态之一，是与刑法典总则中关于犯罪概念"立法定性+定量"相呼应的刑法分则立法模式。情节犯注意到了构成要素的多重性和非确定性，使得刑法规范同时具备稳定性与相对明确性，使得司法能够灵活地依据不断变化的社会来进行合理掌握。[③] 就此意义而言，情节犯具有存在的价值，因而情节犯是我国刑法典分则中常见的犯罪规定模式。

然而在我国刑法理论中，对"情节较重"的判断却是不确定的，"情节"属于一种综合性的判断标准，其与主客观要件相联系，并不局限于某一种犯罪构成要件，因而其最后必须由司法机关

---

① 参见［美］博登海默：《法理学、法律哲学与法律方法》，邓正来译，中国政法人学出版社 1999 年版，第 128 页。

② 参见杨书文：《刑法规范的模糊性与明确性及其契合》，载《中国法学》2001 年第 3 期。

③ 参见李翔：《情节犯研究》，上海交通大学出版社 2006 年版，第 185 页

综合考虑相关的要素进行判断，才能确定到底是否属于定罪情节。[①] 由于情节犯使用了概括和不确定的法律概念，这就要求司法者行使自由裁量权来适用刑法规范，这意味着相关情节的界定需交由司法机关来进行确定，司法者可以从不同立场出发得出不同的结论，如果站在国家本位主义立场，就会强调刑法保护的功能；如基于个人主义的立场，则会强调人权保障功能，易产生刑法滥用的危险。[②] 在这个过程中就会产生刑事立法权旁落于刑事司法权的问题。上述关于情节作为定罪标准的梳理中，我们也可以看到关于情节定罪标准的确定一般是由司法解释来完成的。在这里我们暂且不论司法权介入立法权是否恰当，司法者在决定行为是否构成犯罪时，刑事司法中一个很重要的原则就是司法的可操作性，即哪一种定罪标准更有助于司法者具体掌握，司法者更倾向于选择哪种定罪标准。由于贪污受贿犯罪的罪质不仅侵犯了职务廉洁性，而且也具备经济内容，因而我国刑法典中确定的定罪标准是数额和情节的二元定罪标准，在既有数额标准，又有情节标准双向选择的时候，由于情节标准有时难以操作，司法者往往更倾向于选择具有可操作性的数额标准。

### （二）贪污受贿犯罪定罪情节需和犯罪数额进行挂钩

《刑法修正案（九）》确立了贪污受贿犯罪“概括数额+情节”的二元定罪标准。从《刑法修正案（九）》的文字表述来看，犯罪情节似乎可以独立于犯罪数额进行贪污受贿犯罪的定罪。但正如上所述，贪污、受贿的定罪情节一般难以独立发挥定罪功能，那么犯罪情节与数额是否需要挂钩呢？贪污受贿犯罪的罪质主要体现在“外显”于罪名的贪污受贿行为和“内隐”于犯罪中的侵犯职务廉洁性的行为，因而数额与情节都是体现罪量

① 参见张明楷：《论刑法分则中作为构成要件的“情节严重”》，载《法学研究》1995 年第 1 期。

② 参见李翔：《情节犯研究》，上海交通大学出版社 2006 年版，第 56~57 页

大小重要的表征因素，犯罪数额和犯罪情节应当都能对贪污、受贿犯罪的定罪产生一定的影响力。但是，由于贪污受贿犯罪情节很难进行明确化、具体化，如果只是单纯地依据犯罪情节来决定是否构成犯罪，很容易导致贪污受贿数额较小的行为被判处刑罚，难以为普通民众所接受。更为重要的是，单纯依据情节定罪主要依赖于法官的自由裁量权，如果掌握不当，极易出现定罪的随意性。因而秉承定罪审慎的立场，有必要借鉴有关盗窃罪、抢夺罪等司法解释的做法，为了使得贪污受贿行为的定罪更为科学、合理，采用犯罪情节与犯罪数额相结合的做法，不失为当前法治条件下较为稳妥的选择。

因而在贪污受贿犯罪的定罪中，犯罪数额当然是定罪的基本标准之一，但是对于一些贪污受贿犯罪案件，行为人的贪污受贿数额虽未达到定罪数额标准，但是具备特定的犯罪情节，如行为人多次贪污受贿并造成严重的危害后果、行为人为他人谋取非法利益造成严重后果等，此时基于犯罪数额与情节均是贪污受贿犯罪社会危害性的表征和定罪标准，应当降低贪污受贿的数额定罪标准，考虑特定情节对于定罪之影响。特别是《刑法修正案（九）》中大幅提高贪污受贿犯罪定罪量刑标准中情节的作用，为情节发挥定罪作用提供了条件。因而对于一些犯罪情节较重的贪污贿赂犯罪行为，虽然没有达到定罪的数额标准，但是依然可以进行定罪处罚。就此而言，提高贪污贿赂犯罪的定罪数额标准并不会出现放纵犯罪、打击不力的现象。[①] 实际上，2013 年“两高”《关于办理盗窃刑事案件适用法律若干问题的解释》《关于办理敲诈勒索刑事案件适用法律若干问题的解释》《关于办理抢夺刑事案件适用法律若干问题的解释》等司法解释中对于虽未达到构成犯罪的数额标准，但是基于特殊的从严评价情节而予以入罪化处理的做法也早已出现。如

① 参见于志刚：《贪污贿赂犯罪定罪数额的现实化思考》，载《人民检察》2011 年第 12 期。

2013年4月4日起施行的“两高”《关于办理盗窃刑事案件适用法律若干问题的解释》第2条中规定，对于一些盗窃公私财物的行为，虽未达“数额较大”的标准，但是具备相关严重情节的，也可以定罪处罚。对于贪污受贿犯罪，2016年“两高”联合颁行的《解释》也是规定了情节与数额相挂钩的情节定罪模式，情节与相对较低的数额（大体上减半）相结合，规定了“数额+情节”的定罪标准，该司法解释第1条第2款、第3款明确规定贪污受贿数额在1万元以上不满10万元，同时具有《解释》所列举的严重情节之一的，即认定为法条规定的“其他较重情节”，与“数额较大”（即单纯的数额在3万元以上不满20万元）一样适用第一档次的法定刑。

## 三、贪污受贿犯罪定罪情节之择定

依据《刑法修正案（九）》的规定，数额和情节都是定罪标准。但是如上分析，犯罪情节一般需要和犯罪数额结合起来才能发挥其定罪评价的作用。如果要发挥情节在定罪中的作用，就需要降低定罪数额标准发挥的作用，此时情节之于定罪作用的重要性将会凸显。因而在具体情节的甄别和确定上仍有必要秉持极其严格、审慎的立场，由于犯罪情节种类很多，作为贪污受贿犯罪的定罪情节必须能够体现贪污受贿犯罪的犯罪特点。对此，2016年“两高”联合颁行的《解释》结合贪污受贿犯罪的罪质特点和司法实践的现实需要，将相关的犯罪情节作为定罪情节加以考量。[①] 在此笔者结合相关的刑法理论对上述规定分类进行阐释。

（一）贪污受贿的行为次数

1. 刑法中关于危害行为次数作为定罪情节之梳理

危害行为，是指行为人在自我意识、意志支配下实施的危害行为并为行为所否定的身体动静。[②] 任何种类的犯罪都有危害行为。危害行为的次数反映了行为人的人身危险性，当行为重复实施多次时，就表明了行为人具有较大的人身危险性。因而在情节犯的立法、司法解释中，很多犯罪明确将“危害行为”的次数作为“情节严重”的认定标准。关于次数的认定，有些学者认为危害行为的次数应当规定为“二次或者二次以上”，我国传统理论也认为应该解释为“三次或三次以上”，司法解释也大致持相同的观点。如我国刑法典第 267 条的抢夺罪中，1 年内抢夺 3 次以上的，是“多次抢夺”的认定标准；第 322 条的偷越国（边）境罪中关于“情节严重”的入罪标准，2012 年“两高”颁行的《关于办理妨害国（边）境管理刑事案件应用法律若干问题的解释》第 5 条中明确规定偷越的次数为 3 次以上；刑法典第 411 条的放纵走私罪中放纵走

① 该《解释》第 1 条第 2 款规定：“贪污数额在一万元以上不满三万元，具有下列情形之一的，应当认定为刑法第三百八十三条第一款规定的‘其他较重情节’，依法判处三年以下有期徒刑或者拘役，并处罚金：（一）贪污救灾、抢险、防汛、优抚、扶贫、移民、救济、防疫、社会捐助等特定款物的；（二）曾因贪污、受贿、挪用公款受过党纪、行政处分的；（三）曾因故意犯罪受过刑事追究的；（四）赃款赃物用于非法活动的；（五）拒不交待赃款赃物去向或者拒不配合追缴工作，致使无法追缴的；（六）造成恶劣影响或者其他严重后果的。”该解释第 1 条第 3 款规定：“受贿数额在一万元以上不满三万元，具有前款第二项至第六项规定的情形之一，或者具有下列情形之一的，应当认定为刑法第三百八十三条第一款规定的‘其他较重情节’，依法判处三年以下有期徒刑或者拘役，并处罚金：（一）多次索贿的；（二）为他人谋取不正当利益，致使公共财产、国家和人民利益遭受损失的；（三）为他人谋取职务提拔、调整的。”

② 参见赵秉志主编：《刑法总论》（第 2 版），中国人民大学出版社 2013 年版，第 169 页。

私行为 3 次以上的是“情节严重”的认定标准。[①]

关于危害行为，另一种是因相同的行为受到过 2 次以上行政处罚或刑事处罚的，作为“情节严重”的认定标准。行为人首次实施违法行为时缺少主观故意，或者社会危害性尚未达到犯罪的程度，当行为人多次实施违法行为时，表明行为人具有较大的人身危险性。以是否受到过行政处分作为情节定罪标准的情节犯大多为破坏社会主义市场经济秩序罪和财产性犯罪。如 2013 年“两高”颁行的《关于办理盗窃刑事案件适用法律若干问题的解释》第 2 条规定，“曾因盗窃受过刑事处罚的”“一年内曾因盗窃受过行政处罚的”可以作为“数额较大”的减半定罪标准。2013 年“两高”颁行的《关于办理抢夺刑事案件适用法律若干问题的解释》第 2 条也规定，“曾因抢劫、抢夺或者聚众哄抢受过刑事处罚的”“一年内曾因抢夺或者哄抢受过行政处罚的”，“数额较大”的标准可以减半确定。2013 年“两高”颁行的《关于办理利用信息网络实施诽谤等刑事案件适用法律若干问题的解释》将“二年内曾因诽谤受过行政处罚，又诽谤他人的”情形作为诽谤罪情节严重的定罪标准。

2. 贪污受贿犯罪中危害行为次数作为定罪情节之择定

犯罪行为的次数反映出行为的客观危害程度。犯罪次数越多，其社会危害性就越大。这点在贪污受贿犯罪中表现得尤为明显。在司法实践中，许多贪污受贿犯罪行为人多次贪污受贿，表现出了较大的人身危险性。因此，有论者认为，贪污受贿次数是贪污受贿情节是否严重的重要考量因素，既能反映出客观危害的程度，也能反映出行为人主观恶性的大小。[②] 具体而言，贪污受贿犯罪危害行为的定罪情节主要体现在两方面：

---

① 参见刘志伟主编：《刑法规范总整理》，法律出版社 2015 年版，第 638 页；2006 年 7 月 26 日最高人民检察院《关于渎职侵权犯罪案件立案标准的规定》。

② 参见韩哲：《受贿罪死刑裁量要素之实证分析——以 36 个省（部）、厅（局）级官员刑事判决为样本》，载《国家行政学院学报》2010 年第 4 期。

一是行为人曾因贪污、受贿受过党纪、行政处分。行为人具有贪污受贿的前科，并且经过党纪、行政处分仍不改正，说明行为人主观恶性大，有较为严重的人身危险性，需要对其规定较为严格的入罪条件，以达特殊预防的目的。[①] 此时，如果行为人再次实施相关的行为，其预防必要性较大，此时可以在犯罪数额未达到定罪标准的前提下，刑法提前介入。

二是多次索贿。一般而言，行为人强拿硬要、主动索要较之被动收受贿赂，其主观恶性和社会影响恶劣程度都要大。[②] 由于我国刑法典已经明确将“索贿”规定为受贿罪的加重处罚情节，如果行为人多次索贿，就表明了行为人的人身危险性较大，虽未达到定罪的数额标准，但是仍可定罪处罚。之所以加上“多次”予以限定，是为了更好地体现“索贿”作为定罪情节和量刑情节的不同差异。

### （二）造成的严重危害结果

#### 1. 危害结果之于定罪影响

危害结果在很大程度上体现了行为的社会危害性大小，反映了罪行的轻重，是衡量社会危害性程度的一个重要内容。[③] 一般来说，行为所造成社会危害性很大程度是通过作用于犯罪具体的人或物而造成一定的危害结果。危害结果包括可以具体衡量的物质性的危害结果，还包括不能具体衡量的非物质性危害结果。

在以造成具体危害结果为构成要件的犯罪中，人身伤害和财产损失一般是具体危害结果的认定内容。如 2013 年“两高”颁行的《关于办理寻衅滋事刑事案件适用法律若干问题的解释》第 2 条规

---

① 参见刘为波：《贪污贿赂罪刑罚体系的修正与适用》，载《中国审判》2015 年第 10 期。

② 参见刘为波：《贪污贿赂罪刑罚体系的修正与适用》，载《中国审判》2015 年第 10 期。

③ 参见彭新林、周强华：《论危害结果与死刑的限制适用》，载《法学杂志》2012 年第 8 期。

定，随意殴打他人，破坏社会秩序，“致一人以上轻伤或者二人以上轻微伤的”“引起他人精神失常、自杀等严重后果的”是定罪“情节恶劣”的认定标准。2010年最高人民检察院、公安部颁布的《关于公安机关管辖的刑事案件立案追诉标准的规定（二）》中将“给他人造成的经济损失数额在五十万元以上的”作为刑法典第221条规定的损害商业信誉、商品声誉罪中的“其他严重情节”的认定标准之一。

对于不能具体衡量确定的抽象危害结果，一般都是用比较模糊的语言来表述的。情节犯中抽象结果的标准为：以对社会团体、个人的正常生产、生活的影响程度为标准来划分，影响的程度不同，造成的社会危害性程度也不同。如上述盗窃罪、敲诈勒索罪等司法解释中将“造成其他严重后果的”作为影响定罪的情节。

2. 危害结果之于贪污受贿定罪

一般认为，危害结果就是指行为人的危害行为所引起的对社会损害的事实，包括属于犯罪构成要件的结果和不属于犯罪构成要件的结果以及危害行为的直接结果和间接结果。①危害结果既可以作为定罪情节，也可以作为量刑情节。此处的危害结果应属于具有定罪功能的危害结果。贪污受贿犯罪中的危害结果是指贪污受贿行为对国家、社会和人民的利益所造成的损害，是该种犯罪社会危害性大小的一个重要表征。例如，有的行为人收受贿赂后并没有利用职务上的便利为请托人谋取不正当的利益，或者是虽然利用职务之便，但是按照正常的程序进行的，没有造成多大的损失，危害性相对要小一些。然而在一些贪污受贿案件中，有的行为人收受贿赂以后，给国家造成重大经济损失或者是造成了恶劣的社会影响。对于行为人所造成的损失，我们需要将其作为贪污受贿犯罪情节是否严

① 参见赵秉志主编：《当代刑法学》，中国政法大学出版社2008年版，第164页。

重的重要评判因素。[①]

另外，需要注意的是，受贿罪以“为他人谋取利益”作为法定构成要件，但是否实际为他人谋取利益、谋取的利益性质如何均不影响受贿罪的成立。一般而言，司法实践中受贿罪存在三种行为类型：（1）行为人收受财物后未实施相关职务行为；（2）行为人收受财物后正常履职，不违背其职责；（3）行为人收受财物后违法行使职权为他人谋取不正当利益。由于第三种情形行为人以公权力的不当行使为条件，损害了国家或者他人的合法利益，具有更为明显、更为严重的社会危害性，其对国家社会造成危险的可能性更大，理应对其从严惩处。[②] 需要注意的是，2016 年“两高”联合颁行的《解释》将“为他人谋取职务提拔、调整的”单独作为受贿罪的定罪情节，这主要是考虑到当前查处的系统性、区域性腐败案件中此类腐败行为较为明显，危害性十分严重，需要加大治理。而通过贿赂买官、卖官的行为严重违反党的组织纪律，严重破坏政治生态，通过单独将其作为定罪情节，有助于加大对此类腐败犯罪的打击力度。

（三）特定的贪污受贿对象

犯罪对象是指犯罪行为直接作用的具体人或者物，犯罪因犯罪对象的不同，其表现的社会危害性也具有一定的差异。[③] 犯罪对象之于定罪，一般主要是针对特殊的犯罪对象，行为人针对特殊犯罪对象实施的行为，造成社会危害性的严重程度不同。如 2013 年“两高”颁行的《关于办理盗窃刑事案件适用法律若干问题的解释》中规定，“盗窃残疾人、孤寡老人、丧失劳动能力人的财物”

① 参见孙国祥：《受贿罪量刑中的宽严失据问题——基于 2010 年省部级高官受贿案件的研析》，载《法学》2011 年第 8 期。

② 参见刘为波：《贪污贿赂罪刑罚体系的修正与适用》，载《中国审判》2015 年第 10 期。

③ 参见赵秉志：《关于中国现阶段慎用死刑的思考》，载《中国法学》2011 年第 6 期。

“盗窃救灾、抢险、防汛、优抚、扶贫、移民、救济款物”的情形下，其定罪数额可以依据一般定罪数额的一半来确定；2013年“两高”颁行的《关于办理寻衅滋事刑事案件适用法律若干问题的解释》中规定，随意殴打精神病人、残疾人等特殊群体，造成恶劣社会影响的行为，可以依据正常定罪数额标准的50%来确定入罪数额。

在贪污罪中，如果贪污救灾、抢险、防汛、优抚、扶贫、移民、救济、防疫、社会捐助等特定款物的，其危害性较之贪污一般的公共财产的危害性大。这是基于犯罪行为针对特定对象的社会危害性而提出的，贪污特定款物较贪污一般款物具有更为严重的危害性，一直也是我国刑事司法实践中重点打击的行为。[①] 因而如果行为人贪污对象为特定款物，可以借鉴相关的刑法立法和司法解释，其定罪的数额标准可以适当地降低。即在此情形下，即使行为人贪污数额未达到定罪的数额标准，考虑其行为的社会危害性，也可以对其进行定罪处罚。

（四）贪污受贿犯罪后行为

一般而言，在刑法理论中，罪后行为不影响行为的定罪，只能影响行为的量刑。但是，在一些情形下，基于对相关的刑事政策的考量，罪后行为体现了行为的社会危害性和行为人的人身危险性，与其他定罪情节相结合，可以纳入定罪的视野进行考量。

1. 赃款赃物用于非法活动

赃款赃物的用途关涉到犯罪社会危害性的大小。一般而言，赃款赃物的用途是发生在贪污受贿行为之后，贪污受贿犯罪中犯罪嫌疑人对赃款赃物的处理行为，是贪污受贿行为的后续行为，与贪污受贿行为是相互联系但彼此独立的。赃款赃物的用途不影响非法占有的故意，也不影响贪污受贿犯罪的成立与否。贪污、受贿犯罪发

① 参见刘为波：《贪污贿赂罪刑罚体系的修正与适用》，载《中国审判》2015年第10期。

生后，财物已失去原所有人或者占有人的实际控制。此时，无论贪污受贿行为人如何处分财物，一般均不会改变贪污、贿赂犯罪的性质。[①] 但是，如果将赃款用于非法活动，则反映出行为人实施贪污受贿的主观恶意程度和社会危害性较为严重，如赃款赃物用于家庭日常开支和用于违法犯罪产生的社会危害性就不一样，因为后者在已经侵犯职务廉洁性之后，犯罪所得又成为进行其他犯罪的条件，必然侵犯新的法益。因而有必要将贪污受贿后行为人把赃款赃物用于其他非法活动这一情节，作为贪污受贿犯罪定罪中的"犯罪情节"考量因素。这是基于两次违法行为的特殊危害性而提出的，因为行为人贪污受贿后进而将赃款赃物用于其他非法活动，明显具有更为严重的危害性。[②]

2. 行为人拒不退赃

一般而言，绝大多数的财产犯罪、经济犯罪和职务犯罪的社会危害性主要体现在经济损失上，退赃正是减轻犯罪损失的有限手段之一。正如有论者所言，退赃对于减轻具有非法所得尤其是以侵占公私财物为目的的既遂犯罪之社会危害性，具有重要作用。[③] 是否积极退赃表明了行为的社会危害程度，可以纳入对犯罪人社会危害性的评估，从而影响是否能认定具备"其他严重情节"的判断。如果行为人犯罪后拒不交代赃款赃物去向，致使赃款赃物无法追缴的，可以作为数额定罪标准的辅助情节标准。这是因为不同于因客观原因赃款赃物不能追缴，因行为人主观上拒绝退还而致使赃款赃物无法追缴，反映出行为人认罪悔罪态度较为恶劣。因而有必要对此种行为进行严格处理。将其确定为定罪情节，可以有效地促使贪污受贿行为人积极退赃。

---

① 参见缪军：《赃款去向不影响受贿罪认定》，载《检察日报》2015 年 3 月 18 日，第 5 版。

② 参见刘为波：《贪污贿赂罪刑罚体系的修正与适用》，载《中国审判》2015 年第 10 期。

③ 参见王育君：《退赃应规定为法定情节》，载《法学研究》1996 年第 6 期。

# 本章小结

对于贪污受贿犯罪的定罪标准，学界主要存有“行为标准说”“情节标准说”“概括数额+情节标准说”三种观点。我国刑事立法中犯罪界定的“立法定性+定量”的模式决定了贪污受贿犯罪的定罪标准中必须涵括定量因素；贪污受贿犯罪的罪质特征决定了我们必须将犯罪数额和情节作为体现贪污受贿行为社会危害性的考量因素；当前零容忍的反腐政策将会导致大量的贪污受贿案件进入司法程序，因而为了发挥有限司法资源之功效，有必要依据社会经济的发展适当提高贪污受贿犯罪的定罪数额标准。

《刑法修正案（九）》确立了“概括数额+情节”的定罪模式。按照刑法立法的规定，不仅数额能够决定贪污受贿犯罪的成立与否，而且情节也会在贪污受贿犯罪的定罪量刑中发挥重大作用。（1）关于贪污受贿的数额定罪标准。犯罪数额在贪污受贿犯罪中具有质的规定性，将数额作为贪污受贿犯罪定罪标准是我国一贯的立法和司法传统，司法可操作性是确立贪污受贿犯罪数额定罪标准的现实考量，因而犯罪数额在贪污受贿犯罪定罪中具有基础性作用；贪污受贿犯罪的数额入罪标准应当提高，这是社会经济发展的客观需要，也是罪责刑相适应原则的现实需要。提高贪污受贿犯罪起刑点数额有助于缓解刑事司法资源的负重，但是提高贪污受贿犯罪的数额标准并不意味着不对起刑点以下的贪污受贿行为进行惩处；同时，由于贪污罪和受贿罪的罪质不同，社会危害的评价标准不同，贪污罪和受贿罪共用同一个定罪量刑标准不符合刑法分则立法惯例，应考虑将贪污罪、受贿罪的定罪量刑标准分立。（2）关于贪污受贿犯罪的情节定罪标准，基于刑法规范的明确性和司法的可操作性，贪污受贿犯罪的犯罪情节难以独立发挥定罪功能，有必要借鉴关盗窃罪等司法解释的做法，采用情节与数额相结合的定罪标准；依据相关的刑法理论，2016 年“两高”联合颁行的《解释》依据犯罪对象、犯罪行为、行为人主观恶性和人身危险性、认罪悔罪态度、危害后果等方面将贪污受贿行为次数、行为造成的危害结果、特定的贪污受贿对象、贪污受贿犯罪后行为等作为情节定罪标准的考量因素具有一定的合理性。

# 第四章　贪污受贿犯罪出罪与免刑标准问题研究

当前，我国对贪污受贿犯罪，无论是在刑法立法还是刑事司法中，采取是一种相对严厉的刑事政策，因而查处贪污受贿犯罪将是当前的反腐的主要任务。上一章中，笔者已经就贪污受贿犯罪的定罪标准进行了探讨，这对科学合理界定贪污受贿犯罪入罪范围具有积极意义。但是，正如有学者所论，在宽严相济刑事政策的时代背景下，罪刑圈应依据社会客观情势变化，在出罪与入罪两个相反向度上作出相应调整。[①] 故而我们也要看到，对于一些轻微的贪污受贿行为，也要注意区别对待，甚至予以出罪，这对于集中有限的司法资源惩处一些严重的贪污受贿犯罪具有现实意义。入罪与出罪相对应，入罪指将某一行为纳入刑法的调整范围；出罪一般指某一行为本来是可以作为犯罪处理，但是立法或者是司法将该种行为排除在犯罪之外，不再作为犯罪处理。有论者对我国刑法规范中的出罪事由进行了详细的归纳和分析，将出罪事由划分为两大类：一类是刑法典中“不”字规范中的出罪事由，如《刑法修正案（七）》在刑法典第201条后增加的第4款，“有第一款行为，经税务机关依法下达追缴通知后，补缴应纳税款，缴纳滞纳金，已受行政处罚的，不予追究刑事责任”等；另一类是刑法典中规定的“免”字规范中的出罪事由，如刑法典关于介绍贿赂罪中关于行为人在追诉

① 参见刘沛谞：《出罪与入罪：宽严相济视阈下罪刑圈的标准设定——一个基于实证范例的考察》，载《中国刑事法杂志》2008年第1期。

前主动交代介绍贿赂行为的，可以减轻或者免除处罚的规定。[①] 正如该论者所言，虽然从理论上存在“定罪免刑”与“不认为构成犯罪”的区别，但是在司法实务中，为了避免审前羁押或诉讼程序上的问题，出现宣判有罪但不科处刑罚的情况较少，绝大多数情况下，“免除处罚”“免予刑事处罚”的案件在检察院审查起诉时即以情节显著轻微为由酌定不起诉。[②] 虽然在司法实践中，依据“免除处罚”“免予刑事处罚”认定行为人无罪，也是一种审判常态，免刑事由也可以成为出罪的理由。但是，笔者认为，毕竟从刑法理论上而言，出罪是不作为犯罪处理，而免刑是在承认犯罪的基础上免除刑罚，前者是出罪，后者则是定罪免刑，因而从理论上不可等同。从理论严谨性角度考量，本书对出罪和免刑加以区分。然而，毕竟二者具有相似性，故而将其集中在一章中进行论述。

## 第一节　贪污受贿犯罪“但书”规定之出罪机制

“出罪”一词为我国刑法界广大理论工作者和实务工作者所广泛使用，不同论者基于不同的视角，对“出罪”界定不一致。依据相关学者的统计，在目前刑法学界，“出罪”一词在现代刑法中有四种意指：（1）法制史或刑法史研究中的出罪，指的是审判人员故意或过失误放有罪、轻判重罪之人。此种刑法史上的出罪，与现代一般意义上的出罪含义有较大差距。（2）审判者依法以及依据自由裁量权将被告人判处无罪的诉讼过程，该种含义主要是司法上的出罪。（3）立法者通过刑法的修改，将原本规定为犯罪的行为不再作为犯罪处理，该种意义下的出罪主要是指立法上的出罪。（4）刑法通过特定规定或机能将特定情形从犯罪中予以排除的功

① 参见方鹏：《出罪事由的体系和理论》，中国人民公安大学出版社 2011 年版，第 32~40 页。

② 参见方鹏：《出罪事由的体系和理论》，中国人民公安大学出版社 2011 年版，第 38 页。

能。此种意指主要是刑法功能上的出罪。[①] 现代刑法中的“出罪”一般是指后三种出罪，也即立法出罪、司法出罪、功能出罪。需要注意的是，本书中所讨论的出罪主要是指司法出罪，也就是依据现有的刑法规范、刑法理论，将相关进入刑法圈中进行评价的行为从犯罪圈中剔除。同时，需要注意的是，笔者提倡构建贪污受贿犯罪的出罪机制，但是并不意味着主张对于出罪的轻微贪污受贿行为不进行惩处，而是认为需要通过行政处分和纪律处分加以规制。

2011 年时任最高人民法院副院长张军大法官关于“醉驾无须一律入罪”的观点，曾引起理论界和实务界关于“但书”性质和功能的争论。虽然该争论随着“醉驾无须一律入罪”的司法实践已经淡化，但从相关争论可见，对于“但书”性质的理解，在我国刑法理论界和实务界尚未达成共识，但是对于“但书”出罪的功能却无多大异议。“但书”的出罪，是指将具有一定社会危害性的刑法边缘行为排除在犯罪之外。本书中探讨的贪污受贿罪的“但书”出罪机制，指的司法实践中裁判者依据“但书”的规定将相关行为不作为犯罪处理。

## 一、“但书”规定之出罪：出罪机制之提倡

依据我国现行刑法典第 13 条的规定，一切危害社会的行为，依照法律应当受刑罚处罚的，都是犯罪，但是情节显著轻微危害不大的，不认为是犯罪。可见，“但书”是指“但是情节显著轻微危害不大的，不认为是犯罪”的法条表述。根据条件假设、行为模式、法律后果的法律规范的模式，“但书”的结构可以解析为：条件假设——情节显著轻微+危害不大；行为模式——实施危害社会、依照法律应当受刑罚处罚的行为；法律后果——不认为是犯罪。由刑法典第 13 条可以看出，该“但书”之前的关于犯罪概念

---

① 参见方鹏：《出罪事由的体系和理论》，中国人民公安大学出版社 2011 年版，第 7~9 页。

积极表述的部分是对于构成犯罪的肯定表达；该“但书”的后部分是对积极犯罪概念的否定表达。

（一）“但书”规定下的犯罪圈限缩路径分析

刑法学界对于刑法典第13条“但书”之出罪功能及其司法适用的合理性等问题，存在一定的分歧。虽然有论者从刑法的谦抑性、我国传统的治世经验、正反两方面界定犯罪概念的需要以及我国刑法采取“立法定性+定量”模式的需要等方面来肯定“但书”的出罪功能；[①] 但是，也有论者基于认定罪与非罪的唯一根据只能是犯罪构成、肯定“但书”的出罪功能会违反罪刑法定原则、“但书”的司法适用会导致司法权侵入立法权、罪与非罪区分的定量问题不应在犯罪概念中规定以及“但书”不能适用于全部具体罪名等各种理由，否定“但书”的出罪功能，甚至主张删除“但书”的规定。[②] 笔者认为，以上相关观点争论的主要原因，是对“但书”规定的性质尚未达成共识而引发的争论。

我国刑法理论界与实务界对于“但书”规定限制犯罪圈的功能，已经达成了基本共识。但是，对于如何具体适用“但书”规定来限缩犯罪圈，在我国刑法理论界和实务界有“出罪标准说”与“入罪限制条件说”两种有代表性的观点[③]：（1）“出罪标准说”。有论者将“但书”的机能定位于“出罪”，认为行为如果符合犯罪构成要件，但是从实质的角度看，行为的犯罪情节显著轻微、社会危害性程度较低，进而根据“但书”的规定将行为不认为是犯罪。[④] 此种观点下，“但书”的实质是将符合具体犯罪构成

① 参见杨忠民、陈志军：《刑法第13条“但书”的出罪功能及司法适用研究》，载《中国人民公安大学学报（社会科学版）》2008年第5期。

② 参见王昭武：《犯罪的本质特征与但书的机能及其适用》，载《法学家》2014年第4期。

③ 此处的分类借鉴了王昭武老师的分类观点。参见王昭武：《犯罪的本质特征与但书的机能及其适用》，载《法学家》2014年第4期。

④ 参见储槐植、张永红：《善待社会危害性观念——从我国刑法第13条但书说起》，载《法学研究》2002年第3期。

但社会危害性不大的行为排除在犯罪圈之外，形成了以犯罪构成为核心的形式判断与以社会危害性为核心的实质判断的二元化的犯罪判断标准。因而判定是否构成犯罪，还需在犯罪构成之外进行"但书"的考量。此种观点在我国司法实务界具有较大的影响力。(2)"入罪限制条件说"。该说坚持刑法立法者在规定犯罪构成要件时同时也会对行为进行实质评价，因而在适用刑罚时也必须从实质上将值得科处刑罚的违法、有责的行为解释为符合犯罪构成的行为。[①] 当行为人的犯罪情节显著轻微时，不应以"但书"出罪，因为此时依据刑法典的规定，行为因不符合犯罪构成而不构成犯罪。此种观点将"但书"的相关规定涵括在犯罪构成要件中进行评价，故而在认定犯罪时不仅需要考虑犯罪构成要件，还应将"但书"的规定纳入整体考量范围，因而符合"但书"规定的行为就不是犯罪行为。此时，"但书"规定起到的是限制入罪的功能，犯罪构成是判断罪与非罪的唯一标准。如果行为符合犯罪构成，就应当认定为犯罪，如果依据"情节显著轻微危害不大"进行出罪处理，会使得犯罪构成丧失应有作用。[②]

"出罪标准说"与"入罪限制条件说"两种观点均将"但书"规定作为限缩犯罪圈的重要工具，虽然最后都能将"情节显著轻微危害不大的行为"排除出犯罪圈，但是两种观点的路径选择却有所不同。正如有论者所言，"出罪标准说"主张在犯罪构成之外解决"但书"规定限缩犯罪圈之作用，"入罪限制条件说"则立足于犯罪构成之内解决"但书"规定限缩犯罪圈之功能。[③] 两种不同的路径选择体现了相关论者在认定犯罪时是否坚持犯罪构成是认定犯罪的唯一标准的不同观点。"出罪标准说"认为认定犯罪时，在

---

① 参见张明楷:《刑法学》，法律出版社 2011 年版，第 93 页。

② 参见黎宏:《罪刑法定原则下犯罪的概念及其特征——犯罪概念新解》，载《法学评论》2002 年第 4 期。

③ 参见王昭武:《犯罪的本质特征与但书的机能及其适用》，载《法学家》2014 年第 4 期。

对犯罪构成进行形式判断之外，还需进行“但书”规定的实质判断；“入罪限制条件说”则将“但书”规定纳入犯罪构成内进行形式和实质的一体化判断。这两种观点的分歧就在于对于情节显著轻微的行为到底是在犯罪构成内出罪还是在犯罪构成外出罪，而这又关涉到“但书”规定与我国犯罪构成的关系，下文中将会对此进行详细论述。

### （二）“但书”功能之定位：出罪机制之论衡

#### 1. “但书”规定与我国犯罪构成定量因素相契合

我国刑法典中对犯罪的概念采取的是混合概念，既揭示犯罪的形式特征，又指明犯罪的本质特征。一般来说，犯罪概念是犯罪构成的基础，犯罪构成是犯罪概念的具体化。犯罪构成以具体的构成要件为标准，来判断哪些行为具有严重社会危害性、刑事违法性和应受惩罚性。犯罪构成是以犯罪概念为基础的，犯罪概念具有定量属性，那么作为犯罪概念的具体化的犯罪构成当然应当具有定量属性。① 事实上，无论是刑法典分则中的具体罪名还是相关司法解释，定量因素均贯穿于我国的刑事立法和司法全过程，是界定犯罪、研究刑法不可回避的问题。犯罪构成中的定量因素，是指犯罪构成中决定犯罪的基本性质以外的、单纯反映行为对法益的侵犯程度、影响犯罪成立的因素。② 理论上一般认为，我国刑法中犯罪构成的定量因素包括数额和情节两大类。③ 因而行为构成犯罪只有达到行为性质和程度质与量的统一才能构成犯罪。④

我国现行刑法典立法采取的是“立法定性+立法定量”模式，刑法总则中犯罪概念的“但书”规定是定量因素的最直接体现，

---

① 参见商浩文：《论犯罪构成体系中定量因素之定位》，载《刑法论丛》2015 年第 1 卷。

② 参见王志祥：《犯罪构成的定量因素论纲》，载《河北法学》2007 年第 4 期。

③ 参见陈兴良：《规范刑法学》，中国政法大学出版社 2013 年版，第 193 页。

④ 参见刘艳红：《开放的犯罪构成要件理论研究》，中国政法大学出版社 2002 年版，第 215 页。

我国刑法分则中直接规定定量因素的罪状一般表现为数量限制或者是情节限制，前者如盗窃罪、诈骗罪等，以一定的犯罪数额作为定罪标准；后者如侮辱罪、诽谤罪、假冒专利罪等，在法条中表现为“情节严重的”“情节特别恶劣的”或“造成严重后果的”。据相关学者统计，类似规定定量因素的罪名条款在我国刑法分则占所有罪名的2/3；还有1/3的刑法分则罪名中不直接含有定量因素。[①]

刑法典第13条后半段“但书”条款与前半段关于犯罪概念积极条件相结合，对立法具有指导功能，立法者只能将社会危害性达到一定程度的危害行为规定为犯罪；司法者在司法实践中可以依据“但书”规定来判断行为的社会危害性程度进而决定罪与非罪。因而“但书”规定在立法上具有收缩犯罪圈、限制刑法打击范围的功能，在司法上具备排除行为的犯罪性、保障基本人权的功能。[②]由于我国的犯罪构成理论是形式判断与实质判断相结合，在具体认定时需要进一步根据“但书”规定来判断行为的实质危害性，判断行为是否构成犯罪。故而在对具体案件进行判断时，司法者必须从实质层面去理解犯罪构成，即只能将值得处以刑罚的危害行为认定为犯罪行为。就此而言，“但书”规定的司法适用是我国犯罪构成理论的内在意蕴。

2. 从“但书”的逻辑结构看“但书”的出罪功能

我国刑法典中的附属刑法规范关于“但书”的规定，一般有以下三种含义：一是对前段的补充，二是前段的例外，三是对前段的限制。从我国刑法典第13条关于“但书”的规定来看，就规定形式而言，“但书”后段内容是对前段的补充规定，即行为人的行为符合犯罪构成，但是立法者和司法者均认为其情节显著轻微危害不大，所以最后的结论是不作为犯罪处理。也就是先规定一个构成

① 参见付立：《庆善待罪刑法定——以我国刑法第三条之检讨为切入点》，载《法学评论》2005年第3期。

② 参见刘宪权、周舟：《〈刑法〉第13条“但书”条款司法适用相关问题研究——兼论醉驾应否一律入罪》，载《现代法学》2011年第6期。

犯罪的范围，再规定一个“补充”，这里的“补充”是提示性的规定，提醒司法者在司法实践中，应当将情节显著轻微的行为排除在犯罪之外。

就此意义而言，“但书”规定是犯罪概念的组成部分，也是所有犯罪成立必须排除的因素。因而“但书”规定是一个消极的犯罪成立要素，当然就具有出罪的功能。因而用“但书”予以出罪的行为形式上符合我国刑法犯罪成立的要求。如果某种行为满足某一具体犯罪的全部构成要件，同时也必须符合“情节显著轻微危害不大”的要求。因而“但书”规定是犯罪成立的消极要件。

3. “但书”规定对于刑法分则中具体犯罪具有出罪功能

关于刑法分则与总则的关系，一般认为，刑法分则具有贯彻与体现刑法总论、促进刑法总论实践效应、丰富和发展刑法总论的作用。刑法总则对于刑法分则有概括、指导、制约作用。[①] 刑法分则的研究不能违背总论中得到公认的原理、原则。“但书”作为刑法总则中的相关规定，对于刑法分则的具体罪名当然也具有指导、制约作用。由于“但书”规定所体现的定量因素是任何一种犯罪都必须具备的，因而刑法分则中的具体罪名须体现定量因素。故而对于刑法分则中没有规定定量的犯罪，“但书”规定对其当然具有指导意义。也有论者认为，刑法典中未规定罪量要素的犯罪中，对于性质严重的犯罪无法适用“但书”规定；对于性质较轻的犯罪也不一定可以适用“但书”规定。[②] 笔者认为，此种观点忽略了刑法总则与分则的关系以及我国犯罪定性又定量的立法模式。对于一些轻微的犯罪，在我国现存的犯罪成立模式下，“但书”规定当然能够适用，甚至即使是故意杀人等严重的犯罪，也存在犯罪情节的轻重之分，也可以有“但书”规定适用的空间。例如，一些个案中

---

① 参见高铭暄、马克昌主编：《刑法学》（第6版），北京大学出版社、高等教育出版社2014年版，第267~268页。

② 参见陈兴良：《但书规定的规范考察》，载《法学杂志》2015年第8期。

如果存在从宽情节，从理论上当然可以做出“情节显著轻微危害不大”的评价。事实上，司法实践中确实存在这样的案例。如相关司法机关在我国第一例安乐死案件中就是适用“但书”的规定对行为人进行出罪的。①

对于刑法分则中有明确定量规定的相关犯罪，如刑法分则有众多关于情节犯、数额犯的规定，在一定的情形下，也存在“但书”适用的空间。即使相关行为达到了犯罪构成量的要求，但由于同时具有其他影响力较强的从宽情节，也可以依据“情节显著轻微危害不大”进行出罪处理。对于刑法分则中含有定量因素的罪名，其中罪名中规定的定量因素与“但书”的规定到底是何种关系？储槐植教授认为，刑法总则的“但书”规定与具体犯罪中的定量因素存在一种照应关系，具体犯罪中的定量因素是总则一般犯罪概念中定量因素“但书”规定的体现。对于不具有定量因素的相关罪名，“但书”规定体现的是一种出罪功能。② 那么对于具有定量因素规定的具体罪名，“但书”规定是否还具有一种出罪功能呢？这正是一些学者批判“但书”规定出罪的依据，如有论者就认为，既然主张“但书”规定是刑法总则规定的出罪标准，就应当对刑法分则中的每个具体犯罪均有制约意义，仅对部分犯罪具有出罪功能，有违刑法总则指导分则之基本关系。③ 对于“但书”规定是否对刑法分则中规定有定量因素的罪名有出罪功能，相关学者并未进行深入探讨。但是，笔者认为，“但书”规定对于有定量因素的具

① 在我国第一起安乐死案件中，陕西省汉中市中级人民法院认为，被告人王明成在其母夏素文病危情况下，对其母实施“安乐死”，其行为属故意剥夺其母生命权利的行为，但情节显著轻微，危害不大，不构成犯罪。参见最高人民法院中国应用法学研究所编：《人民法院案例选（1992~1999 年合订本［刑事卷］）》（上），中国法制出版社 2000 年版，第 387~390 页。

② 参见储槐植、张永红：《善待社会危害性观念——从我国刑法第 1 条但书说起》，载《法学研究》2002 年第 3 期。

③ 参见王昭武：《犯罪的本质特征与但书的机能及其适用》，载《法学家》2014 年第 4 期。

体罪名也具有出罪功能。对于一些情节犯而言，“但书”中规定的“情节显著轻微”是一种综合性的评判标准，“情节严重”是犯罪构成的综合性要件，其特点在于要通过分析案情的相关情况进行综合判断，既包括对犯罪行为客观危害的评价，又包含对行为人的主观评价。[①] 对于刑法分则中情节犯，情节当然是可以作为定罪情节进行考虑的，但是，对于一些数额犯，由于数额仅仅是众多情节中的一种，单纯的数额无法表征出行为的实际社会危害性。此时，如果其犯罪情节显著轻微，即便达到了入罪数额标准，也可以考虑将其进行出罪处理。事实上，2013 年“两高”发布的《关于办理盗窃刑事案件适用法律若干问题的解释》第 7 条就规定，虽然行为人盗窃公私财物数额较大，但是具备了相关情节，就可以不起诉或者免予刑事处罚。从上述论述可见，“但书”规定对于刑法分则中的具体罪名具有指导作用，但是对于情节犯而言，由于其已经将“但书”规定在犯罪构成评价阶段就纳入了定罪考量范围，一般“但书”规定不对其再次产生作用，而对于其他类型的具体犯罪，可以说，“但书”规定具有普遍性的指导作用。

## 二、贪污受贿犯罪中“但书”出罪功能之运用

刑法典第 13 条“但书”规定要求司法人员在根据犯罪构成要件认定犯罪时，必须综合考虑其他相关的犯罪情节，判断危害行为对相关法益所造成的侵害或威胁是否符合犯罪的本质特征，进而最终判断某一行为是否构成犯罪。[②] 在认定是否构成犯罪时，对于贪污受贿犯罪的认定也需要考量“但书”规定。

---

① 参见商浩文：《论犯罪构成体系中定量因素之定位》，载《刑法论丛》2015 年第 1 卷。

② 参见赵秉志、袁彬：《“醉驾入刑”热点问题探讨》，载《刑法论丛》2011 年第 3 卷。

### （一）“但书”出罪规定应适用于贪污受贿犯罪

#### 1. “但书”规定应适用于贪污受贿犯罪的司法实践

由于刑法分则要接受刑法总则的指导和制约，故而刑法总则“但书”的规定也应适用于刑法分则中的贪污受贿犯罪。但是，对于贪污受贿犯罪的司法适用需要注意两点：一是贪污受贿犯罪作为犯罪的具体类型，需要在罪刑法定的原则下判断其是否构成犯罪，一般不能将犯罪概念作为判断具体犯罪成立与否的判断依据。而且，认定犯罪成立受制于犯罪概念的规定，这也是罪刑法定原则的实质化判断的需要。① 二是司法者把贪污受贿行为认定为犯罪时，必须把“情节显著轻微危害不大”的情形排除在犯罪圈之外。行为构成具体犯罪不但要符合贪污受贿犯罪的构成要件，同时行为也必须是严重社会危害的行为。犯罪构成的判断依赖于刑法条文的明文规定，关于社会危害性程度的判断则需要结合具体案件情节综合认定②，这是承认刑法总则效力的必然结论，也是其应有之义。但是需要注意的是，由于《刑法修正案（九）》中确立的是贪污受贿犯罪“概括数额+情节”的定罪模式，这里的贪污受贿犯罪的出罪并不是针对数额或者情节某一方面而言的，主要是综合考虑数额和情节进行综合评价，进而考量是否属于“但书”规定的出罪标准。

#### 2. 贪污受贿犯罪“但书”规定之具体适用

在贪污受贿犯罪的认定过程中，虽然犯罪数额起着基础性的作用。但是，并非只要达到一定数额标准的，都应当对其定罪处罚，特别是《刑法修正案（九）》中进一步提高贪污受贿犯罪定罪量刑标准中“情节”之于定罪的作用，因而在定罪过程中应当考虑其他情节对于定罪的影响。对于犯罪情节较重的贪污受贿犯罪行

---

① 参见赵秉志、袁彬：《“醉驾入刑”热点问题探讨》，载《刑法论丛》2011 年第 3 卷。

② 参见赵秉志、赵远：《危险驾驶罪研析与思考》，载《政治与法律》2011 年第 8 期。

为，虽然达到定罪的数额标准，但是可以依据犯罪情节的具体情况而进行出罪处理。实际上，这种做法在我国盗窃罪等相关罪名的司法实践中早已存在。2013 年 4 月 4 日起施行的“两高”《关于办理盗窃刑事案件适用法律若干问题的解释》第 7 条规定，对于一些盗窃公私财物数额较大的行为，如果犯罪情节轻微，可以不起诉或者免予刑事处罚。

因而笔者建议，对于一些超过贪污受贿犯罪定罪数额的行为，由于贪污受贿犯罪的数额标准是单一、刚性的，因而“犯罪情节”可以作为调节标准，更何况《刑法修正案（九）》已经将“情节”作为贪污受贿犯罪的重要定罪量刑标准。故而贪污受贿犯罪可以适用刑法典第 13 条的“但书”规定来进行出罪，这不仅是符合刑法典总则第 13 条“但书”之规定，而且修改后的刑法典分则中第 383 条也有着明确的法条依据。因而在司法实践贪污受贿犯罪具体案件审理中，司法机关应当敢于在现有刑事立法的框架之内，运用悔罪表现、积极退赃等情节因素，对于犯罪数额虽然达到定罪标准，但是情节显著轻微的贪污受贿行为，进行除罪化处理，而给予行政处罚或者其他法律制裁。那么，“但书”规定条款能否为司法机关所直接援引而作为行为出罪的法律依据呢？① 从实践的情况来看，“但书”作为出罪依据广泛存在，甚至某些应当出罪、但不应当依据“但书”出罪的情形都有按照“但书”予以出罪的“被善意滥用”的倾向。② 具体到贪污受贿罪中，有论者认为，“当刑法将数额较大规定为构成要件要素时，只要达到数额较大的标准，就不能再以刑法典第 13 条‘但书’为根据宣告无罪”③。但是，笔者认为，从“但书”规定的功能以及司法实践的相关做法来看，

---

① 相关的讨论，参见陈兴良：《但书规定的法理考察》，载《法学家》2014 年第 4 期；梁根林：《但书、罪量与扒窃入罪》，载《法学研究》2013 年第 2 期。

② 参见陈兴良：《但书规定的法理考察》，载《法学家》2014 年第 4 期。

③ 参见张明楷：《受贿罪中收受财物后及时退交的问题分析》，载《法学》2012 年第 4 期。

即便行为人的贪污受贿数额符合了贪污罪、受贿罪的数额入罪标准，也可能依据“但书”出罪。这是《刑法修正案（九）》中确定“数额+情节”二元标准的客观要求，即对贪污受贿犯罪定罪量刑时，既要考虑数额，也要考虑其他情节的要求。那么，在行为已经达到了贪污受贿犯罪的数额入罪标准时，在哪些情形下，司法机关可以援引“但书”规定来出罪呢？笔者认为，从体现从严打击贪腐犯罪的政策来看，参考盗窃罪等相关犯罪的司法实践，对于贪污受贿行为虽然达到了数额较大的定罪标准，但是如果行为人认罪悔罪，退赃、退赔，且具有下列情形之一，情节轻微的，可以不起诉或者免予刑事处罚；必要时，由有关部门予以行政处罚：（1）具有法定从宽处罚情节的；（2）行为人属于贪污受贿罪的共犯，对于权钱交易的实际影响力小；（3）行为人被动接受财物，案发后及时退还或者上交财物；（4）行为人为他人所谋取的利益正当，或者仅仅是允诺为他人谋取利益，尚未实际为他人谋取利益，未给国家、社会和公民利益造成实际损害；[①]（5）其他情节轻微、危害不大的。

### （二）贪污受贿犯罪中“但书”规定出罪功能之适用路径

上文中，笔者已经从实体法的角度对“但书”规定的出罪功能进行了论述，但是“但书”规定到底如何适用，则有赖于刑事司法中的具体操作。在我国刑事司法实践中，如果审判机关依据“但书”规定出罪，将会影响检察机关的考核，因此审判机关依据“但书”规定出罪的案例十分少见，故而“但书”规定出罪更多地体现在司法审判前程序。

在我国，贪污受贿案件的侦查和公诉工作都由检察机关来完成的。如果侦查终结后不移送审查起诉、移送审查起诉后作出相对不起诉处理，这将会导致刑事诉讼程序出罪。刑事诉讼程序不必然意

---

① 参见卢建平、赵康：《论受贿罪犯罪门槛的科学设置》，载《北京师范大学学报（社会科学版）》2015 年第 5 期。

味着最终的诉讼结果就必须是严苛的、不利于贪污受贿行为人的。即使最后行为人没有被提起公诉，但是对于贪污受贿行为人而言，刑事诉讼程序本身往往能发挥较好的警示、教育功能，程序本身有时也可以成为一种惩罚。①

1. 侦查起诉阶段“但书”规定出罪的程序性机制

依据我国刑事诉讼法的规定，涉嫌职务犯罪的相关案件是由检察机关进行立案侦查的，而检察机关也是国家的公诉机关，因而对于检察机关而言，对贪污受贿“情节显著轻微危害不大”的行为的认定则具有双重审查。如果检察侦查机关认为行为符合“但书”规定，完全可以不将其移送审查起诉。

审查起诉阶段作为承接侦查和审判阶段的中间环节，该阶段的案件分流对缓解司法机关的诉讼压力具有非常重要的意义。审查起诉阶段的程序分流包括酌定不起诉、暂缓起诉和刑事和解三种类型。由于我国刑事诉讼法并未将贪污受贿案件纳入刑事和解的范围，因而本书暂不讨论贪污受贿犯罪刑事和解的相关问题。笔者在这里仅仅讨论酌定不起诉、暂缓起诉的情形。（1）酌定不起诉，指的是检察机关对于存在犯罪嫌疑且符合起诉条件的案件，依据职权结合案件具体情形而作出的一种不起诉处分。② 依《刑事诉讼法》第 173 条第 2 款的规定，酌定不起诉的适用条件有两个：其一，犯罪情节轻微。这里的犯罪情节轻微，一般而言指的是犯罪的法定刑必须为 3 年以下有期徒刑的刑罚。其二，依照刑法规定不需要判处刑罚或者免除刑罚。不需要判处刑罚或免除刑罚，是指依照刑法典总则、分则的规定应当或者可以免除刑罚的情况，需要结合具体案情来综合确定。（2）暂缓起诉，又称附条件不起诉，指的

---

① 因此，有美国学者将“程序即是惩罚”作为著述的书名。参见［美］马尔科姆·M. 菲利：《程序即是惩罚——基层刑事法院的案件处理》，魏晓娜译，中国政法大学出版社 2014 年版，第 126 页。

② 参见李建玲：《酌定不起诉制度适用考察》，载《国家检察官学院学报》2009 年第 4 期。

是对于犯罪情节较轻的犯罪嫌疑人，附条件和附期限地暂时不予起诉，而后依据行为人的表现来决定是否终止诉讼程序。① 目前，我国的《刑事诉讼法》仅在未成年犯罪案件中明确规定附条件不起诉制度，但是有不少试点检察院以此为基础在积极探索我国附条件不起诉的发展方向，一般而言，其适用条件为：其一，适用对象方面。适用于犯罪情节轻微的刑事案件。其二，客观方面。案件事实清楚、证据确实充分；犯罪嫌疑人的行为确实构成犯罪，并应追究其刑事责任，但是犯罪情节较轻，可能判处 3 年以下有期徒刑。其三，主观方面。犯罪嫌疑人承认其犯罪行为，并且有悔改表现，不致再危害社会。其四，有良好的帮教条件。② 从上述的相关规定来看，酌定不起诉、暂缓起诉在贪污受贿案件中均有适用的空间，因而检察机关在审查起诉时应当结合案件情况对“但书”规定进行合理认定，以便科学适用。例如，何某涉嫌受贿一案中，犯罪嫌疑人何某系深圳某有限责任公司（国企）销售部经理，2012 年 9 月至 2013 年 4 月底，利用其销售部经理职务之便，在深圳 S 股份有限公司与何某所属的有限责任公司之间的家具购销业务中，销售给 S 股份有限公司家具共计 197900 元，为该公司谋取利益。并先后三次于 2013 年年初、清明节以及 2013 年 12 月收取家具公司总经理赵某给予的贿赂共计 3.5 万元。2014 年案发后，深圳市某区人民检察院对何某以涉嫌受贿罪立案侦查，并对其采取了取保候审强制措施。2014 年 5 月 19 日该院将案件移送检察院审查起诉部门进行审查起诉。检察院审查起诉部门依法审查后，认为何某实施了《刑法》第 385 条规定的行为，但犯罪情节轻微，具有自首、积极退赃等法定和酌定情节，且存在部分犯罪金额证据不足情况，属于犯罪情节轻微，依照刑法规定不需要判处刑罚情形，因此人民检察

① 参见兰耀军：《论附条件不起诉》，载《法律科学》2006 年第 5 期。

② 参见刘学敏：《检察机关附条件不起诉裁量权运用之探》，载《中国法学》2014 年第 6 期。

院于2014年10月21日对何某作出不起诉决定。①

2. 审判机关适用“但书”规定出罪的实体性机制

从我国刑事诉讼法的规定看，“但书”具有排除犯罪的功能，而且可以被直接适用。我国2012年的《刑事诉讼法》第15条规定，有下列情形之一的，不追究刑事责任：“（一）情节显著轻微、危害不大，不认为是犯罪的……”刑事诉讼法的这一规定是对“但书”功能最有力的证明。在司法实践中，司法者不仅依据该条文对一些犯罪行为进行了“出罪”，而且可以直接引用该条文进行“出罪”。从刑事诉讼法本身看，该条文也是允许司法者进行直接引用的。刑法典第13条的“但书”具有独立的地位和功能，引用“但书”的规定出罪合法合理，也有理有据。

当一些情节显轻微的贪污受贿案件移送到人民法院时，法院将会是“情节显著轻微危害不大”的最后的审查者和把控者。虽说罪刑法定原则追求“法无明文规定不为罪，法无明文规定不处罚”，但即便是法律明文规定了，在今天，罪刑法定已经由形式的罪刑法定向实质的罪刑法定转变，法院可以根据实质的罪刑法定和法律的原理来认定这样的行为是不是属于“情节显著轻微危害不大”，从而认定其是不是构成犯罪。

对于“情节显著轻微危害不大”的情节认定应当根据具体的案件综合分析，不仅需要慎重考察客观方面的情节，还应考察主观方面的情节。不能简单片面地以客观方面的情节或主观方面的情节作为判断依据，要坚持主客观的统一。在情节考察方面不能仅限于犯罪构成的各方面，还需考虑行为人在犯罪行为前、后的行为对社会危害程度的综合认定。但对于“但书”最后的司法适用还是要通过法官的自由裁量权来予以实施。自由裁量权如果运用得当，能够很好地沟通形式正义和实体正义；运用不得当就会出现司法权滥

① 参见“何某受贿案成功辩护获不起诉”，载华律网 http://www.66law.cn/goodcase/34204.aspx，2016年2月14日访问。

用，同案不同判等现象，损害法律的权威性。适用“但书”规定具有积极的作用，即收缩犯罪圈、保障人权的功能，但是“但书”在适用时应当作出适当的限制，防止消极作用的出现。因而在自由裁量权行使过程中应遵守一些规则，如一些个案的全案除了具有从宽情节外，还具有严重情节的，适用“但书”时应谨慎适用。因而通过诉讼程序阶段对“但书”规定的合理认定，有助于充分发挥“但书”规定的出罪功能，对于提高诉讼效率、保障被追诉人权利具有重要意义。

## 第二节　贪污受贿犯罪条件性免刑机制

“但书”作为贪污受贿犯罪出罪的依据，对于一些情节显著轻微的贪污受贿犯罪的犯罪圈限制具有一定的积极意义，因而“但书”条款可以作为贪污受贿罪出罪的依据。如上所述，在我国的刑事司法实践中，还存在定罪免刑的机制，这主要体现在行为人事后行为的免刑机制。虽然在司法实务中，大多数情况下定罪免刑的案件在检察院审查起诉时即以情节显著轻微为由酌定不起诉。[①] 就此意义而言，刑法典第 13 条“但书”规定与条件性免刑机制都具有出罪功能。“但书”规定在刑法总则之中，条件性免刑机制规定在刑法分则或者司法解释当中。“但书”是实体法出罪，条件性出罪是程序法出罪。但是如上所述，从理论上二者毕竟不能等同，因而这里分开论述。定罪免刑的原因是行为人的行为虽然无论从形式上还是实质上看均已符合犯罪构成要件，社会危害性已经实际产生，但行为人这时候实施了相关行为，该行为对犯罪本身产生一定的影响（一般为抵消或消减了犯罪的社会危害性），不追究刑事责任更符合立法精神，更有利于社会稳定与发展。《刑法修正案

① 参见方鹏：《出罪事由的体系和理论》，中国人民公安大学出版社 2011 年版，第 38 页。

（九）》第 44 条中也规定了贪污受贿犯罪的定罪免刑机制，因而对于该制度的科学理解，有助于贯彻宽严相济的刑事政策，更好地防治贪污受贿犯罪。

## 一、贪污受贿犯罪定罪免刑机制之审视：以及时退赃为视角

《刑法修正案（九）》第 44 条第 3 款规定："犯第一款罪，在提起公诉前如实供述自己罪行、真诚悔罪、积极退赃，避免、减少损害结果的发生，有第一项规定情形的，可以从轻、减轻或者免除处罚；有第二项、第三项规定情形的，可以从轻处罚。"可见，在贪污受贿犯罪中，行为人的事后行为能够影响量刑，那么行为人的事后行为是否能够影响最终的定罪呢？这在我国当前的理论界存在一定的争论。

### （一）积极退赃能否免罪：基于相关司法解释的论争

2007 年 7 月 9 日"两高"联合发布的《意见》中第 9 条规定："九、关于收受财物后退还或者上交问题"部分中指出："国家工作人员收受请托人财物后及时退还或者上交的，不是受贿。国家工作人员受贿后，因自身或者与其受贿有关联的人、事被查处，为掩饰犯罪而退还或者上交的，不影响认定受贿罪。"对此，理论上和实务中仍存在认识上的分歧。因而就如何准确适用上述规定，需要给予必要的深入研究。在该《意见》起草的过程中，有的观点认为，及时退还的法律效果是基于刑法典第 13 条"但书"之规定。[①]对此有论者指出，虽然两者在处理结果上都是不构成犯罪，但是，贪污受贿罪中"情节显著轻微不认为是犯罪"所指涉的行为实质上就是一种贪污受贿行为，只不过立法者基于各种考虑将该行为不作为犯罪处理；收受请托人财物后及时退还或者上交的"不是受贿"的行为与受贿行为性质具有差异。如果将"不是受贿"理解

---

① 参见陈国庆：《新型受贿犯罪的认定与处罚》，法律出版社 2007 年版，第 56 页。

为“情节显著轻微不认为是犯罪”，实际上是认为在及时退还的情形下行为人主观上仍然具有收受故意。①

还有论者依据退赃交赃情节同接受他人财物后对财物心理的关系，将收受请托人财物后及时退还或者上交情形划分为四种类型②：（1）行为人实际上没有接受财物的意思或者明确表示不接受财物，被强塞硬给财物或者不知情地被留给财物，后来积极主动地退还或者上交的，因没有受贿故意，根本不符合受贿罪的成立条件。在被强塞硬给或者不知情时被留给财物的，行为人没有为他人谋取利益，并明确表示退还或者上交的，即便事后因为时间关系没有及时退赃交赃或者忘记退赃交赃，同样也不符合受贿罪的构成条件，应认定行为人不成立受贿罪。（2）行为人虽然接受了请托人的财物，但在主观上并没有为他人谋取利益的意图，不具有完全的受贿故意，因而并不符合受贿罪的构成条件；其在事后积极退赃交赃，印证行为人没有受贿的故意。（3）行为人接受了请托人的财物，但没有为他人谋取利益，事后积极退赃交赃。这表明行为人在主观上受贿的故意并不是很确定。（4）行为人接受请托人财物，为他人谋取利益，事后积极退赃交赃，表明行为人对其罪错的认识和悔过。那么，该司法解释究竟涵盖的是上述四种情形的哪几种呢？对此，学界又出现了不同认识，有论者认为，“及时退还或者上交”只能限于受贿人受贿时没有受贿故意的情形，如果行为人索贿的，表明其具有受贿故意，此时不应适用。③ 有论者虽然也持该观点，但指出，根据司法解释的规定，不管行为人在收受财物时

---

① 参见于志刚：《关于收受请托人财物后“及时退还”的内涵解读》，载《山东警察学院学报》2008 年第 2 期。

② 参见赵秉志、黄晓亮：《试析案发前退赃交赃情节与受贿罪的定罪量刑》，载赵秉志主编：《贪污贿赂犯罪的惩治与防范》，中国人民公安大学出版社 2010 年版，第 7~8 页。

③ 参见张明楷：《受贿罪中收受财物后及时退交的问题分析》，载《法学》2012 年第 4 期。

是否具有受贿故意，只要及时退还或者交出的，都不构成受贿罪。[①] 还有论者认为上述两种观点并无区别，行为人事后“及时退还或者上交”赃款赃物，就表明了行为人主观上没有受贿的故意或者犯意不确定，本身就不符合受贿罪的犯罪构成。[②] 还有论者认为，退赃、交赃情节是在行为人收受财物之后出现的，因而具有相对的独立性，其本身不能说明行为人在接受财物当时的心理态度，只能在整体上表明行为人接受财物的特定行为有无刑法上的可罚性。该司法解释并没有指明行为人在收受请托人财物时的主观心态以及是否为他人谋取利益的情况，故不应当仅仅将其理解为行为人在主观上没有受贿故意或受贿故意不确定的情形。[③] 可见，上述观点争论的焦点，在于收受财物时是否能够存在受贿故意。即对于存在受贿故意但又及时退还或者上交的行为，是否可以不按照犯罪处理？对此，有论者认为，这种做法具有一定的实践合理性，但于法无据，社会效果如何也存在疑问，故司法解释未作规定，实践部门可以根据时间长短、次数大小等具体个案情况，依法作从宽或者无罪处理。[④] 还有论者从刑事政策考虑，认为案发前自动退还或者如实说明情况上交的，一般都可以不以受贿罪处罚，这有助于给想悔改的国家工作人员铺设回归之路。但是，如果行为人收受他人财物后为他人谋取利益，给公共财产、国家和人民利益造成重大损失，

---

① 参见罗孟、程乐：《如何认定受贿案件中的及时退还或者上交行为》，载《人民检察》2007 年第 19 期。

② 参见孙国祥：《新类型受贿犯罪疑难问题解析》，中国检察出版社 2008 年版，第 191 页。

③ 参见赵秉志、黄晓亮：《试析案发前退赃交赃情节与受贿罪的定罪量刑》，载赵秉志主编：《贪污贿赂犯罪的惩治与防范》，中国人民公安大学出版社 2010 年版，第 8 页。

④ 参见刘为波：《〈关于办理受贿刑事案件适用法律若干问题的意见〉的理解与适用》，载《法律适用》2007 年第 15 期。

其行为构成滥用职权等其他犯罪的，依照刑法的相关规定定罪处罚。[①] 对于收受财物时无受贿故意的及时退还或者上交的行为不属于受贿罪，当无疑义。那么对于收受财物时有受贿故意的及时退还或者上交的行为是否依据该司法解释的规定进行出罪处理呢？这是我国刑法理论界和实务界争论的关键所在。

（二）贪污受贿犯罪及时退赃出罪的理论视域

贪污受贿行为人在贪污受贿后退还或者上交赃款赃物，虽然属于贪污受贿人在事后的行为表现，但也表明了其对贪污受贿的态度，即贪污受贿人是否对其罪错有悔过的态度和改过自新的认识。不过，在刑法理论上，不管是行为人在犯罪后的行为表现，还是其对犯罪的态度，一般都被认为是酌定的量刑情节。[②] 积极退赃同样也被认为是酌定的量刑情节。[③] 关于积极退赃对量刑的影响，《刑法修正案（九）》第 44 条对刑法典第 383 条贪污受贿罪的处罚标准进行了修改，其中第 3 款对此就有明确规定。该规定同样适用于受贿罪。这一规定总体上比 1997 年刑法典第 383 条第 1 款第 3 项规定的从宽处罚条件更为细化、更加具体情况具体分析，但是其前提都是——贪污、受贿犯罪后积极退赃的，只影响量刑，不影响定罪。但是，上述司法解释规定，国家工作人员收受请托人财物后及时退还或者上交的，不属于受贿罪。该情节在此起到了区分罪与非罪的作用，因而司法解释所规定的退赃、交赃情节属于酌定的量刑情节。

关于受贿后及时退赃的行为能否影响定罪？这里涉及刑法中的事后行为对定罪量刑的影响。事后行为影响量刑当无疑义，但是能

---

① 参见陈国庆、韩耀元、邱利军：《〈关于办理受贿刑事案件适用法律若干问题的意见〉的解读》，载《人民检察》2007 年第 14 期。

② 参见高铭暄、马克昌主编：《刑法学》（第 6 版），北京大学出版社、高等教育出版社 2014 年版，第 289 页。

③ 参见马克昌主编：《刑罚通论》（第 2 版），武汉大学出版社 2001 年版，第 360 页。

否影响定罪存有争议。按照传统的犯罪成立理论，对于处于停止形态和完成形态的犯罪，刑法都要对其进行否定性评价，尤其处于既遂形态的犯罪，刑法对其更为严厉惩治。“既遂之后无中止”是刑法学界的通说，更有人依据传统理论“既遂之后无中止”引申出“既遂之后不出罪”。[①] 但是，现在刑法理论界对于事后行为影响定罪的知识增量逐步沉积。如储槐植教授就提出了“赎罪”概念，所谓赎罪，是指行为人的事后行为对先前罪行自动消弭危害，从而祛除罪孽（消除犯罪）的状态，其出罪的实质是消除前行为的实质违法性。[②] 闫雨博士提出“事后自动恢复”的概念，是指行为人在实施犯罪之后，在被追诉之前，自愿采取有效的手段和措施，挽回和补救其先行的犯罪行为所造成的法益损害的行为。[③] 还有庄绪龙博士提出“条件性出罪机制”，也即对于财产犯罪、经济犯罪，如果通过事后行为人的补救能够完全恢复被侵害的社会关系并弥补被侵犯的法益的，此时可以进行轻罪化、有罪无刑化乃至无罪化的处理。[④] 无论以上论者所给出的含义界定怎样，但是其核心观点都在于事后行为在一定的条件下能够出罪，这也给予了作者关于贪污受贿犯罪能否在该理论视域下得以成立的有益思考，也即在符合相关条件下，贪污受贿犯罪能否进行出罪化处理。笔者认为，这需要结合贪污受贿犯罪的罪质特点和反腐实践来加以合理认识。

## 二、贪污受贿犯罪条件性免刑机制之适用

在贪污受贿犯罪中，行为人的行为能否依据上述学者所提倡的

---

① 参见储槐植、闫雨：《“赎罪”——既遂后不出罪存在例外》，载《检察日报》2014年8月12日。

② 参见储槐植、闫雨：《“赎罪”——既遂后不出罪存在例外》，载《检察日报》2014年8月12日。

③ 参见闫雨：《刑法事后自动恢复制度构建》，载《社会科学家》2015年第7期。

④ 参见庄绪龙：《论经济犯罪的“条件性出罪机制”——以犯罪的重新分类为视角》，载《政治与法律》2011年第1期。

出罪理论进行出罪呢？条件性出罪机制的本质是什么，其他犯罪的条件性出罪机制能否适用于贪污受贿犯罪呢？笔者认为，从刑法理论上来讲，贪污受贿犯罪的法益不可恢复性决定了贪污受贿犯罪不能进行出罪化处理，但是，在当前的反腐败形势下，可以依据宽严相济的刑事政策对于符合条件的贪污受贿犯罪进行定罪免刑处理。关于条件性免刑机制，在我国之前的刑事立法和司法实践中已经有所体现。

（一）条件性出罪机制之探微

1. 条件性出罪机制之理论依据

（1）法益的可恢复性。自刑事古典学派以来，关于犯罪本质的论争，经历了“权利侵害说”“法益侵害说”“义务违反说”等相关阶段，“法益侵害说”是当今刑法理论界认可度较高的一种学说。在“法益侵害说”看来，犯罪是对法律所保护的利益造成侵害或者引起危险。法益是指法律所保护的利益，包括个人利益和社会共同利益。一般说来，一些法益在被犯罪行为侵犯后就不可能被实际恢复，如故意杀人行为既遂后，被害人的生命权益不可能得到恢复；而另一些法益被犯罪行为侵犯后，经过事后某种行为的及时补救，法益可以得到恢复。① 可恢复性法益是指，法益被侵害之后，通过一定的行为可以使法益得到一定程度上弥补或是补救的法益，如财产权、名誉权等；反之则是不可以恢复性法益，如生命权等。事后自动恢复适用的范围只能是可恢复性的法益，而对于不可以恢复的法益事后自动恢复没有存在的空间。② 这些观点更多的是从犯罪本质上加以考虑，既然犯罪的本质是侵害法益，如果行为人的事后行为能够消弭法益侵害，那么就可以将相关行为进行出罪处理。

---

① 参见庄绪龙：《论经济犯罪的“条件性出罪机制”——以犯罪的重新分类为视角》，载《政治与法律》2011 年第 1 期。

② 参见闫雨：《刑法事后自动恢复制度构建》，载《社会科学家》2015 年第 7 期。

(2) 刑事政策的相关考量。自从 2005 年 12 月中央政法委员会时任书记罗干在全国政法工作会议上提出“宽严相济”的刑事政策后，“宽严相济”刑事政策得到了进一步的阐述。2008 年《最高人民法院工作报告》中谈到：“严格执行宽严相济的刑事政策，做到‘该宽则宽，当严则严，宽严相济，罚当其罪’。”2008 年《最高人民检察院工作报告》中谈到：“认真贯彻宽严相济的刑事政策，坚持该严则严、当宽则宽，区别对待……”[①] 近年来，理论界和司法实务界对于宽严相济刑事政策基本上取得了共识，刑事司法中也在积极践行宽严相济的刑事政策。在刑事司法中，对于一些性质恶劣的重大犯罪应当从严惩治；对于某些性质轻微的犯罪则要从宽处理。在我国当下社会转型期下贯彻宽严相济的刑事政策，需要将有限的司法资源集中在严重侵犯法益的犯罪上。

刑事政策是国家为防控犯罪而对刑事资源进行的合理配置，需要使刑事资源的效益发挥到最大化、最优化。因而如果不动用刑罚就能达到教育和预防目的，就没有必要运用刑罚手段。适用条件性出罪机制，对于事后行为自动恢复法益安宁的犯罪行为人不适用刑罚或者少用刑罚，有助于避免刑法资源的不适当使用和提高刑罚资源适用的效用。[②]“条件性出罪机制”给予了实施法益可以恢复犯罪的行为人弃恶从善的机会，同时也能够使被侵害的法益得以完全恢复。即使是对于那些法益不能完全恢复的犯罪类型，行为人的事后积极行为也可以作为从宽处罚的量刑情节。因而“条件性出罪机制”可以说是行为人的“自救行为”。通过对自我救赎的犯罪进行从宽处理，有助于在具体案件中合理贯彻宽严相济刑事政策。[③]

---

① 参见马克昌：《宽严相济刑事政策的演进》，载《法学家》2008 年第 5 期。

② 参见闫雨：《贿赂犯罪中事后自动恢复条款初探》，载《河南师范大学学报(哲学社会科学版)》2015 年第 3 期。

③ 参见庄绪龙：《论经济犯罪的“条件性出罪机制”——以犯罪的重新分类为视角》，载《政治与法律》2011 年第 1 期。

2. 贪污受贿犯罪定罪免刑之法理依据

如上所述，适用于条件性出罪机制的犯罪应为法益可以恢复的犯罪。那么贪污受贿犯罪是否是属于法益可以恢复的犯罪范围呢？一般认为，贪污罪的法益为公共财产的所有权和国家工作人员职务的廉洁性，受贿罪所保护的法益是国家工作人员职务行为的不可出卖性，而职务行为的不可出卖性具体包含职务行为本身的不可出卖性以及国民对于职务行为不可出卖性的信赖。贪污受贿犯罪中的行为人在被追诉前，主动交代贪污受贿事实的行为有利于侦破贪污受贿案件，有助于恢复部分法益。不过，贪污受贿犯罪作为侵犯国家权益的犯罪，能恢复的部分仅限于先前的非法占有和收买行为，其职务廉洁性是很难恢复的，这也是贪污受贿罪等犯罪即使在被追诉前主动交代也可能受到刑罚处罚的原因，这也就决定贪污受贿犯罪不能依据事后行为进行出罪。但是，在此种情形下，贪污受贿犯罪可以依据事后行为进行从宽处理，这就包括了定罪免刑处理。事后行为从宽处理的理论依据主要是法益一定程度上的恢复和刑事政策的考量。在贪污案件中，贪污行为是对公共财物的侵吞、窃取和骗取，其犯罪的核心仍然是对财产权利的侵害。随着社会主义市场经济的发展，对不同性质的财产给予平等保护已成为刑法发展的趋势，在此理念之下，贪污罪的侵财行为与盗窃、诈骗等犯罪危害性将会趋于相同。因而如果行为人贪污之后能够及时退还贪污款项，可以很大程度上减少和避免公共财产的损失；而对于受贿罪，司法实践中受贿情况多种多样、非常复杂，特别是受贿案件中，绝大多数受贿是“一对一”地发生的，若没有受贿人事后的积极行为，司法机关有时即便是耗费很高的司法成本也很难侦破和惩治此类犯罪。将那些收受财物但及时积极退赃或者交赃的受贿人给予从宽处罚，有助于鼓励受贿人良心发现、自我检举与悔过自新。

因而在笔者看来，贪污受贿犯罪中的事后行为之所以能够对定罪量刑产生影响，其理论依据应当是基于当前反腐形势和惩治贪污受贿刑事政策的考虑。但是，由于贪污受贿犯罪行为并不能使得造成的法益侵害完全恢复，故而一般不予非罪化处理。更何况在当前严峻的反腐形势下，我们注重对腐败犯罪进行严密化处理，如果将事后行为导入出罪机制，将不利于腐败犯罪的防治和公众对于反腐的认知。然而行为人的事后行为表明其悔过态度十分鲜明、强烈，人身危险性很小，说明对其行为进行刑事处罚的必要性（刑事可罚性）程度非常低，对于量刑有重要影响，因而可以在定罪基础上进行免除处罚。也就是说，对于行为人情节较轻的贪污受贿行为法律上是进行否定评价的，但是由于其事后行为能够使得法益侵害得到一定程度的恢复，同时基于教育、改造贪污受贿犯罪分子之刑事政策考量，鼓励行为人事后认罪悔罪、减少损失等，有助于集中有限的司法资源惩处罪行严重的贪污受贿犯罪。因而对于事后行为影响定罪的条件性免刑机制一般应当排除适用于严重的贪污受贿犯罪。故而在贪污受贿犯罪中，依据我国目前的反腐形势，条件性出罪机制应当理解为条件性免刑机制。

3. 条件性免刑机制之司法实践

事实上，在我国长期的司法实践中，对于行为人的事后行为影响量刑在相关刑法立法和多部司法解释中早已有所规定。如上所述，2007 年 7 月 9 日“两高”联合发布的《意见》中已有所规定。除此之外，在近些年的刑法立法、司法解释中对于一些已经构成犯罪的行为，如果其犯罪后的行为符合相关条件，也规定了出罪化的方式。如 2009 年 12 月 16 日“两高”联合发布的《关于办理妨害信用卡管理刑事案件具体应用法律若干问题的解释》第 6 条第 5 款也规定，恶意透支后偿还全部透支款息的，可以从轻处罚，情节轻微的，可以免除处罚。在公安机关立案前已偿还全部透支款息，情节显著轻微的，可以依法不追究刑事责任。2011 年 4 月 8 日起施行的“两高”《关于办理诈骗刑事案件具体应用法律若干问题的解释》第 3 条、2013 年 4 月 4 日起施行的“两高”《关于办理盗窃刑事案件适用法律若干问题的解释》第 7 条也都有类似的规定。

从这些相关的刑法立法和刑事司法解释的有关规定来看，事后行为的出罪事由一般主要限定在盗窃、诈骗、贿赂犯罪等案件中，在认定罪与非罪的相关规定中，并未有适用于一般犯罪的普遍性规定。而且这些出罪的具体事由规定得较为详细，大多数的出罪条件都是综合性要件，如2013年“两高”《关于办理盗窃刑事案件适用法律若干问题的解释》中就规定，盗窃罪出罪不仅要符合行为人认罪、悔罪，退赃、退赔的条件，而且还需具备法定的从宽条件等。另外，条件性出罪机制的最终的法律后果不是绝对出罪，而是相对出罪，其法律后果一般被表述为可以“免予（不予）追究刑事责任”“不起诉”“免予刑事处罚”等。虽然原则上确立了不构成犯罪，但是仍为入罪留下了空间。这体现了司法解释对待罪与非罪的谨慎态度，不会笼统和轻易地将某一情形“一刀切”地规定为犯罪或者出罪，留有余地可以更好地体现具体问题具体分析，舒缓刑法法条规定僵硬呆板的局面。①

在贪污受贿犯罪司法实践中，也出现了大量的贪污受贿案件，虽然其贪污受贿的数额已经达到了定罪的标准，但是由于行为人的事后行为表明其悔过态度也很鲜明、强烈，人身危险性很小，对其行为进行刑事处罚的必要性也较低，司法机关也会考虑进行免予处罚。例如，在马某受贿案中，被告人马某自2007年以来在开封市人民政府重点项目管理办公室工作，开封市市政工程质量监督站站长兼郑州中兴工程监理有限公司开封分公司负责人杨某某为了便于承揽监理工程，分别于2011年1月和2011年9月两次向被告人马某送现金2.3万元。马某接受此款项并给杨某某介绍了有监理工程的单位的相关人员认识，该相关人员向杨某某介绍了相关监理工程。2013年5月，被告人马某将2.3万元上缴开封市顺河回族区人民检察院。2013年12月19日，一审法院认定马某身为国家机关工作人员，利用本人职权形成的便利条件，通过其他国家工作人

① 参见方鹏：《出罪事由的体系和理论》，中国人民公安大学出版社2011年版，第64页。

员职务上的行为，为请托人谋取不正当利益，收受请托人财物，其行为已构成受贿罪，判处有期徒刑二年，缓刑二年六个月。在二审过程中，二审法院虽然认定马某的行为构成受贿罪，但是认定马某犯罪情节轻微，且案发后积极退赃，有悔罪表现，对其免予刑事处罚。[①] 甚至在一些严重的贪污受贿犯罪中，相关的司法机关也会考虑依据案件具体情况对犯罪人进行免予刑事处罚。例如，在潘某受贿一案中，2007 年时任建设村党支部书记的原审被告人潘某受请托人潘某辉之托，伙同他人为潘某辉谋取了建设村被征用土地地上附着物补偿工作，并在补偿款划拨等方面为潘某辉提供便利，使潘某辉从中获利。2008 年 3 月中旬某日，潘某收受了潘某辉贿赂人民币 10 万元，后因害怕收受财物的事情暴露，于同年 6 月某日把 10 万元归还给潘某辉的事实。2015 年 3 月 30 日，浙江省高级人民法院在再审中认定，原审被告人潘某在担任建设村党支部书记期间，利用协助人民政府从事行政管理工作的职务之便，为他人谋取利益，非法收受他人财物，其行为已构成受贿罪。其受贿数额达人民币 10 万元，依法本应处 10 年以上有期徒刑，但其具有自首情节，且在本案案发前一年已将该贿赂款退还给行贿人，其行为也没有导致国家、集体利益遭受重大损失；归案后认罪悔罪态度较好，犯罪情节轻微，依法可对其免予刑事处罚。[②]

（二）贪污受贿犯罪条件性免刑机制之适用

《刑法修正案（九）》第 44 条第 3 款规定了贪污受贿犯罪的从宽处罚规定。笔者认为，在司法实践中，贪污受贿犯罪量刑的影响因素主要包括积极退赃、真诚悔罪等酌定量刑情节，相关量刑情节不仅能够衡量犯罪的社会危害性，也可以反映出行为人的人身危险性大小，故而对于贪污受贿罪的量刑产生的影响明显。在既往的

---

① 参见《马某受贿案二审判决书》，河南省开封市中级人民法院刑事判决书（2014）汴刑终字第 13 号。

② 参见《潘某犯受贿罪再审刑事判决书》，浙江省高级人民法院刑事判决书（2014）浙刑再抗字第 1 号。

司法实践中，如果犯罪人认罪悔罪、积极退还赃物，一般都会考虑从宽处罚，即使达到死刑适用的标准，一般也会考虑判处死刑缓期执行或无期徒刑。[①] 但是由于这些情节是酌定量刑情节，刑罚适用没有统一的刚性要求。《刑法修正案（九）》将司法实践中对于贪污受贿犯罪案件量刑产生重大影响的量刑情节在立法上予以明确规定，有利于规范贪污受贿犯罪的量刑，避免量刑情节适用的随意性。[②]

依据《刑法修正案（九）》的相关规定，对于贪污受贿犯罪可以“免除处罚”的必须同时符合以下四个条件：第一，行为人必须在提起公诉前如实供述自己的罪行、真诚悔罪、积极退赃。如实供述自己的罪行，是指犯罪分子对自己所犯的罪行，无论司法机关是否已经掌握，都要如实、全部、无保留地向司法机关供述。需要注意的是，依据《刑法修正案（九）》的规定，此处的如实供述自己的罪行、真诚悔罪、积极退赃必须同时具备，即贪污受贿犯罪嫌疑人只有同时符合如实供述自己的罪行、真诚悔罪、积极退赃三个条件后，才可以作为法定从轻、减轻或者免除处罚条件进行考虑，这与司法实践中将上述三种酌定量刑情节分别考量不同。[③] 如司法实践中，有的犯罪嫌疑人虽然如实供述自己的罪行，但是并未积极退赃，甚至将贪污受贿所得进行转移，这种行为表明其不具有

---

① 如中共广东省委原常委、统战部部长周镇宏受贿案中，法院认定其数额特别巨大（2464万余元），情节特别严重，依法本应严惩，但鉴于其在被有关部门调查期间主动交代了办案机关未掌握的绝大部分受贿事实，认罪态度较好，案发后赃款已全部追缴，故对其判处死刑，可不立即执行。再如吉林省人民政府原常务副省长田学仁受贿案中，其受贿数额特别巨大（1919万余元），但是鉴于其归案后交代有关部门尚不掌握的大部分受贿犯罪事实，且认罪态度较好，赃款已全部追缴，判处其无期徒刑。参见赵秉志：《论中国贪污受贿犯罪死刑的立法控制及其废止——以〈刑法修正案（九）〉为视角》，载《现代法学》2016年第1期。

② 参见莫洪宪、张昱：《酌定量刑情节在死刑案件中的适用及其完善》，载《刑法论丛》2014年第2卷。

③ 参见张旭：《也谈〈刑法修正案（九）〉关于贪污贿赂犯罪的修改》，载《当代法学》2016年第1期。

真诚悔罪的表现，不符合从宽处理的条件。特别要说明的是，此处的如实供述自己的罪行需要与自首相区别，正如有学者所言，此处的如实供述必须是行为人被动到案，主要包括行为人被司法机关采取强制措施而归案、被司法机关传唤到案以及被群众扭送到案。[①]如果是行为人主动到案则属于自首，不属于此处的从宽处理的规定。第二，如实供述自己的罪行、真诚悔罪、积极退赃的行为必须发生在公诉之前。“提起公诉”是指人民检察院对公安机关移送起诉或者人民检察院自行侦查终结认为应当起诉的案件，经全面审查，对事实清楚、证据确实充分的案件，提交人民法院进行审判。需要注意的是，犯罪嫌疑人在提起公诉前如实供述自己的罪行、真诚悔罪、积极退赃当然是作为一种法定从宽情节进行处理。但是如果行为人，在检察机关提起公诉之后才如实供述自己的罪行、真诚悔罪、积极退赃，此时虽不能作为法定从宽情节进行处理，但是仍然可以作为酌定从宽情节进行考虑。这里存在的仅仅是酌定量刑情节和法定量刑情节的区分，影响的是从宽处理的适用空间。第三，避免、减少损害结果的发生。避免、减少损害结果的发生，是指国家、人民利益的损害没有发生或者减少损害的程度。此处的“损害结果”，应当指的是行为人贪污受贿行为给国家、个人造成的损失，既包括直接损失，也包括间接损失。避免、减少损害结果的发生不是与如实供述自己的罪行、真诚悔罪、积极退赃行为并列，而是如实供述自己的罪行、真诚悔罪、积极退赃行为需要达到从宽处罚的效果要件。第四，并非任何贪污受贿行为均可以“免除处罚”。免除处罚针对的只能是贪污受贿“数额较大或者有其他较重情节的”行为。对于较为严重的贪污受贿犯罪，依据刑法典的规定，即使行为人在提起公诉前如实供述自己罪行、真诚悔罪、积极退赃，避免、减少损害结果的发生，也只能从轻处罚，不能免除处罚。

---

① 参见时延安、王烁、刘传稿：《〈中华人民共和国刑法修正案（九）〉解释与适用》，人民法院出版社 2015 年版，第 352 页。

# 本章小结

在宽严相济刑事政策的时代背景下，罪刑圈应依据社会客观情势变化，在出罪与入罪两个相反向度上作出相应调整。故而我们也要对于一些轻微的贪污受贿行为予以出罪处理，这对于集中有限的司法资源惩处一些严重的贪污受贿犯罪具有现实意义。

刑法典第 13 条“但书”规定在立法上具有收缩犯罪圈、限制刑法打击范围的功能，在司法上具备排除行为的犯罪性、保障基本人权的功能。由于我国的犯罪构成理论是形式判断与实质判断相结合的理论，在具体认定时需要进一步根据“但书”规定来判断行为的实质危害性，判断行为是否构成犯罪。司法者把贪污受贿行为认定为犯罪时，必须把“情节显著轻微危害不大”的情形排除在犯罪圈之外。行为构成犯罪不但要符合贪污受贿犯罪的构成要件，同时行为也必须是严重社会危害的行为。犯罪构成的判断依赖于刑法条文的明文规定，社会危害性程度的判断则需要结合具体案件情节综合认定。由于《刑法修正案（九）》中确立了贪污受贿犯罪“概括数额+情节”的定罪模式，这里的贪污受贿犯罪的出罪并不是针对数额或者情节某一方面而言的，主要是综合考虑数额和情节进行综合评价，进而考量是否属于“但书”规定的出罪标准。在贪污罪、受贿罪的定罪过程中，应当正确地认识犯罪数额之于定罪的意义，数额并非唯一的定罪标准，还应当综合考虑其他情节对于定罪的影响力。应当构建侦查起诉阶段“但书”规定出罪的程序性机制和审判阶段适用“但书”规定出罪的实体性机制，适用刑法典第 13 条的“但书”规定来进行出罪。

在贪污受贿犯罪中，依据我国目前的反腐形势，条件性出罪机制应当理解为条件性免刑机制。关于我国刑事立法和司法实践中已经体现出的条件性免刑机制，其免刑的依据在于法益的一定程度上的可恢复性和刑事政策的考量。如果将事后行为导入出罪机制，将不利于腐败犯罪的防治和公众对于反腐的认知。然而行为人的事后行为对犯罪本身产生一定的影响（一般为抵消或消减了犯罪的社会危害性），进而能够对量刑产生影响。对于《刑法修正案（九）》中确定的“数额较大或者有其他较重情节的”贪污受贿行为，行为人在提起公诉前同时具备如实供述自己的罪行、真诚悔罪、积极退赃，才可以作为法定从轻、减轻或者免除处罚条件进行考虑。事后行为表明行为人悔过态度十分鲜明、强烈，人身危险性很小，说明对其行为进行刑事处罚的必要性（刑事可罚性）程度非常低，对于量刑有重要影响，因而可以在定罪基础上进行免除处罚。也就是说，对于行为人情节较轻的贪污受贿行为法律上是进行否定评价的，但是由于其事后行为能够使得法益侵害得到一定程度的恢复，同时基于教育、改造贪污受贿犯罪分子之刑事政策考量对其进行定罪免刑的处理，有利于鼓励行为人事后认罪悔罪、减少损失等，同时，也有助于集中有限的司法资源惩处罪行严重的贪污受贿犯罪。

# 第五章　贪污受贿犯罪量刑标准问题研究

量刑是实现刑法任务的重要环节。在刑事司法活动中，只有定罪准确，方能做到量刑适当，有效惩罚犯罪、保护人民，从而实现刑法的任务。定罪解决的是行为人是否有罪和构成何罪的问题，它是对犯罪行为质的评价；量刑则是在定罪的基础上，解决对犯罪分子应否判处刑罚和判处何种刑罚的问题，是对犯罪行为量的评价。在探讨量刑之前，有必要明确量刑的根据。当前世界各国普遍实行的是责任刑与预防刑统一的二元量刑根据，我国也是采取该种量刑根据，因而贪污受贿犯罪的量刑标准的确定也要遵循责任刑与预防刑统一的二元量刑根据。而责任刑与预防性的二元量刑根据主要体现在具体的犯罪数额和犯罪情节上，因而笔者在本章中着重分析贪污受贿犯罪中犯罪数额与情节在量刑中的功能和作用，并尝试对各种犯罪情节进行类型化分析。另外，本章也分析了当前我国贪污受贿犯罪量刑标准中存在的问题，并从刑法立法和刑事司法领域对如何完善量刑标准提出相关的完善性建言。

## 第一节　贪污受贿犯罪量刑标准之阐释

量刑根据是量刑的基础性依据，对于量刑标准和量刑制度的确立具有指导意义，因而厘清量刑根据有助于合理确定贪污受贿犯罪的量刑标准。现代社会普遍确立的是综合刑的立法模式，因而在量刑时我们要科学掌握责任刑和预防刑的判定。在量刑时，应以报应刑下的犯罪责任作为主要标准，将犯罪预防作为调节标准。这就决定了在确定贪污受贿犯罪的量刑标准时必须将体现责任的量刑情节作为主要的考量因素，将体现预防的量刑情节作为一般调节标准。

## 一、贪污受贿犯罪量刑标准确立的理论依据：量刑根据

量刑根据，是指司法机关确定犯罪人刑罚轻重的基础或前提。[①] 简言之，即司法机关决定犯罪人刑罚轻重的依据。确定量刑根据是贪污受贿罪量刑标准确立的前提条件。因而在确定贪污受贿罪量刑标准之前，有必要对贪污受贿罪的量刑根据作简要分析。

### （一）量刑二元根据：责任刑与预防刑统一

关于量刑根据，刑法学界和刑法立法经历了报应刑、预防刑、综合刑的发展变迁之路，现在世界上绝大部分国家刑事立法上采取的是综合刑的立法模式。

1. 报应刑

德国的康德、黑格尔和宾丁等人是近代报应刑论的代表人物。他们认为，犯罪是一种恶行，刑罚是对恶行的报应，刑罚的本质就是报应。行为人之所以遭受刑罚是因为其实施了犯罪行为。犯罪行为应当是刑罚的唯一原因，不应追求其他目的。[②] 报应刑论强调已然之罪是适用刑罚的根据，未实施犯罪行为则不得处刑，而且要求刑罚轻重应与社会危害性程度相均衡，因而符合一般人的公平正义观，也避免了司法专横和司法擅断，具有积极的意义。但是，报应刑其本身也存在无法克服的缺陷。由于它对罪刑关系的把握是静态的，而犯罪情形是动态的，而且它并未将罪犯改造难易程度以及人身危险性等因素纳入量刑考量因素，因而难与犯罪的现实情况和防卫社会的需要相适应。故而该种学说受到了“预防刑论”的挑战。

---

① 参见胡学相：《量刑的基本理论研究》，武汉大学出版社 1998 年版，第 72 页。

② 参见赵廷光：《中国量刑改革之路》，武汉大学出版社 2014 年版，第 17~19 页。

2. 预防刑

预防刑的基本内容是，对犯罪人处以刑罚不是目的，刑罚只是预防将来发生犯罪行为的目的之手段，不是为了世间的公正，而只是为了保护社会。[①] 在预防刑论者看来，行为人实施犯罪不完全是自由意志选择的，犯罪是行为人所处社会环境与生理、心理交互作用的产物。[②] 对犯罪人适用刑罚不是为了报复犯罪人，而是预防其再次犯罪。适用刑罚是为了保护社会，不应以已然之罪为唯一原因，而是为了预防未然之罪，故而刑罚的轻重应当与行为人的人身危险性及其程度相适应。[③]

预防刑理论又可以分为一般预防理论和特殊预防理论。一般预防理论主张，刑罚的目的不是报应，也不是对行为人的影响，而是通过刑罚的威胁和刑罚的执行，公众应当掌握法律的禁止性规定并且避免违反这些规定。[④] 对一个人处以刑罚是为了说服一般社会成员将来远离犯罪行为。一般预防理论其立足点在于一般公众而不是行为人，将会导致其量刑的刑罚不受罪责原则的限制，因而缺少科处刑罚的刑度标准；而且其着眼点在于对社会一般公众的威慑，因而有滥用重刑的危险，从而被批评为具有纵容国家恐怖的危险，为了预防而侵犯公正尊严，基于一般预防的理由为了威慑一般公众而施加的过重刑罚具有不正当性。[⑤]

特殊预防理论认为，刑罚的目的仅仅是预防行为人将来犯罪，一方面，通过对犯罪人判处刑罚剥夺其再犯能力，避免其在服刑期

---

① 参见［德］弗兰茨·冯·李斯特：《德国刑法教科书》，徐久生译，法制出版社 2000 年版，第 90 页。

② 参见赵廷光：《论量刑公正的一般标准》，载《河南省政法管理干部学院学报》2007 年第 7 期。

③ 参见赵廷光：《中国量刑改革之路》，武汉大学出版社 2014 年版，第 20 页。

④ 参见［德］克劳斯·罗克辛：《德国刑法学总论》（第 1 卷），王世洲译，法律出版社 2005 年版，第 41 页。

⑤ 参见［美］约书亚·德雷勒斯：《美国刑法精解》，王秀梅译，北京大学出版社 2009 年版，第 19~20 页。

间继续犯罪；另一方面，通过刑罚的适用，使得受刑人在刑满之后不再犯罪。特殊预防着眼于再社会化的理论，刑法的任务只是保护个人和社会。① 特殊预防也有其难以克服的缺陷，如其立足于预防犯罪，如果证明某人具有犯罪危险性，则不必等到他实施犯罪，就可以对其实施再社会化处理，甚至终身剥夺自由，这会严重侵犯公民的自由。

3. 综合刑

由于报应刑理论和预防刑理论具有各自优点的同时，还都存在难以克服的缺陷。因而试图结合这两种理论，对报应刑和预防刑进行调和的综合刑理论逐渐发展起来。综合刑理论不是简单地将罪责、预防进行融合的学说，而是“通过一种相互交叉的方案来保护其中的恰当方面，同时，通过一种相互补充和相互限制的制度，来消除其中的弱点”②。综合刑理论有多种学说，其中有代表性的理论为以报应目的为主导的综合刑理论以及刑罚的目的只能是预防的综合刑理论。那么，在罪刑均衡的综合刑下，报应与功利之间的关系究竟如何？从哲学层面上讲，所谓两者之间的关系无外乎有三种情形，一种是两者并驾齐驱，互不影响；另一种是两者相互影响和制约，但是不分主次，此消彼长；还有一种是两者在相互影响中，以其中一种因素为核心和基础，另一种因素在核心因素周围或者在核心因素作用的限度之内发挥作用。至于第一种情形，肯定不是并合主义均衡理念所追求的，并且互不影响、各自为政的两个要素结合在一起也不是真正的并合主义。其实问题的关键就在于并合主义理论下两个要素之间的相互作用的关系以及以谁为核心的问题。

笔者认为，综合刑的应有之义，应该包括两个方面：其一，综合刑不应该是单纯地将报应或者功利作为刑罚的正当性依据，而应

① ［德］弗兰茨·冯·李斯特：《德国刑法教科书》，徐久生译，法制出版社 2000 年版，第 92~93 页。

② 参见［德］克劳斯·罗克辛：《德国刑法学总论》（第 1 卷），王世洲译，法律出版社 2005 年版，第 45 页。

该是将报应和功利的统一和融合，二者共同成为衡量刑罚与犯罪之间均衡关系的标准；其二，在报应和功利的两者关系中，应该做到以报应为基点和核心，用报应限制预防，任何超出报应的限度去实现刑罚的功利都是缺乏正当性的。换句话说，虽然实现预防和减少犯罪的功利性效果具有重要的目的性价值，但是如果为了这种功利性的追求而失去了刑罚正当性解释的主导地位，为了实现预防而对轻微犯罪人科处过重的刑罚，那么就会出现功利主义的无限扩展，把犯罪人作为预防犯罪的工具，甚至导致刑罚谦抑性价值、罪刑法定价值、人权保障价值的全面丧失。由此可见，综合刑理论既承认刑罚的报应功能，同时又提倡刑罚具有一般预防、特殊预防之目的。由于刑罚的基本价值是公正，由于建立在规范要求基础上的罪责刑原则克服了建立在自由意志基础上的罪责原则的缺陷，因而由罪责确定刑罚量成了刑罚公正的标准。但是，刑罚的目的是特殊预防和一般预防，罪责决定刑罚量度，预防刑的目的只能是在罪责的范围内追求，一般预防和特殊预防虽然都是刑罚追求的目标，但是在公正的范围内，特殊预防的需要优先，决定了最终的刑罚量。①所以刑罚的轻重应当与行为人的主观恶性、人身危险性以及行为的社会危害性相适应，这是综合刑理论视野下量刑公正的一般标准。

由于综合刑理论能够在一定程度上克服报应刑和预防刑的缺陷，因而成为现代国家普遍采用的刑罚立法立场。如《德国刑法典》第 46 条第 1 项规定："行为人的责任是量定刑罚的基础，且应考虑刑罚对行为人未来社会生活可能产生的影响。"该条第 2 项同时列举了司法机关在量刑时需要考虑相关情节。② 可见，上述法条第 1 项规定的量刑应当遵循行为罪责原则，体现了报应的观点。同时也应考虑刑罚对行为人的未来的影响，体现了特殊预防观点。

---

① 参见皮勇、王刚、刘胜超：《量刑原论》，武汉大学出版社 2014 年版，第 35 页。

② 《德国刑法典》，徐久生、庄敬华译，中国方正出版社 2004 年版，第 17 页。

日本的1974年《改正刑法草案》第48条也规定，刑罚应当根据犯罪人的责任量定，同时也应当考虑犯罪人其他犯罪情节，以助于抑制犯罪和促进犯罪人的改善更生。[①] 我国刑法第5条、第61条的相关规定也表明，在对犯罪人适用刑罚时，既要考虑与罪行本身的轻重程度相适应（包括行为的社会危害性和行为人的主观恶性），另外也要与犯罪前后所表现出来的犯罪人再犯可能性相适应。[②] 可见，我国在量刑时坚持的也是综合刑理论。

（二）量刑根据下的贪污受贿犯罪量刑标准

正如有论者所言，量刑时主要根据具体案件的犯罪情节，在考虑犯罪人的再犯罪危险性的基础上作出裁判。量刑阶段的重点在于特殊预防。一般预防同时也会在一些情况下发生作用，但是，对于特殊预防的考虑以及一般预防所起的作用必须受到报应刑的限制。[③] 因而这也就决定了在确定贪污受贿犯罪的量刑标准时必须将报应刑下的犯罪责任作为主要标准，将犯罪预防作为调节标准。

1. 行为责任是贪污受贿犯罪量刑之基础标准

如上所述，世界上多数国家对于量刑坚持的是预防刑和报应刑的立法主张，我国也是如此。因而在对行为人进行定罪量刑时首先需要考虑的是行为人的罪责，即行为人的责任。某种意义上讲，责任主义理念是并合主义罪刑均衡理念进一步发展的产物。因为责任主义是将犯罪人所应承担“责任”之大小作为罪刑均衡与否的基本依据和标准，而“责任”本身就包含了对犯罪人实施犯罪行为所侵害法益之性质和程度以及对犯罪人主观恶性等因素的综合评价。责任主义是近代刑法的基本原理，定罪和量刑都必须遵守责任主义，量刑阶段的责任主义主要体现为责任刑。责任刑是与责任对应或者相当的刑罚。与责任相当的刑罚要求对应的是与不法的非难

---

① 《日本刑法典》，张明楷译，法律出版社2006年版，第109~110页。

② 参见高铭暄、马克昌主编：《刑法学》，高等教育出版社、北京大学出版社2014年版。

③ 参见张明楷：《责任刑与预防刑》，北京大学出版社2015年版，第92页。

可能性程度相当的行为。由于责任与不法相适应，所以如果行为人没有减轻责任的情节，与责任相当的刑罚，也可谓与有责的不法相当的刑罚。责任刑只是与责任报应相关，在责任刑的裁量层面，要求罪刑均衡是妥当的，所以责任刑不是与人身危险性或者主观恶性相当的刑罚。[①] 责任刑是与行为人的责任相适应的刑罚程度，是量刑时首要的考量因素。责任刑以责任作为基础，将责任评价对象限定为行为，从而确保量刑结果的稳定性，保证法运行的稳定性。[②]

因而在贪污受贿犯罪中，量刑的首要依据需要考虑行为的责任，而行为的责任主要体现在责任刑的相关情节上。如前所述，贪污受贿犯罪的刑事责任大小，一方面体现为“外显”于罪名的贪污受贿行为，即贪污受贿数额的多少可以测算行为责任的大小；另一方面则是“内隐”于犯罪中的侵犯职务廉洁性的行为，在此行为侧面中，体现责任刑的“情节”是行为责任评价的重要因素。在此两个维度，都能通过相关情节体现行为的刑事责任大小。故而在确定贪污受贿犯罪的量刑标准时，一方面，我们需要关注表征社会危害性大小的贪污受贿的数额，但贪污受贿数额难以全面适时地反映个罪的社会危害性，因而我们也不应忽视“职务”本身在刑事责任中的权重；另一方面，我们需要考察贪污受贿行为对公权力本身的侵害程度。而表征贪污受贿犯罪责任刑的情节主要体现在贪污受贿犯罪对象、行为是否违背职责及其程度、犯罪结果、犯罪的时间和地点、犯罪的实施程度等客观方面和犯罪的罪过、动机、目的等主观方面，这些相关情节能够较为全面地反映行为社会危害性和行为人的主观恶性。

2. 犯罪预防的需要是贪污受贿犯罪量刑之调节标准

责任刑的作用只是限制刑罚，防止对预防目的的过度追求，将

---

① 参见张明楷：《责任刑与预防刑》，北京大学出版社 2015 年版，第 239 页。

② 参见张苏：《量刑根据：以责任主义为中心的展开》，载陈兴良主编：《刑事法评论》，北京大学出版社 2012 年版，第 452 页。

对预防目的的追求控制在报应的限度之内，因而对预防刑的裁量是实现刑罚目的的关键。有论者认为，在量刑时，一般预防虽然是量刑所期待的结果，但是在责任刑中已经得到了体现，而且不能为了威慑一般人而对犯罪人从重处罚。因而在量刑时基本考虑的是特殊预防目的，对于一般预防基本不应当进行考虑，其考量仅限于一般预防性小的情形。① 但是在具体案件中，要根据不同情况特殊预防和一般预防有所侧重。② 虽然在量刑时，基于预防的需要，更多的应当考量特殊预防的需要，但并不意味着一般预防在量刑时不会发生作用。在某些情况下，一些犯罪能够增大犯罪行为的模仿可能性，引起公民对特定行业及其从业人员的厌恶，损害对其的信赖，因而在此情形下必须加强该地区对该犯行的防范体制，通过对行为人处以与责任相适应的刑罚并考虑一般预防的必要性，能够在一定程度上缓解社会的不安全感、防止犯罪的无限蔓延、改善特定行业的形象。③ 虽然考虑社会影响可以起到一般预防的作用，但是并不是提倡运用重刑。它只能在责任刑的范围内影响预防判断，不能以一般预防的必要性大为由加重处罚，同时犯罪的社会影响还需受到特殊预防的制约，比如行为人悔罪态度等。因而在考虑犯罪的社会影响而进行一般预防的同时还需要受责任主义和特殊预防的制约。

因而在贪污受贿犯罪中，对行为人进行量刑时需考量特殊预防和一般预防。对于一般预防主要是通过严密贪污受贿犯罪法网、严格查处贪污受贿案件进而加强对相关行为的规制来实现，其在量刑过程中的“显性”作用不明显。如我国《刑法修正案（九）》中修改贪污受贿犯罪的定罪量刑标准，确立了特、重大贪污受贿犯罪死缓犯的终身监禁制度以及增设贿赂犯罪的罚金刑等，这些举措都

① 参见张明楷：《责任刑与预防刑》，北京大学出版社 2015 年版，第 326~332 页。

② 参见李冠煜：《从绝对到相对：晚近德、日报应刑论中量刑基准的变迁及其启示》，载《东方法学》2016 年第 1 期。

③ 参见李冠煜：《量刑基准的研究——以责任和预防的关系为中心》，中国社会科学文献出版社 2014 年版，第 167 页。

是基于一般预防之目的。而贪污受贿量刑过程中还需要考察特殊预防之必要性，但是考量特殊预防，需要立足于已经发生、存在的能够体现行为人的在犯罪危险性的事实为评判依据。[①] 这些事实主要体现在：（1）犯罪人的人格、家庭及社会环境、职业状况等影响再犯罪的危险性因素。[②] 这些因素虽然对行为人事实的犯罪本身没有影响，但是却可以预示其改造的难易程度和再犯罪的危险性，进而决定了特殊预防的必要性。（2）犯罪前的表现。犯罪前的表现是指犯罪人在实施犯罪行为以前的一贯表现、是否有前科[③]、是否属于再犯等事实特征。这些事实特征，反映出犯罪人的人身危险性大小。（3）犯罪后的表现。犯罪后的态度是指犯罪人从犯罪实施完毕到审判结束前这段时间对犯罪的认识和悔罪表现。主要表现为是否自首、主动坦白、积极退赃等。通过对相关情节的考量，确定犯罪预防之必要性。

## 二、贪污受贿犯罪量刑之基础标准：数额与情节

犯罪数额与其他情节是贪污受贿犯罪量刑中最为基本的判断要素，而《刑法修正案（九）》确立的是数额与情节并重的量刑模式，因而在量刑时需要合理处理犯罪数额与情节对于量刑之影响。

### （一）合理协调好量刑数额与情节之间关系

#### 1. 应当同时考量犯罪数额与犯罪情节

刑法学理论中，一般认为，量刑应当结合行为的社会危害性与行为人的主观恶性、人身危险性进行综合判断。虽然贪污受贿犯罪数额也能从一定程度上反映行为的社会危害性，但难以全面适时反映个罪的社会危害性。而且犯罪数额无法体现行为人的人身危险性。而表征人身危险性的相关情节，诸如行为方式及次数、是否认

① 参见张明楷：《新刑法与并合主义》，载《中国社会科学》2000 年第 1 期。

② 参见张明楷：《论预防刑的裁量》，载《现代法学》2015 年第 1 期。

③ 此处的前科主要是指贪污受贿违法违纪行为。

罪悔罪等罪前、罪中和罪后相关主客观事实情况是量刑时必须考虑的裁量情节。

1997 年刑法典中，立法者对于其他情节对量刑的影响在刑法中有所体现，这主要体现在法定刑的交叉型立法模式，即在贪污受贿犯罪的法定刑设置上，以 10 万元、5 万元、5000 元划分了三个量刑档次，配置了不同的法定刑，再以兼有“特别严重情节”“严重情节”“较重情节”，适用该法定刑档次中的顶限刑罚，如死刑、无期徒刑、七年以上十年以下有期徒刑、二年以下有期徒刑或者拘役。可见，修法之前的刑法典在贪污受贿犯罪量刑标准的刑法立法中已经附带地规定了情节对于量刑的作用，但是由于将犯罪数额作为最主要的量刑依据，司法实践中基于操作的便利性形成了贪污受贿犯罪“唯数额论”的司法观念，使得贪污受贿犯罪的量刑标准中过于重视犯罪数额对于量刑的影响，而忽视了量刑情节标准的贯彻。因而使得司法实践中具体案件的裁判出现罪刑失衡、量刑不公等乱象。因而为了进一步完善贪污受贿犯罪量刑标准，《刑法修正案（九）》确立了“概括数额+情节”的二元定罪量刑标准，在立法上突出强调了犯罪情节对于定罪量刑的影响，犯罪数额和犯罪情节都可以作为贪污受贿行为社会危害性的评判标准①，这符合贪污受贿犯罪的罪质特征和司法实践的现实需要，因而在对贪污受贿犯罪量刑时，应坚持犯罪数额与犯罪情节并重的原则。

2. 数额与情节之司法协调

对于司法实践中经常出现的同时存在贪污数额和其他犯罪情节的情形，有必要采取科学方法进行综合评价，这里就涉及贪污受贿犯罪中犯罪数额与情节之协调问题。

由于《刑法修正案（九）》没有规定明确的情节要件，司法实践中对贪污数额与其他情节对刑罚的影响力采取不同的比例关

---

① 参见赵秉志：《完善贪污受贿犯罪定罪量刑标准的思考和建议》，载《刑法论丛》2015 年第 3 卷。

系，可能引起对贪污受贿犯罪的量刑失衡，而且这一问题也广受社会的关注。有些贪污受贿数额相对少的行为人被判处更重的刑罚，贪污受贿数额相对多的行为人被判处较轻的刑罚。例如，原上海新长征（集团）有限公司党委书记王妙兴贪污受贿上亿元仅被判处无期徒刑，[①] 原国家食品药品监管局局长郑筱萸受贿600余万元就被判处死刑。[②] 后者被判处死刑是因为其行为存在“特别严重”的情节，即“危害人民群众的生命、健康安全，造成了极其恶劣的社会影响”。这里存在如何协调贪污数额和其他情节对宣告刑的影响力问题。数额是一种特殊的犯罪情节，具有数量化的特征，如果贪污数额不能和其他情节相互衔接形成系统完善的适用标准，不仅会出现前述的量刑失衡问题，还会给司法擅断以生存空间。《刑法修正案（九）》虽然解决了定罪过程中数额与情节应当并重的问题，但是并未完全解决贪污数额和其他情节的综合评价问题。当案件中只存在数额或者犯罪情节时，只需在数额标准和情节标准中择一适用即可。然而司法实践中，案件事实错综复杂，只存在数额或者情节的情况少之又少，绝大多数时候是犯罪数额与情节并存，如何处理数额与情节之间出现的错综复杂的或冲突或交叉的情形，是司法实践应妥当处理的重要量刑问题。

在笔者看来，司法实践中犯罪数额与犯罪情节一般具备以下两种关系：（1）犯罪数额与犯罪情节的逆向竞合。贪污受贿犯罪中犯罪数额并不是其决定性因素，但某一种犯罪数额较小时，如果其他情节严重，应当按照情节所决定的刑罚档次进行定罪处罚。那么，如果犯罪数额较大，但是其他情节较轻时，此时如何处理？笔者认为，依据刑法规范，为了体现罪责刑相适应，此时应当按照处罚较重的刑罚进行定罪量刑，但是由于情节较轻，可以在犯罪数额

---

① 李烁：“上海新长征集团原董事长贪污受贿上亿元被判无期徒刑”，http：//news. xinhuanet. com/legal/2010-11/15/c_ 12777649. htm，2016年1月24日访问。

② 田雨、崔清新：“国家食品药品监管局原局长郑筱萸一审被判处死刑”，http://news.xinhuanet.com/legal/2007-05/29/content_6168200.htm，2016年1月24日访问。

决定的量刑幅度内从宽处罚。全国人大常委会法工委副主任郎胜于2015年9月15日在北京师范大学刑事法律科学研究院的演讲中谈及该种情况的司法适用问题时，也持以上观点。[①]（2）犯罪数额与犯罪情节的同向竞合情形。如果贪污受贿数额较大、数额巨大、数额特别巨大与贪污受贿受贿情节较重、情节严重、受贿情节特别严重并存，那么司法实践中如何对其进行量刑呢？由于在本书中，基于贪污受贿犯罪的罪质特征和司法实践的实际情况，笔者持的是贪污受贿情节应当与情节挂钩，因而出现上述贪污受贿数额与情节竞合的情形时，如果属于不同的量刑档次，一般应选择量刑较重的刑罚档次，再以贪污受贿数额或者情节进行适当调节，以做到罪责刑相适应；如果贪污受贿数额、情节属同一量刑档次，但有相对较重较轻之别的，应以相对较重的贪污受贿数额或情节的量刑为准，再辅之以其他犯罪情节进行量刑。通过数额与情节此二者量刑标准相互配合，以有效地共同惩治贪污受贿犯罪。

（二）适当拉大不同量刑档次之间的数额幅度

《刑法修正案（九）》通过之后，对于数额较大、巨大、特别巨大的具体数额确定，将会由司法解释来进行确定。依据2016年“两高”《解释》第1~3条的规定，依据数额的定罪量刑标准区分为“数额较大”（满3万元不满20万元）、“数额巨大”（满20万元不满300万元）、“数额特别巨大”（300万元以上）三个档次并配置由轻到重的三档法定刑；情节标准区分为“其他较重情节”（满1万元不满10万元，同时具备《解释》所列严重情节的）、“其他严重情节”（满10万元不满150万元，同时具备《解释》所列严重情节的）、“其他特别严重情节”（150万元以上，同时具备《解释》所列严重情节的）三个档次，并与符合数额标准者一样分

① 参见“《刑法修正案（九）》的立法精神与规范解读”，载京师刑事法治网http://www.criminallawbnu.cn/criminal/info/showpage.asp?showhead=&ProgramID=560&pkID=47261&keyword，2016年1月25日访问。

别适用三档法定刑。可见,《解释》较之1997年刑法典的规定大幅度拉开了量刑档次之间的数额幅度。笔者认为,不同量刑档次之间的数额量刑幅度应保持适当的距离,这有助于司法实践中依据犯罪的不同情形科学合理地量刑,其主要理由在于:

(1)适度拉大不同量刑档的数额级差,有助于体现罪责刑相适应的原则。1997年刑法典中规定贪污受贿数额在10万元以上的,处10年以上有期徒刑或者无期徒刑;情节特别严重的,处死刑。但由于近些年来,我们国家严格控制和慎重适用死刑,贪污受贿犯罪案件中实际判处死刑立即执行的案件已经屈指可数。从而贪污受贿数额10万元以上的,一般判处的刑罚主要是10年以上有期徒刑、无期徒刑、死缓三档。由于判处10年有期徒刑以上刑罚的10万元数额规定的太低,导致贪污、受贿案件量刑实践当中长期存在罪刑失衡现象。江苏省高级人民法院课题组曾对该省的职务犯罪案件的量刑情况进行统计,发现在不具有从宽情节的案件中,被判处有期徒刑10年的最低受贿数额为10万元,最高为87.8万元。① 近年来出现的贪污受贿案件中,犯罪数额不断攀高,由于贪污受贿犯罪中的不同层次的数额量刑标准数额极差较小,特别是10年以上有期徒刑的量刑数额太低,导致不少贪污受贿数额案件在量刑上拉不开差距,有悖于刑法罪责刑相适应原则,也不能让民众感受到贪污受贿案件刑罚裁量的公平正义。因而在以后出台的司法解释中应适当拉开数额较大、数额巨大、数额特别巨大之间的数额级差,这可以为相应档次内的量刑留出较大的裁量空间,有助于体现罪责刑相适应原则。

(2)适度拉大不同量刑档的数额级差,有助于合理发挥量刑情节对量刑的作用。1997年刑法典中由于刑法典规定的三档刑罚

---

① 参见江苏省高级人民法院课题组:《职务犯罪案件量刑平衡机制问题研究——江苏高院关于职务犯罪案件量刑情况的调查报告》,载《人民法院报》2010年3月25日,第5版。

的数额差距较小（5000 元、5 万元、10 万元），导致情节作用空间有限，因而如果大幅提高数额巨大、数额特别巨大的认定标准，这将有助于在量刑过程中发挥情节对量刑的影响力。而且，在既往的司法实践中，由于数额级差区分度小，依据刑法典的规定，10 万元以上的案件至少判处有期徒刑 10 年，而在一些案件中，为了贯彻罪责刑相适应的原则和量刑的均衡，司法机关只能过多地认定从宽情节以缓解司法与立法的不协调。因而适度拉大不同量刑档的数额级差，也有助于扩大量刑空间，缓解贪污受贿犯罪中对于从宽情节认定过多的弊病。

（3）进一步细化量刑的数额等级。《刑法修正案（九）》取消了具体的量刑数额标准，但是我们可以借鉴《美国量刑指南》对于贪污受贿犯罪量刑数额等级的划分，即一定的数额等级对应着一定的犯罪等级，随着犯罪数额的增加，犯罪等级也相应增加。[①]故而在刑法立法确定的概括数额划分等级的基础上，我们应当通过司法解释或者是量刑指导意见的方式对《刑法修正案（九）》规定的贪污受贿犯罪三个量刑档次进行细化，增加数额等级的档次，缩小每个数额等级内量刑幅度，使得数额等级和量刑档次形成科学的对应关系，有助于实现贪污受贿犯罪量刑标准的科学化、具体化。[②]

## 三、贪污受贿犯罪量刑情节之类型化分析

依据不同的标准，在刑法理论上可以将犯罪情节作不同的分类划分。在司法实践中，贪污受贿犯罪量刑时需要考量的情节很多，但是，由于刑法典中对于大部分的贪污受贿犯罪量刑情节没有进行明确规定，导致相关量刑情节的适用没有统一的标准，相关案件裁

---

① 参见郭嘉、白平则：《贪污贿赂犯罪的数额问题研究》，载《政法论丛》2012 年第 6 期。

② 参见刘敬新、周赛：《贪污罪与受贿罪数额标准的修改完善》，载赵秉志、张军、郎胜主编：《现代刑法学的使命》，中国人民公安大学出版社 2014 年版，第 809 页。

量过程中出现了罪刑不均衡、罪刑不公等现象。因而本书主要就贪污受贿犯罪的法定量刑情节、酌定量刑情节进行论述，探讨的重点在于构成贪污受贿犯罪前提下的酌定量刑情节。

（一）贪污受贿犯罪的法定量刑情节

法定量刑情节是指我国刑法典明文规定司法机关在裁判时必须加以考虑的量刑情节。我国刑法典除在刑法总则中规定了自首、坦白、立功、共同犯罪、犯罪停止形态等适用于一般罪名的法定量刑情节外，也在刑法分则中规定了针对贪污受贿犯罪的法定量刑情节，即索贿情节和《刑法修正案（九）》中增设的法定从宽情节。刑法总则中规定的适用于一般罪名的法定量刑情节，当然能够适用于贪污受贿犯罪。但是基于本书研究的重点和篇幅所限，本部分主要论述我国刑法分则中关于贪污受贿犯罪的特定的法定量刑情节。

1. 索贿

一般而言，由于索贿是行为人主动向他人索要贿赂，以自己实施或者不实施一定的职务行为为条件，在贿赂犯罪中处于主动的地位，被索贿者是被动交付贿赂物，因而其主观恶性和客观危害均较为严重。[①] 因而根据我国刑法第 386 条规定，对具有索贿的情节的从重处罚。在司法实践中，据相关学者的统计，索贿情节对于受贿罪量刑结果的影响力较大。该论者基于收集的 671 名受贿犯罪行为人的量刑结果的统计，认为具有索贿情节的被告人一般予以从重处罚，在具有索贿情节的 102 名被告人中，有 15 人因为同时具有其他从宽情节而最终被减轻处罚，其他案件中，即使被告人同时具有自首、立功等可以从宽处罚的情节，但通常不适用减轻处罚。[②] 可见，受贿罪中的索贿量刑情节在受贿案件中其对量刑的影响力十分明显。在考虑索贿对量刑的影响时，还要具体考量具体案件中索贿

---

① 参见刘为波：《贪污贿赂罪刑罚体系的修正与适用》，载《中国审判》2015 年第 10 期。

② 参见景景：《受贿罪量刑均衡问题研究》，人民法院出版社 2015 年版，第 160 页。

的不同情形，比如，行为人索贿的次数、索贿的对象、索贿的时间等不同，体现出不同的主观恶性和人身危险性，此时在考虑该情节对量刑的影响时，应针对索贿的不同情形进行考量。

2.《刑法修正案（九）》中增设的法定量刑情节

《刑法修正案（九）》第 44 条第 3 款规定了行为人事实贪污受贿犯罪后，如果能够如实供述罪行、真诚悔罪、积极退赃且能避免、减少损害结果发生的，可以从宽处罚。笔者认为，第一，积极退赃、真诚悔罪等量刑情节在贪污受贿犯罪刑事司法实践中也是量刑的重要考量因素。这些情节一方面反映了犯罪社会危害性，另一方面也可以衡量行为人的人身危险性大小，因而从理论上而言对贪污受贿犯罪的量刑产生较大影响。[①] 而在司法实践中，一般如果行为人主动退还赃物、真诚悔罪，相关的司法机关也都会考虑从宽处罚，甚至在一些重大的贪污受贿案件中，即使依据案件的实际情况可以判处死刑，一般也会考虑从宽处罚进而判处死刑缓期执行甚或无期徒刑。积极退赃、真诚悔罪等酌定量刑情节在理论上将其作为量刑的考量因素有其法理依据，而且在司法实务中也被广泛应用于相关案件的审理。因此，将相关量刑情节法定化，有助于合理发挥相关情节量刑功能的发挥。第二，有助于促进相关情节的量刑统一性和严肃性。我国刑法典第 61 条在规定量刑根据时，将刑罚裁量时的酌定量刑情节也包括在内。但是，由于酌定量刑情节是法律没有明确规定的量刑情节，司法实践中并未有统一的适用标准，从而导致法官的自由裁量空间较大，不利于相关量刑情节在司法适用中的统一性和均衡性。因而将贪污受贿犯罪中常见的典型性酌定量刑情节予以法定化，刑法典将其明确规定，有利于规范贪污受贿犯罪的量刑统一性和均衡性，有助于限制量刑环节的随意性。[②]

---

① 参见赵秉志：《论中国贪污受贿犯罪死刑的立法控制及其废止——以〈刑法修正案（九）〉为视角》，载《现代法学》2016 年第 1 期。

② 参见莫洪宪、张昱：《酌定量刑情节在死刑案件中的适用及其完善》，载《刑法论丛》2014 年第 2 卷。

但是，对于贪污受贿犯罪可以从宽处理的规定必须同时符合以下几个条件：（1）行为人必须在提起公诉前如实供述自己的罪行、真诚悔罪、积极退赃。（2）如实供述自己的罪行、真诚悔罪、积极退赃的行为必须发生在公诉之前。（3）避免、减少损害结果的发生。在同时具备以上条件后，依据贪污受贿的不同情形进行从宽处理。对于贪污受贿数额较大或者其他较重情节的，可以从轻、减轻或者免除处罚；对贪污受贿数额巨大或者其他严重情节以及贪污受贿数额特别巨大或者有其他特别严重情节的，可以从轻处罚。

（二）贪污受贿犯罪的酌定量刑情节

酌定量刑情节，又称裁判情节，是指人民法院从审判经验中总结出来的，在刑罚裁量过程中灵活掌握、酌情适用的情节。[①] 酌定量刑情节虽然不是刑法明文规定的，但却是根据刑事立法精神和有关刑事政策，从刑事审判实践经验中总结出来的，因而对于刑罚裁量也具有重要意义。我国刑法典第 61 条规定刑罚裁量的量刑根据时，既包括了法定量刑情节，也包括了酌定量刑情节。一般认为，酌定量刑情节罪前、罪中、罪后等能够反映行为社会危害性和行为人的主观恶性、人身危险性等主客观情节事实。酌定量刑情节在我国的刑事司法实践中得到了较为广泛的适用。[②] 关于贪污受贿犯罪的酌定量刑情节，本书从罪前、罪中、罪后三个方面来进行论述。

1. 罪前酌定量刑情节

罪前酌定量刑情节，一般是指在犯罪行为实施之前就已经存在，审判人员在量刑时应当予以考虑并酌情适用的法律未明文规定的能够反映行为人人身危险程度的客观事实情况。[③] 可见，罪前酌

---

① 参见高铭暄、马克昌主编：《刑法学》（第 6 版），高等教育出版社、北京大学出版社 2015 年版，第 168 页。

② 参见彭新林：《酌定量刑情节限制死刑适用：价值、空间与路径》，载《法学》2014 年第 9 期。

③ 参见彭新林：《酌定量刑情节限制死刑适用研究》，法律出版社 2011 年版，第 149 页。

定量刑情节必须出现在犯罪行为实施之前，能够表征行为人的人身危险性程度的量刑情节。关于罪前酌定量刑情节的范围，不同学者可能有不同的观点，但本书的研究重点并不在此，故而在此不予详细论证。一般认为，罪前酌定量刑情节包括犯罪人的一贯表现（前科、社会贡献、惯犯等）、犯罪人的基本情况（身份、民族、生理状况、人格状况等）、犯罪动机、犯罪决意形成的原因与过程等。囿于研究重点和篇幅，本书选取贪污受贿犯罪中常见的3种典型罪前酌定量刑情节加以论述。

（1）犯罪人的身份。领导干部位高权重，对下级官员乃至整个社会都有较为明显的示范作用。领导干部实施腐败行为，对民众的影响较大，造成的社会危害更大。因而对受贿罪行为者量刑时，要考虑受贿人的特殊身份。笔者认为，从司法实践来看，应当将具有侦查、检察、审判监管职责的司法工作人员贪污受贿作为量刑的从重情节。这些司法工作人员代表国家贯彻实施的相关法律，如果司法工作人员实施贪污受贿犯罪，执法犯法，将会极大地损坏法律公正、公平，而且还会直接动摇社会中普通民众的守法观念和法律信念。

对贪污受贿犯罪量刑考虑行为人的身份，这是有历史和现实的立法借鉴的。我国古代的法律中规定了针对监察官职务犯罪的专门条款，并明确规定了加重的处罚措施。例如，《大明律》就对风宪官犯赃规定了更为严厉的处罚。[①] 另外，国外相关国家的刑法典中也规定将具有特定身份的司法人员受贿作为加重处罚情节。如《德国刑法典》（1998年）第331条规定的一般受贿罪的法定刑为6个月以上5年以下自由刑或罚金，而第331条第2款规定，如果是特定公务员，即法官或仲裁员实施受贿行为，那么其刑罚也相对

① 参见《大明律》（卷23）《刑律六·受赃》，怀效锋点校，法律出版社1998年版，第254页。

要重一些。[①] 可以看出，主体身份是受贿罪的重要量刑标准。又如，《意大利刑法典》（2006年修订）第318条、第319条规定的因职务行为受贿罪、因违反职责义务的行为受贿罪，规定的刑罚分别是6个月至3年有期徒刑、2~5年有期徒刑，而第319条—3规定了在司法行为中受贿罪将会处以3~8年有期徒刑。[②] 而该法可见，意大利的司法工作人员受贿，其刑罚比一般公务人员处罚要重。

上述相关刑法立法中都对司法工作人员的受贿加重处罚。但是对此，我国现行刑法典并没有明确规定，因而只能是作为一种酌定量刑情节，并未有明确的适用标准。我国高官贪污受贿犯罪案件中，涉及司法工作人员的贪污受贿，如最高人民法院原副院长黄松有，公安部原党委委员、部长助理郑少东，湖南省高级人民法院原院长吴振汉以及最高人民法院副院长奚晓明，他们曾都是司法工作人员中的高级领导，他们的犯罪更容易引起社会的震动和民众的关注，更容易对司法公正产生侵蚀。在黄松有受贿案判决中，2010年1月19日河北省廊坊市中级人民法院的一审判决书中指出，黄松有“身为最高人民法院大法官，知法犯法，进行权钱交易，收受巨额贿赂，社会影响恶劣，应依法从严惩处”，进而以受贿390万元判处无期徒刑并处没收个人全部财产。[③] 可见，黄松有大法官的身份是其受贿案量刑的重要考量因素。基于此，我们认为，鉴于司法工作人员受贿，特别是司法工作人员中的高级领导受贿，其受贿造成的社会影响更大，社会危害性更为明显，应当将其作为从重处罚的量刑情节加以考量。

（2）一贯表现。犯罪人一贯表现由于能够在一定程度上反映

---

① 参见《德国刑法典》，徐久生、庄敬华译，中国法制出版社2000年版，第227页。

② 参见《最新意大利刑法典》，黄风译，法律出版社2007年版，第115页。

③ 参见“黄松有受贿、贪污案”，载北大法宝 http：//www. pkulaw. cn/case/pfnl_1970324837267696. html? keywords=黄松有 &match=Exact，2016年2月20日访问。

出行为人的人身危险性和改造可能性的大小，因而是刑罚裁量中经常予以考量的酌定量刑情节之一。[①] 一般来说，犯罪人的一贯表现主要包括前科、惯犯、偶犯、立功受奖、社会贡献、遵纪守法等情况。考察犯罪人的一贯表现情节时，应重点考察犯罪人的犯罪史情况、是否初犯、偶犯或者是否作过重大贡献等重要因素。[②]

在司法实务中，贪污受贿犯罪的被告人及其辩护人也常常将被告人的一贯表现作为从轻辩护的理由。是否是初犯、偶犯能够影响贪污受贿罪的量刑当无异议。但是关于行为人犯罪前的社会贡献是否能够作为影响量刑的因素，这在我国的司法实践中存在一定的争论。如北京首都机场集团原总经理李培英贪污、受贿案中，被告人李培英及其辩护人辩称李培英为首都机场集团公司作出过巨大贡献，请求对其从轻处罚。山东省济南市中级人民法院一审认为，李培英是否曾在工作中作出突出贡献，不能影响其应当承担的刑事责任，二者不能相互折抵。故李培英及其辩护人以此为由请求从轻处罚，没有法律依据。[③] 但是，在云南省玉溪红塔烟草集团原董事长、总裁褚时健贪污、巨额财产来源不明案中，其辩护人就指出，量刑时应充分考虑被告人褚时健对社会作出的贡献，要求从宽处理。云南省高级人民法院在判决书中指出，不管行为人功劳有多大，都不能因此而享有法律特权。被告人的历史表现反映出其主观方面的情节，可在量刑时酌情考量。[④] 可见，在上述两起案件中，相关司法机关对量刑能否考量社会贡献有不同的看法。但是笔者认为，贪污受贿案件中量刑时应当考量犯罪人对社会的贡献。法律适

① 参见彭新林：《犯罪人一贯表现与死刑的限制适用》，载《国家检察官学院学报》2011 年第 4 期。

② 参见彭新林：《酌定量刑情节限制死刑适用研究》，法律出版社 2011 年版，第 165 页。

③ 参见山东省济南市中级人民法院（2008）济刑二初字第 49 号刑事判决书。

④ 参见国家法官学院、中国人民大学法学院编：《中国审判案例要览》（2000 年刑事审判案例卷），中国人民大学出版社 2002 年版，第 416~420 页。

用人人平等，并不排斥在量刑时合理考量犯罪人的社会贡献等因素。行为人对社会作出重大贡献，并不意味着不追究其刑事责任，只不过是将犯罪人以前对社会作出的社会贡献，作为其人身危险性程度评价的一个重要因素。但是，考虑犯罪人的社会贡献并不意味就是相互折抵，也不意味着该情节就能够对量刑产生实质性的影响。司法人员在量刑过程中，不会将行为人对社会作出的贡献孤立地进行分析，需要结合全案情节进行综合判断。

（3）犯罪动机。作为故意犯罪人主观方面重要因素的犯罪动机，是指推动或者促使犯罪人实施故意犯罪行为以达到目的的内心冲动或内心起因。[①] 早在我国春秋时期，司法实践中就有“原心定罪”之论，即司法官依据犯罪人心理的动机来确定其有无罪过或者是罪过大小；清朝秋审制度中的“核案诛心”，也就是核查案情时，细致考察死刑监候案件的主观、客观要件，衡量比拟，以国法制裁人情之私、人性之恶、人心之坏。[②] 在我国近代刑事立法中，对于犯罪动机影响量刑也有明确规定。如“中华民国”1928 年刑法典中第 57 条规定：“科刑时，应审酌一切情状，尤应注意左列之事项，为科刑轻重之标准。”该条所列事项共计有 10 款，其中第 1 款就是“犯罪之动机”。[③] 其实，不仅是在中国古代和近代社会，犯罪动机均作为量刑因素加以考量；在现代法治国家，也是将犯罪动机作为量刑的因素加以考量。如《德国刑法典》第 46 条关于量刑基本原则中就规定，量刑时应注意犯罪人的动机和目的。[④] 日本改正刑法草案第六章刑罚适用中第 48 条第 2 项亦规定，适用

---

① 参见赵秉志：《刑法总论问题研究》，中国法制出版社 1996 年版，第 181 页。

② 参见孙家红：《清代的死刑候监》，社会科学文献出版社 2007 年版，第 233 页。

③ 参见王觐：《中华刑法论》，姚建龙勘校，中国方正出版社 2005 年版，第424～427 页。

④ 参见《德国刑法典》，徐久生、庄敬华译，中国方正出版社 2004 年版，第 17 页。

刑罚时，应当考虑犯罪人的犯罪动机等因素。[①]

犯罪动机作为故意犯罪的一种内在推动力，促使犯罪决意的形成以及犯罪目的的确定，进而决定和支配犯罪行为的实施与完成，这是其影响量刑的客观依据。[②] 由于犯罪动机直接与故意犯罪中的意志因素密切相关，反映了行为人的主观恶性，进而影响行为的社会危害程度。笔者认为，犯罪动机主要是反映行为人的主观恶性进而影响社会危害程度，因为犯罪动机是犯罪心理所有表现形式中最靠近犯罪行为的心理成分，是犯罪心理的核心内容。[③] 但同时，犯罪动机有时也能反映出人身危险性的大小。因为犯罪动机能够反映行为人的个性特点，进而可以判断行为人形成个性的条件以及产生犯罪意念的情景。比如，单位负责人由于单位经济困难，从专项资金中套取款项用于单位的日常支出，这里面的贪污公款所体现出来的社会危害性和人身危险性较之为个人目的贪污公款所体现出来的社会危害性和人身危险性小。

2. 罪中酌定量刑情节

罪中酌定量刑情节，一般是指发生在犯罪过程中的、法律没有明文规定的、司法人员在量刑时考虑酌情适用的、能够反映行为社会危害性和行为人主观恶性、人身危险程度的客观事实情况。[④] 罪中酌定量刑情节主要是发生在犯罪过程中的，是定罪情节之外的没有被法律明文规定的主要反映行为社会危害程度的量刑情节。需要注意的是，同一种类型的情节有时有可能既是定罪情节，也有可能是量刑情节，在定罪情节之外溢出的情节就转化为量刑情节了。如贪污受贿中的犯罪数额，贪污受贿达到一定数额，这是定罪情节；

---

① 参见《日本刑法典》(第2版)，张明楷译，法律出版社2006年版，第125页。

② 参见彭新林：《酌定量刑情节限制死刑适用研究》，法律出版社2011年版，第203页。

③ 参见康树华主编：《犯罪学通论》，北京大学出版社2004年版，第150页。

④ 参见彭新林：《酌定量刑情节限制死刑适用：价值、空间与路径》，载《法学》2014年第9期。

一定数额之外的超出数额，此时就转化为量刑情节。一般而言，罪中酌定量刑情节一般包括犯罪手段、时间、地点、对象、故意程度和危害结果等。在这里，笔者选择其中对贪污受贿量刑影响较大的罪中酌定量刑情节加以分析。

（1）犯罪的时间和地点。犯罪总是发生在一定的时间和地点的，除少数刑法典分则明确将犯罪时间、地点作为定罪情节之外，大多数犯罪的时间、地点仅对其量刑产生影响。例如，贪污受贿行为发生在国家严厉打击腐败犯罪时期，就体现出了较大的人身危险性和社会危害性。如党的十八大后我国严厉打击腐败犯罪，但是一些官员仍然不收手，继续实施受贿行为。例如，2015 年 2 月中纪委在对天津市政协原副主席、市公安局原局长武长顺，黑龙江省人大常委会原副主任隋凤富，河南省人大常委会原党组书记、副主任秦玉海中的查处通报中，中纪委明确指出他们十八大后仍不收敛、不收手。其中，对秦玉海、隋凤富、杜善学中纪委的表述为“性质恶劣、情节严重”；武长顺则是“性质十分恶劣，社会影响极坏”。再如，2015 年 10 月 16 日，中纪委在对广西壮族自治区党委原常委、南宁市委原书记余远辉的通报中提到“余远辉身为中央候补委员，理想信念丧失，严重违反党的纪律，党的十八大后仍不收敛、不收手，性质恶劣、情节严重”。[①] 由于特定的作案时间、地点不仅能够反映出行为人的主观恶性程度，也能表明行为人客观危害的重要因素，因而司法机关在量刑时必然也会加以考量。

（2）犯罪对象。犯罪对象，是指犯罪行为直接作用的具体的人或者物，犯罪因犯罪对象的不同而表现出不同的社会危害性。[②] 比如对老年人、未成年人等主体的伤害就比一般主体的伤害社会危害性大。在贪污受贿犯罪中，如果贪污的对象是救灾、抢险、优

---

① 参见《余远辉严重违反政治纪律政治规矩》，载《广州日报》2015 年 10 月 17 日，第 2 版。

② 参见赵秉志：《关于中国现阶段慎用死刑的思考》，载《中国法学》2011 年第 6 期。

抚、救济物等特定款物，由于这些特定款物对于人民群众的生命财产的作用更为重要，因而需要重点保护。如果行为人贪污特定款物，将会对人民群众的生命财产造成的危害更大，此时行为人社会危害性更大，其表现出的主观恶性更为严重，因而有必要将贪污特定款物作为从重处罚情节，有助于此类犯罪行为的防治，体现了罪责刑相适应的原则。[①] 1999 年最高人民检察院《关于人民检察院直接受理立案侦查案件立案标准的规定（试行）》中也规定，虽然行为人贪污数额达不到入罪数额，但是如果贪污特定款物的或者具有其他严重情节的，检察机关应当立案。[②] 上述规定将贪污特定款物的行为也作为了定罪数额的补充情节，表明我国司法审判中对于贪污特定款物行为的重点关切。

（3）犯罪行为的次数和持续的时间长短。犯罪行为的持续时间的长短和次数的多少侧重反映行为的客观危害程度。犯罪的持续时间越长、次数越多，其社会危害性越大，这点在贪污受贿中表现得尤为明显。在司法实践中，许多贪污受贿犯罪的犯罪数额并非一次或者数次完成的，许多犯罪人作案时间长达十多年甚至几十年，作案次数多达几十次乃至数百次。因此，有论者认为，受贿次数是受贿情节是否严重的重要考量因素，既能反映出客观危害的程度，也能反映出行为人主观恶性的大小。[③] 行为人连续多次或者是在同一时间内多次收受他人贿赂，反映出行为人主观上的贪婪程度，其主观恶性要比偶尔收受他人财物的主观恶性大，因此受贿次数和持续的时间长短是量刑时需要考量的情节。[④]

---

① 参见李松：《贪污特定款物应当从重处罚》，载《人民检察》2009 年第 6 期。

② 参见 1999 年最高人民检察院《关于人民检察院直接受理立案侦查案件立案标准的规定（试行）》。

③ 参见韩哲：《受贿罪死刑裁量要素之实证分析——以 36 个省（部）、厅（局）级官员刑事判决为样本》，载《国家行政学院学报》2010 年第 4 期。

④ 参见廖增田：《受贿罪纵览与探究——从理论积淀到实务前沿》，中国方正出版社 2007 年版，第 737 页。

（4）受贿是否违背职务为他人谋取不正当利益。受贿罪所保护的法益是国家工作人员职务行为的不可收买性，不论国家工作人员的职务行为是否违反法定职责，只要实施受贿行为，均构成受贿罪，但是是否违反法定的职责义务，对于量刑有重要影响，应当将其作为刑罚裁量的重要量刑情节。

在我国古代关于惩治腐败的法律中将否枉法背职作为量刑时的重要考量因素。中国古代早就有“受财枉法”与“受财不枉法”之别，并针对受财枉法和受财不枉法规定了不同的量刑幅度[①]，具有枉法的情节的受贿比没有枉法的受贿处罚重。在域外许多国家和地区，也通常将行为人受贿是否枉法背职，作为设定刑罚轻重的考量标准。《日本刑法典》（2005 年修订）第 139 条第 1 款规定：“公务员犯前两条之罪（即受贿罪和第三者受贿罪），因而实施不正当行为，或者不实施适当行为的，处 1 年以上有期惩役。”[②]《意大利刑法典》第 319 条也规定了因违反职责义务的行为受贿罪[③]，较之于该法典第 318 条因职务行为受贿罪，违背职责义务的受贿行为将会被处以更加严厉的刑罚。我国台湾地区的“刑法典”也有相关的内容之立法规定，规定构成不违背职务受贿罪的，处 7 年以下有期徒刑；而违背职务的受贿罪，处 3 年以上 10 年以下有期徒刑。[④]

在党的十八大以来已经宣判的高官受贿案件中，依据公开的相关材料，一些行为人确实存在背职为他人谋取不正当利益的情节，但最终的刑事裁决中对于该情节却没有得到明确的评价。如在国家发改委原副主任刘铁男受贿案中，法院认定刘铁男收受南山集团有限公司董事长宋作文的财物后，将南山集团下属南山实业公司未通

① 参见《唐律疏议》，刘俊文点校，法律出版社 1999 年版，第 240 页。

② 参见《日本刑法典》（第 2 版），张明楷译，法律出版社 2006 年版，第 154 页。

③ 参见《最新意大利刑法典》，黄风译，法律出版社 2007 年版，第 115 页。

④ 参见林山田：《刑法各罪论（下册）》，北京大学出版社 2012 年版，第 13 页、第 24 页。

过上报的项目重新上报。[①] 再如，公安部原部长助理郑少东受贿案中，法院认定，郑少东利用担任广东省公安厅副厅长、公安部部长助理兼经济犯罪侦查局局长等职务上的便利，接受郭奕忠的请托，在2001年海关总署缉私局查办广东省汕头市“8·15”走私案，准备找郭奕忠进行调查时，为其提供帮助，使其逃脱调查。[②] 如果受贿人接受贿赂后滥用职权、玩忽职守，达到相应的定罪标准则可以另以滥用职权罪或者玩忽职守罪定罪处罚。如在铁道部原部长刘志军受贿案件中，法院认定，刘志军接受丁羽心的请托，徇私舞弊，违反《铁道部工作规则》等规定，在未经铁道部党组会或部长办公会集体研究的情况下，擅自决定由山煤集团获得动车组轮对组装生产项目。刘志军的上述行为致使公共财产、国家和人民利益遭受特别重大损失。[③] 最后，法院以受贿罪、滥用职权罪数罪并罚判处刘志军死缓。总而言之，无论是作为受贿罪的量刑情节，还是作为滥用职权罪或者玩忽职守罪的定罪情节，是否枉法背职是司法人员定罪量刑时需考量的重要因素。

（5）危害结果。犯罪行为侵犯了刑法所保护国家和人民的利益，并造成一定的损害。因而其是行为的社会危害性衡量的一个重要因素。就此而言，贪污受贿行为所造成的危害结果是贪污受贿罪量刑中必须加以认真考量的重要酌定量刑情节。最高人民法院2010年颁行《关于贯彻宽严相济刑事政策的若干意见》中也规定，对于造成严重危害结果的职务犯罪和商业贿赂犯罪案件，即使犯罪数额不大，也应依法从严惩处。[④]

在司法实践中，危害结果一般包括物质性危害结果和非物质性

① 参见河北省廊坊市中级人民法院刑事判决书（2014）廊刑初字第50号。

② 参见罗昌平、王丽娜：《“8·15”广东汕头特大走私案：一放连卓钊》，载《财经》2013年第2期。

③ 参见北京市第二中级人民法院刑事判决书（2013）二中刑初字第1030号。

④ 参见最高人民法院2010年颁行的《关于贯彻宽严相济刑事政策的若干意见》第8条第3款。

危害结果。具体到贪污受贿犯罪案件，物质性危害结果一般包括贪污受贿行为造成的物质财产损失和贪污受贿行为间接导致的人身伤亡结果。如果行为人收受贿后违背职责要求为行为人谋取不正当利益，其造成的社会危害性当然较大。如美国量刑委员会的《量刑指南》就是将贿赂的价值、作为贿赂回报而获得的利益、将要获得的利益或由于犯罪使得政府蒙受损失作为量刑的重要依据。① 至于人身损害，其往往不是直接造成的，但是贿赂行为是该行为发生的重要原因。例如，1999 年重庆市高级人民法院终审的重庆市綦江县原县委副书记林世元受贿、玩忽职守案中，林世元收受贿赂，影响虹桥建设质量，造成 40 人死亡、14 人受伤的严重后果。法院在量刑时是将其作为从重处罚的重要考量因素的。② 非物质性危害结果，一般是指因为受贿犯罪而导致的不良社会影响。最高人民法院 2010 年 2 月 8 日发布的《关于贯彻宽严相济刑事政策的若干意见》中也指出，对于贪污贿赂等案件，如果发生在特定领域导致了较为恶劣的社会影响，要依法从严惩处。

在现行刑法典中，受贿行为所造成的危害结果在我国属于酌定的量刑情节，对于量刑的影响力较为明显。如国家药监局原局长郑筱萸的案件中，法院判处其死刑的最主要的理由就是其受贿行为"……危害人民群众的生命、健康安全，造成了极其恶劣的社会影响。"③ 在最高人民法院原副院长黄松有案件的判决书中，也提到其"……受贿数额巨大，犯罪的社会影响极其恶劣……"④ "给国家和人民利益造成损失"，这是受贿罪量刑中"危害结果"的重要评判标准。在受贿案件中，有的受贿行为给国家造成了重大的经济

① 参见《美国量刑指南》，北大翻译组译，北京大学出版社 1995 年版，第 115 页。

② 参见重庆市高级人民法院刑事判决书（1999）渝高法刑终字第 116 号。

③ 参见北京市第一中级人民法院刑事判决书（2007）一中刑初字第 1599 号。

④ 参见"黄松有受贿、贪污案"，载北大法宝 http：//www. pkulaw. cn/case/pfnl_1970324837267696. html? keywords = 黄松有 &match = Exact，2016 年 2 月 23 日访问。

损失，有的受贿案件在社会上造成了极其恶劣的社会影响。这些物质性和非物质性的危害结果虽然不是刑法典中明确规定的法定量刑情节，但却是司法实践中刑罚裁量的重要考量因素。

3. 罪后酌定量刑情节

罪后酌定量刑情节，是指犯罪完成之后至审判终结之前，能够反映行为人人身危险性状况和改造可能性大小的、审判人员在量刑时应当考虑并酌情适用刑法典中并未明确规定的量刑事实。[①] 法律没有明文规定的，一般的罪后酌定量刑情节主要包括减少犯罪损失（在贪污受贿犯罪中主要表现为积极退赃）、认罪态度（贪污受贿犯罪中表现为是否认罪悔罪）、民事赔偿等。本书选取司法实践中贪污受贿犯罪常见的罪后酌定量刑情节（是否退赃、是否认罪悔罪）作为分析对象。需要注意的是，虽然《刑法修正案（九）》将贪污受贿罪中如实供述、积极退赃、认罪悔罪作为从宽处理的条件，但符合该从宽处理的条件需要同时具备如实供述、积极退赃、认罪悔罪的行为，并且避免、减少损害结果的发生。因而从严格意义上而言，《刑法修正案（九）》并未将其中的任何一种情节上升为法定量刑情节。因而本书中还是将其中的任何一种情节作为单纯酌定量刑情节。至于如实供述，一般主要是法定量刑情节，因为这种情形下的如实供述一般构成自首或者坦白。需要注意的是，关于被采取强制措施的犯罪嫌疑人、被告人和已经宣判的罪犯如果供述的是与司法机关已经掌握的或者判决确定的罪行属于同种余罪，依据“两高”2009 年颁行的《关于办理职务犯罪案件认定自首、立功等量刑情节若干问题的意见》该种行为不属于自首，但是依据《刑法修正案（八）》的规定，此种情况也构成坦白，属于法定的量刑情节。因而本书并不将如实供述作为罪后酌定量刑情节加以考量。

① 参见彭新林：《酌定量刑情节限制死刑适用研究》，法律出版社 2011 年版，第 301 页。

（1）退赃情况。所谓退赃，是指犯罪嫌疑人或者被告人在犯罪后至终审判决前，主动或委托亲属代为向公安、司法机关或者被害人交出赃款赃物的行为。由于退赃减轻了犯罪行为的社会危害程度，特别是在财产性犯罪中，同时也降低了司法成本，也有助于实现刑法惩治与教育的目的，因而将其作为从宽处罚的因素是具有法理基础的。我国刑法中对于退赃虽有所规范，但只是原则性地规定了国家对于退赃的态度，其规定各不相同。如在贪污受贿犯罪中，2007年“两高”颁行的《意见》中第9条第1款规定：“国家工作人员收受请托人财物后及时退还或者上交的，不是受贿。”这里的司法解释是将退赃作为定罪情节加以考量的；1997年刑法典中将积极退赃作为受贿在5000元以上但不满1万元情形的法定从宽处罚情节；2009年“两高”颁布的《关于办理职务犯罪案件认定自首、立功等量刑情节若干问题的意见》第四部分中也规定，对于贪污、受贿案件中赃款赃物全部或者大部分追缴的，对于贪污罪一般应当考虑从轻处罚，对于受贿罪，则视具体情况可以酌定从轻处罚。上述司法解释就是将其作为酌定从宽情节加以考量的。由于我国相关立法、司法解释对于退赃规定不一致，导致了司法实践中的适用不统一的问题。在刑事司法实践中，贪污受贿犯罪中退赃的情况不一而足，有必要对退赃情节影响量刑进一步加以细化，以便更加正确地将退赃情况纳入量刑考量因素。从司法实践来看，一般应考虑：

第一，退赃的数量。在贪污受贿犯罪中，退赃的数量与减少犯罪行为对社会危害的程度有着较为直接的关系。例如，有的行为人是全部、彻底的退赃，有的行为人是大部分赃款被退缴，还有的行为人是仅仅退赃一小部分。一般来说，在不考虑其他因素的情况下，退赃的数量多少与量刑的从宽幅度成正比。退赃越彻底、数量越多，从宽处罚的幅度就应越大。需要注意的是，由于受贿罪没有直接的被害人，其收受的财物属于非法所得，属于国家没收的对象，因而其退赃的对象应该是国家有关机关。如果行为人在案发之际，将贿赂财物退还给行贿人的，不应当作为退赃处理。而贪污罪中，由于存在一定的被害人，如果行为人将赃物退还给被害人或者单位，也能作为退赃加以认定。

第二，退赃的态度。退赃分为积极退赃和被动退赃。积极退赃，一般是指案发后，行为人或者亲属[①]主动交出赃款、赃物，或者是司法机关依职权追缴时，犯罪分子或者亲属主动配合。被动退赃，是指在办案机关依法追缴赃款赃物时，犯罪分子或者亲属并没有表现出积极配合的态度，完全是办案机关追缴的，虽然也属于退赃，但是具有明显的被动性，从宽幅度应当小于主动退赃的情形。因而在衡量行为人退赃对量刑的影响时，应当注意其退赃的态度。

第三，退赃的时间。从退赃的时间来看，有的犯罪人是在公安、司法机关采取强制措施之前积极退赃，有的是案件立案侦查阶段退赃，有的是在案件起诉后才退赃的，还有的是在案件审理阶段退赃，甚至还有的是在案件二审阶段退赃等。不同时间段的退赃，不仅关系到犯罪行为社会危害性的事后弥补情况，而且也反映出行为人悔罪的程度，有时还会影响到案件的审理。所以，退赃的时间是贪污受贿犯罪案件量刑时应当予以考量的酌定量刑情节。

但是，需要注意的是，贪污受贿犯罪中退赃不是无条件从宽处罚的酌定量刑情节。有时行为人积极退赃，即使是全部退赃，但如果给国家或者人民利益造成重大损失的，也不一定能得到从宽处理。另外，由于受贿罪主要侧重于犯罪行为对职务廉洁性的侵害，因而退赃对量刑的影响力小于贪污罪；而贪污罪脱胎于财产犯罪，

① 我国刑事司法实践中，一般将亲属在犯罪人的要求下代为退赃的，也视为犯罪分子本人的退赃。虽然该种做法存在一定的争议。有论者认为，该种行为虽然能够在一定程度上修复被破坏的社会关系，但是有违罪责自负原则，对于一些经济条件不好的犯罪分子家属陷入困难。参见周金刚：《酌定量刑情节的泛华现象研究》，载《南京大学法律评论》2010 年秋季卷。笔者认为，亲属代为退赃确实减轻了行为人危害行为所造成的危害结果，但确实也会存在上述论者的担忧，因而在司法实践中对于此种情形的退赃，应当严格把握。

退赃数量对其量刑影响力较大。例如，2000 年全国人大常委会原副委员长成克杰受贿案件的判决书指出，该案中的赃款是在其情妇李平的配合下被追缴的，成克杰的退赃表示，对本案赃款的追缴未起到任何实质性的作用，且赃款的追缴，并不能挽回成克杰的受贿行为给国家造成的巨大损失和由此产生的极为恶劣的社会影响，成克杰不具有法定从轻、减轻处罚情节。[①] 再如，首都机场集团公司原董事长李培英贪污、受贿案中，山东省济南市中级人民法院一审认为，李培英贪污行为依法应当判处死刑，鉴于其贪污赃款已经全部退缴，对其判处死刑，可不立即执行；受贿数额特别巨大，犯罪情节特别严重，虽然有近亲属代为退缴受贿赃款的情节，但不足以从轻处罚，应依法严惩。[②] 可见，贪污罪和受贿罪中，退赃对于量刑的影响也是有细微区别的。

（2）认罪悔罪态度。所谓认罪悔罪，通俗而言，就是承认并真诚追悔自己的罪行。悔罪与认罪存在一定的区别，认罪仅仅指承认自己的罪行。认罪与悔罪都属于认罪态度的范畴。一般而言，认罪是悔罪的前提，悔罪是认罪的结果，犯罪分子认罪并不一定是出于悔罪，也有可能是为了减轻处罚。真诚悔罪更能体现犯罪分子人身危险性的降低，因而是否真诚悔罪就成为受贿量刑时的考量因素。因而贪污受贿案件中犯罪人的罪后态度能够影响到贪污受贿犯罪的量刑。最高人民法院 2010 年颁行《关于贯彻宽严相济刑事政策的若干意见》第 8 条第 2 款也提到，对于职务犯罪和商业贿赂犯罪，如果行为人拒不认罪悔罪的，要坚决依法从严惩处。

由于行为人的认罪悔罪在判断上具有一定的模糊性，特别是悔罪，因而不应过分强调其在量刑中的从宽作用，而应当结合其他情节加以综合考虑。认罪悔罪均是综合性的量刑情节，坦白、自首等法定情节以及积极退赃等酌定情节也可以体现行为人是否真诚悔

---

① 北京市第一中级人民法院刑事判决书（2000）一中刑初字第 1484 号。

② 参见《中华人民共和国最高人民检察院公报》2009 年第 5 期。

罪，故而其很难具有独立的量刑评价意义，只能依据全案进行综合认定。但是，如果行为人认罪悔罪态度不好，一般在量刑时也会加以体现。例如，安徽省原副省长王怀忠受贿、巨额财产来源不明案中，山东省济南市中级人民法院一审判决书和最高人民法院死刑复核裁定书中均认为，王怀忠犯罪情节特别严重，且在确凿的证据面前，拒不认罪，态度极为恶劣，应依法严惩。①

## 第二节　贪污受贿犯罪量刑标准之检视与完善建言

《刑法修正案（九）》在 1997 年刑法典的基础上进一步完善了贪污受贿犯罪的定罪量刑标准，前文中笔者已经就贪污受贿犯罪量刑标准的相关问题进行了较为详细的阐述。但是，基于贪污受贿犯罪刑事法治的发展完善之考量，我国的贪污受贿犯罪的定罪量刑标准尚存在一些不完善之处，亟须在以后的刑事立法和司法中加以完善，以助于贪污受贿犯罪量刑的科学性和合理性。

### 一、贪污受贿犯罪量刑标准问题检视

贪污受贿犯罪量刑关系到贪污受贿犯罪的惩治力度和防治效果。然而，现阶段我国贪污受贿犯罪量刑标准却存在量刑从宽、从严情节失衡之现象，且缺乏统一的量刑基础，导致了司法实践中量刑的不统一和量刑失衡，因而有必要在检视现有贪污受贿犯罪量刑标准的基础上，进一步完善我国贪污受贿犯罪的量刑标准。

#### （一）从宽、从严量刑情节失衡

有论者通过对我国贪污受贿量刑过程中量刑情节的适用情况和

① 参见最高人民法院复核王怀忠案死刑裁定书（2004）刑复字第 15 号；“王怀忠受贿、巨额财产来源不明案”，载北大法宝 http://www.pkulaw.cn/case/pfnl_1970324837042275.html? keywords=王怀忠&match=Exact，2016 年 2 月 26 日访问。

量刑结果的类型进行分析，从该论者的实证研究，我们可以看出，司法实践中，我国相关司法机关对于从宽、从严情节在量刑时处理失衡。该论者从“中国裁判文书网”上收集了全国各地200份判决，发现法官共适用了18种480个量刑情节，其中从重情节3种（即索贿、多次受贿和给单位造成重大损失三种从重量刑情节）11个，分别占量刑情节总量的16%和2%；从宽情节15种469个，分别占量刑情节总量的84%和98%。在102个自首情节中，从轻处罚数是25个，减轻处罚和“与其他情节合并减轻或免除处罚”之和是77个，分别占自首总量的25%和75%。在29个立功情节中，从轻处罚数是5个，减轻处罚和“与其他情节合并减轻处罚”之和是24个，分别占立功总量的17%和83%。[①] 由此可见，在贪污受贿犯罪的量刑中，从宽情节占绝对优势，从重情节寥寥无几；在适用自首和立功两种情节时，减轻处罚和免除处罚的数量占绝对优势，从轻处罚数量较少。在200份量刑判决中，“难以评价”[②]、从轻处罚、减轻处罚、从轻处罚后判处缓刑、减轻处罚后判处缓刑、免除处罚的数量是12份、64份、67份、17份、27份、13份，分别占判决总量的6%、32%、33.5%、8.5%、13.5%、6.5%，也即从宽处罚的比率是94%，缓刑的比率是22%，免除处罚的比率是6.5%。由此可见，在这200份贪污受贿犯罪的判决书中，从宽处罚的比率相当之高，缓刑和免除处罚的比率也很高，从重处罚的情形基本不存在。这点也从其他学者的实证研究中得到证实，该论者选取全国640份生效裁判书中的671名被告人的量刑情况进行分析，发现从轻处罚的423人，占样本总数的63%；减轻处罚的共计

① 参见王刚、洪星：《我国贪污受贿犯罪量刑中存在的问题及完善建言——以200份贪污受贿案件判决书的裁判文书的实证分析为基础》，载赵秉志主编：《刑法评论》（第2卷），法律出版社2014年版，第182~184页。

② “不好评价”，是指判决书中没有适用任何量刑情节的情形，因此不好判断从严处罚还是从宽处罚。从审判经验来看，在没有从严情节的情况下法官不会作出从重判决，所以“不好评价”的判决最起码不是从重量刑的判决。

234 人，占样本总数的 34.9%；既从轻又减轻处罚的共计 124 人，占样本总数的 18.5%；既没有从轻处罚又没有减轻处罚的共计 138 人，占样本总数的 20.6%。[①]

可见，在贪污受贿犯罪的量刑中，从宽情节占绝对优势，从重情节付之阙如。这与我国刑法典中的相关规定不无关系，我国刑法典中仅规定“索贿的，从重处罚”这一特定的从重处罚情节，从重处罚只能在法定刑幅度内从重处罚，且这种从重处罚缺少比例幅度的限制。而对于违背职务的程度、违背职务行为而造成损失的严重程度、具备特定身份的人员受贿等，尚未被作为法定的量刑情节，多数情况下只是作为酌定量刑情节，而酌定量刑情节存在适用不确定的问题，这也为司法人员发挥裁量权留下了较大的空间。

（二）缺乏相对统一的量刑标准

我国刑法典中对于贪污受贿犯罪的定罪量刑标准规定得十分概括抽象，也没有相关的司法性文件予以明确规定，司法实践中贪污受贿犯罪的量刑没有统一的标准。最高人民法院自 2005 年开始推行的量刑规范化改革取得了较为明显的成果，其目的就是统一量刑标准，促进量刑的规范化、科学化、明确化。但是 2013 年最高人民法院颁布的《关于实施量刑规范化工作的通知》以及《关于常见犯罪的量刑指导意见》中并未就贪污受贿犯罪的量刑标准进行统一规定，并且一直缺乏关于贪污受贿犯罪量刑的详细司法解释和指导性规定，这就会导致司法人员在量刑时对于情节和量刑因素的把握所采用的标准不一致，特别是在对贪污受贿犯罪的法定量刑情节、酌定量刑情节和从严情节、从宽情节的认定上，没有法律法规或是司法解释给予具体规定，又没有统一的量刑标准和量刑规则，司法人员行使自由裁量权的空间较大，对于相关情节的运用无章可循、随意性较大，对于量刑的影响力也不明显，难免会造成量刑结

---

① 参见景景：《受贿罪量刑均衡问题研究》，人民法院出版社 2015 年版，第 52 页。

果的失衡。因此，迫切需要我国相关部门制定贪污受贿犯罪统一的量刑标准和量刑规则。

制定全国统一的贪污受贿犯罪量刑标准，能够在一定程度上防止因司法人员个体差异而导致的量刑失衡，在做到准确量刑的同时，也可以使得贪污受贿犯罪的量刑更具可操作性，最大限度地减少贪污受贿案件量刑不统一或者法定、酌定情节认定过于宽泛、不一致导致的量刑失衡问题，进而促进贪污受贿犯罪量刑公平公正和量刑统一。事实上，在《刑法修正案（九）》通过之后，相关司法解释迟迟未出台期间，依据相关学者对裁判文书网上的统计（截至2016年2月初），有一些法院已经对少数贪污受贿案件进行了判决。[①] 但是，即使是同一地区相关案件判决对于“数额特别巨大”“数额巨大”“数额较大”也并未有统一的标准，如北京（2015）四中刑初字第22号判决书中，行为人受贿1040余万元被判处有期徒刑11年；北京（2015）一中刑初字第2039号判决书中，行为人受贿530余万元而被判处有期徒刑12年。再如，福建（2015）厦刑初字第67号判决书中，行为人因受贿2000余万元而被判处有期徒刑13年；广东（2015）穗中法刑二初字第54号判决书中，行为人受贿450余万元而被判处有期徒刑12年等。因而亟须“两高”尽快出台相关贪污受贿犯罪的具体化量刑标准，以助于刑事司法操作。

---

① 参见“贪污贿赂犯罪数额较大、巨大、特别巨大的判决标准”，载搜狐网 http：//mt. sohu. com/20160215/n437434426. shtml，2016年3月26日访问。

表 5.1 《刑法修正案（九）》通过后相关法院认定贪污受贿“数额特别巨大”的案件①

| 排序 | 案号 | 贪污受贿数额 | 判处刑罚 |
|---|---|---|---|
| 1 | 北京（2015）四中刑初字第 22 号 | 受贿 1040 余万元 | 判处有期徒刑 11 年，并处没收个人财产人民币 50 万元 |
| 2 | 北京（2015）一中刑初字第 2039 号 | 受贿 530 万元，贪污 385 万元 | 犯受贿罪，判处有期徒刑 12 年，并处罚金人民币 200 万元；犯贪污罪，判处有期徒刑 11 年，并处罚金人民币 160 万元；决定执行有期徒刑 19 年，并处罚金人民币 360 万元 |
| 3 | 北京（2015）二中刑初字第 966 号 | 受贿 394 万元 | 判处有期徒刑 11 年 6 个月，并处罚金人民币 12 万元 |
| 4 | 北京（2015）一中刑初字第 3219 号 | 受贿 94 万元，立功 | 判处有期徒刑 10 年，并处罚金人民币 50 万元 |
| 5 | 广西（2015）桂刑经终字第 23 号 | 受贿 3000 余万元 | 判处有期徒刑 15 年，并处没收个人财产 700 万元 |

① 以下相关案例参考刑事辩护网：“贪污贿赂犯罪数额较大、巨大、特别巨大的判决标准（重磅统计）”，http://www.ahxb.cn/c/1/2016-02-14/2577.html? bsh_bid=10253 19602&from = groupmessage&isappinstalled = 0 # 0 - tsina - 1 - 63551 - 397232819ff9a47a7b7e80a40613cfe1，2018 年 10 月 20 日访问。

续表

| 排序 | 案号 | 贪污受贿数额 | 判处刑罚 |
| --- | --- | --- | --- |
| 6 | 河北（2015）唐刑初字第51号 | 受贿2600余万元 | 判处无期徒刑，剥夺政治权利终身，并处没收个人全部财产 |
| 7 | 河北（2015）唐刑初字第80号 | 受贿760余万元 | 判处有期徒刑10年6个月，并处没收个人财产人民币40万元 |
| 8 | 福建（2015）厦刑初字第67号 | 受贿2000余万元 | 判处有期徒刑13年，并处没收个人财产人民币300万元 |
| 9 | 广东（2015）穗中法刑二初字第54号 | 受贿450余万元 | 判处有期徒刑12年，并处没收财产人民币60万元 |
| 10 | 云南（2015）红中刑二初字第61号 | 受贿395余万元 | 判处有期徒刑12年，并处没收个人财产人民币50万元 |
| 11 | 浙江（2015）金义刑初字第2199号 | 受贿159.2万元 | 判处有期徒刑11年，并处罚金人民币20万元 |
| 12 | 四川（2015）盐刑初字第126号 | 受贿169余万元，自首减轻处罚 | 判处有期徒刑5年，并处罚金人民币5万元 |

表 5.2 《刑法修正案（九）》通过后相关法院认定贪污受贿“数额巨大”的案件

| 排序 | 案号 | 贪污受贿数额 | 判处刑罚 |
|---|---|---|---|
| 1 | 北京（2015）三中刑终字第 00783 号 | 贪污 95 万元 | 判处有期徒刑 8 年 |
| 2 | 上海（2015）沪铁中刑终字第 13 号 | 受贿 50 余万元，自首减轻处罚 | 判处有期徒刑 2 年，并处罚金人民币 5 万元 |
| 3 | 浙江（2014）绍越刑初字第 1139 号 | 受贿 45 万元 | 判处有期徒刑 5 年 |
| 4 | 广东（2015）湛遂法刑初字第 137 号 | 贪污 26.7 万元 | 判处有期徒刑 5 年 |
| 5 | 山东（2015）济刑终字第 270 号 | 受贿 28 万元 | 判处有期徒刑 3 年 |

表 5.3 《刑法修正案（九）》通过后相关法院认定贪污受贿“数额较大”的案件

| 排序 | 案号 | 贪污受贿数额 | 判处刑罚 |
|---|---|---|---|
| 1 | 北京（2015）东刑初字第 394 号 | 受贿 5 万元 | 判处有期徒刑 1 年 5 个月 |
| 2 | 上海（2015）宝刑初字第 1716 号 | 受贿 33000 元 | 免予刑事处罚 |
| 3 | 广东（2015）揭惠法刑初字第 318 号 | 受贿 4 万元 | 免予刑事处罚 |

续表

| 排序 | 案号 | 贪污受贿数额 | 判处刑罚 |
| --- | --- | --- | --- |
| 4 | 广东（2015）佛三法刑初字第 639 号 | 受贿 12 万余元 | 判处有期徒刑 3 年，缓刑 3 年，并处罚金人民币 5 万元 |
| 5 | 浙江绍兴（2015）绍柯刑初字第 753 号 | 受贿 8 万余元 | 判处有期徒刑 1 年零 2 个月，并处罚金人民币 2 万元 |
| 6 | 浙江金华（2015）金义刑初字第 858 号 | 受贿 6.5 万元，自首退赃 | 判处有期徒刑 2 年零 6 个月，缓刑 3 年零 6 个月，并处罚金人民币 1 万元 |
| 7 | 浙江宁波（2014）甬鄞刑初字第 1244 号 | 受贿 8.5 万元 | 判处有期徒刑 2 年零 6 个月，缓刑 3 年零 6 个月，并处罚金人民币 1.5 万元 |
| 8 | 浙江温州（2015）温苍刑初字第 1599 号 | 受贿 4.9 万元，自首退赃 | 判处有期徒刑 1 年，并处罚金人民币 5000 元 |
| 9 | 福建（2015）泰刑初字第 91 号 | 受贿 4.5 万元，自首退赃 | 判处有期徒刑 7 个月，并处罚金人民币 1 万元 |
| 10 | 福建（2015）泰刑初字第 26 号 | 受贿 4.1 万元 | 判处有期徒刑 8 个月，缓刑 1 年；并处罚金人民币 1 万元 |
| 11 | 福建（2015）泰刑初字第 25 号 | 受贿 4.5 万元，自首退赃 | 免予刑事处罚 |
| 12 | 福建（2015）厦刑终字第 528 号 | 受贿 4.55 万元，自首退赃 | 判处有期徒刑 1 年 |

续表

| 排序 | 案号 | 贪污受贿数额 | 判处刑罚 |
|---|---|---|---|
| 13 | 湖南（2015）南法刑初字第170号 | 受贿1.6万元 | 免予刑事处罚 |
| 14 | 湖南（2015）桃刑初字第236号 | 受贿4.7万元，自首退赃 | 免予刑事处罚 |
| 15 | 辽宁（2015）桓刑初字第00096号 | 受贿7.4万元 | 判处有期徒刑1年零4个月，处罚金人民币4.5万元 |
| 16 | 四川（2015）游刑初字第272号 | 受贿3.6万元 | 免予刑事处罚 |
| 17 | 重庆（2015）合法刑初字第00451号 | 受贿5.8万元 | 免予刑事处罚 |
| 18 | 广西（2015）容刑初字第49号 | 受贿1.4万元 | 判处有期徒刑6个月，并处罚金人民币1万元 |
| 19 | 乌鲁木齐（2015）乌刑初字第35号 | 受贿10万元，自首退赃 | 判处有期徒刑2年，缓刑2年 |

## 二、贪污受贿犯罪量刑标准完善建言

对于完善贪污受贿犯罪的量刑标准，我们必须进一步适时在立法上实现部分酌定量刑情节法定化，以促进量刑的规范化；同时，为了促进量刑的统一，进一步指导司法实践，有必要及时出台贪污受贿犯罪的量刑指导意见。

### （一）立法适时实现部分酌定量刑情节法定化

1. 贪污受贿犯罪酌定量刑情节法定化具有现实必要性

酌定量刑情节由于能够反映行为的社会危害性和行为人的人身

危险性，在量刑时原则上都应当予以考虑。我国刑法典第 61 条关于量刑根据中，既包括法定量刑情节，也包含酌定量刑情节。从司法实践来看，酌定量刑情节存在的范围十分广泛，可以说，酌定量刑情节存在于任何一起刑事案件中。但是，与法定情节相比，由于相关法律并没有明确规定酌定量刑情节，法官有较大的自由裁量权，因而其对于量刑的影响存在一定程度上的不确定性，进而会影响刑罚的统一性。

对于贪污受贿犯罪而言，由于法定量刑情节较少，因而导致司法实践中较为注重酌定量刑情节对量刑的影响。有论者通过对我国华北地区、东北地区、华东地区、华中地区、华南地区、西北地区、西南地区七个大区的 640 份涉及受贿罪的有效裁判文书的实证研究发现，影响主刑量刑结果的十大影响因素中，被告人身份、地区、年份、认罪态度、退赃、谋取利益是否成功及其利益正当性、危害结果等酌定量刑情节对受贿罪量刑有较大的影响力。[①] 而且相关的酌定量刑情节对于量刑的影响力明显超过相关的法定量刑情节。因而如果能够将司法实践中较为常见、对量刑影响力较大的量刑情节在贪污罪、受贿罪的刑法规范中进行明确化，有利于促进量刑的统一化、规范化，避免量刑的随意性、不确定性。[②] 当贪污受贿犯罪存在这些量刑情节时，司法机关就可以明确依据刑法典的具体规定对其予以处罚，有助于促进贪污受贿犯罪的量刑公正。

2. 贪污受贿犯罪酌定量刑情节法定化

酌定量刑情节的法定化不可能一蹴而就。哪些酌定情节应当上升为法定量刑情节，应当经过审慎研究并且需要有相关的实务数据作为支撑，这样予以法定化的酌定量刑情节才能科学合理。笔者认为，在现阶段上升为法定量刑情节的酌定量刑情节必须是那些能够

---

① 参见景景：《受贿罪量刑均衡问题研究》，人民法院出版社 2015 年版，第 30 页。

② 参见莫洪宪、张昱：《酌定量刑情节在死刑案件中的适用及其完善》，载《刑法论丛》2014 年第 2 卷。

反映贪污受贿犯罪的特征且对量刑产生较大影响的量刑情节，而且也需要是在理论界和实务界形成基本共识的情节。因而能够实现法定化的量刑情节必须做到以下两点：一是予以法定化的酌定量刑情节必须能够对相关犯罪的量刑有重大的影响力。上升为法定量刑情节的酌定量刑情节应当是能够影响罪量大小的情节。因此选择的酌定量刑情节有较大的量刑价值，即该情节必须能够在较大程度上反映行为的社会危害性和行为人的人身危险性、主观恶性。二是该酌定量刑情节的量刑价值必须在理论界和实务界得到普遍认可。因而我们对于司法解释或者是规范性文件中已经明确规定的酌定量刑情节在法定化的时候可以优先考量，因为这些酌定量刑情节已经在司法实践中得到了一定的检验和较大程度上的认可。如 2009 年 3 月 12 日“两高”联合发布的《关于办理职务犯罪案件认定自首、立功等量刑情节若干问题的意见》就对被害人过错、犯罪人一贯表现等酌定量刑情节进行了导向性的规范。

依据以上相关原则，笔者认为，现阶段可以考虑将贪污受贿犯罪案件中对量刑产生较大影响力的犯罪人身份、积极退赃、认罪态度、谋取利益情况、造成损失情况等酌定量刑情节法定化。事实上，在司法实践中，相关的司法机关也都会考虑相关的量刑情节进而适当量刑，甚至在一些重大的贪污受贿案件中，即使依据案件的实际情况可以判处死刑，一般也会考虑从宽处罚进而判处死刑缓期执行甚或无期徒刑。据相关学者统计，21 世纪以来，中国的高官腐败犯罪案件中，几乎每一个判处死刑缓期执行或者无期徒刑的案件，都存在认罪悔罪、积极退赃等酌定量刑情节。[①] 可见，司法实践中，认罪悔罪、积极退赃等酌定量刑情节对贪污受贿犯罪的量刑影响力较大，这些情节对于量刑的影响力也为理论界和实务界所认同。故而将这些典型的酌定量刑情节法定化，有助于在贪污受贿犯

① 参见赵秉志：《论中国贪污受贿犯罪死刑的立法控制及其废止——以〈刑法修正案（九）〉为视角》，载《现代法学》2016 年第 1 期。

罪的司法实践中发挥相关情节对量刑的影响。

（二）及时出台贪污受贿犯罪的量刑指导意见

1. 出台量刑指导意见有助于公正量刑

我国从2004年开始进行量刑规范化改革，至2013年年底取得了显著的改革成果。2013年11月，最高人民法院颁布《关于实施量刑规范化工作的通知》以及《关于常见犯罪的量刑指导意见》，该指导意见将一部分数额犯的情节进行了量化评价，如盗窃罪和职务侵占罪等，规定增减一定比例的基准刑。但是上述量刑规范的罪名仅限于交通肇事罪、故意伤害罪等15个罪名，并不包括贪污受贿犯罪。① 但是，贪污受贿犯罪作为我国发案数量极大的常见犯罪，应当及早考虑贪污受贿犯罪除数额外的其他情节的量化评价。笔者建议国家司法机关尽快出台贪污受贿犯罪的量刑指南，以促进量刑的统一性和公正性。事实上，早在2006年11月8日，时任最高人民法院副院长姜兴长同志在第五次全国刑事审判工作会议上就指出，最高人民法院正在抓紧制定贪污、贿赂、挪用公款犯罪的量刑指导意见，统一量刑情节的认定标准。② 2013年11月，第六次全国刑事审判工作会议上进一步提出全面推行量刑规范化改革。③ 从司法实践中来看，贪污受贿犯罪量刑是当前民众最为关注的、司法实践中最需要规范的犯罪领域，特别是高官腐败犯罪，直接关系到民众对司法公正的感知。因而基于量刑公正和促进反腐败刑事法治进步的考量，我们认为，最高人民法院应当尽快出台关于贪污受贿犯罪的量刑指南，及时对贪污受贿犯罪适用刑罚以及从轻、从重的量刑幅度和其他量刑情节作出较为详细的规定，以指导司法实践

---

① 参见张先明：《最高法院出台指导意见规范常见犯罪量刑》，载《人民法院报》2014年1月1日，第3版。

② 参见鲁生：《同罪同罚：公平正义的必然要求》，载《法制日报》2006年11月14日，第2版。

③ 参见张先明：《第六次全国刑事审判工作会议闭幕》，载《人民法院报》2013年10月16日，第1版。

中贪污受贿犯罪的量刑。

2. 量刑指导意见应当对相关情节进行量化评价

贪污受贿数额与其他犯罪情节要件对贪污受贿罪的量刑发挥着重要的影响。数额是一个量化情节，而其他情节要件则是非量化的情节，在同时具有数额和其他情节时，应对其他犯罪情节进行量化评价，将二者情节进行综合评价，构建更科学、合理的情节评价体系。这也与我国量刑规范化改革的基本目标相一致，未来我国最高人民法院在修订《关于常见犯罪的量刑指导意见》时，应规定对其他情节量化评价的标准，使贪污受贿犯罪的数额情节和其他情节能以较为统一的标准进行综合评价，更科学、合理地认定犯罪和适用刑罚。

对其他犯罪情节进行量化评价不仅具有必要性，也具有可行性。对贪污受贿罪的其他情节进行量化评价具有现实可行性。从《关于常见犯罪的量刑指导意见》中，我们可以看到“其他情节”包括涉及数额的其他情节和非数额的其他情节，对于此二种情节需要采用不同的量化评价方法：（1）对于涉及数额的其他情节，可以按该情节涉及的数额增减一定的比例来修正用于定罪量刑的贪污受贿的数额。例如，《关于常见犯罪的量刑指导意见》对退赃、退赔情节进行量化评价，“对于退赃、退赔的，综合考虑犯罪性质，退赃、退赔行为对损害结果所能弥补的程度，退赃、退赔的数额及主动程度等情况，可以减少基准刑的30%以下”。司法实践中，对贪污受贿犯罪案件中有“在案发前退赃”情节的，实际上也以更大比例的减轻处罚。这种对情节的量化评价方法，可以推广到其他涉及数额的情节的评价上。例如，对于“贪污后有能力退赃而拒不退赃的”，可以考虑按拒不退赃数额的10%~30%增加贪污的数额，以增加后的贪污数额适用相应法定刑档次并决定宣告刑。相似的涉及数额的其他情节还有“使国家和人民利益遭受损失”，可以按照损失的数额的50%增加贪污的数额；“贪污党、团费，贪污扶贫、救灾款”的，可以按照贪污特殊财产的数额增加20%以下来计算贪污的数额，如《关于常见犯罪的量刑指导意见》规定，对于在重大自然灾害等期间犯罪的，根据案件的具体情况，可以增加基准刑的20%以下。这种“特定时期”的犯罪情节可以增加一定比例的刑罚量，因而可以类比于贪污特定的对象，增加一定比例的贪污数额等。(2) 对于不涉及数额的其他情节，可以按照涉及数额的情节与非数额情节的并列关系，转换计算非数额情节刑罚量的增减。《刑法修正案（九）》第44条第3款中规定了相关的从宽量刑情节。其中，“在提起公诉前如实供述自己罪行”“真诚悔罪”等非数额情节与涉及数额的“积极退赃”“避免、减少损害结果的发生”在调节刑罚上具有相同的作用，可以比照后面两种情节在一定范围内增减刑罚量。虽然这种间接的量化评价方法不能精确地评价非数额情节，但是，它能为法官评价各种量刑情节提供较为一致的评价标准。

## 本章小结

当前世界各国普遍实行的是责任刑与预防刑统一的二元量刑根据，我国也是采取该种量刑根据，因而贪污受贿犯罪量刑标准的确定也要遵循责任刑与预防刑统一的二元量刑根据。因而在贪污受贿犯罪量刑时，我们一方面需要关注表征社会危害性大小的贪污受贿的数额，同时也不应忽视能体现责任刑的其他犯罪情节对量刑的影响。在贪污受贿犯罪中，对行为人进行量刑时需考量特殊预防和一般预防。对于一般预防主要是通过严密贪污受贿犯罪法网、严格查处贪污受贿案件进而加强对相关行为的规制来实现，其在量刑过程中的“显性”作用不明显，贪污受贿犯罪量刑过程中主要还是基于特殊预防之必要性，在追求特殊预防目的时，刑罚必须与犯罪人的人身危险性相适应。

《刑法修正案（九）》提升案件情节在贪污受贿犯罪定罪量刑标准中的地位，确立犯罪数额与犯罪情节并重的二元标准。

(1) 在对贪污受贿犯罪量刑时，应坚持犯罪数额与犯罪情节并重的原则。但是，当犯罪数额与犯罪情节逆向竞合时，为了体现罪责刑相适应，应当按照处罚较重的刑罚进行定罪量刑，但是由于情节较轻，可以在犯罪数额决定的量刑幅度内从宽处罚；当犯罪数额与犯罪情节同向竞合时，如果属于不同的量刑档次，一般是应选择量刑较重的刑罚档次，再以贪污受贿数额或者情节进行适当调节，以做到罪责刑相适应；如果贪污受贿数额、情节属同一量刑档次，但有相对较重较轻之别的，以相对较重的贪污受贿数额或情节的量刑为准。(2)《刑法修正案（九）》通过之后，对于数额较大、巨大、特别巨大的具体数额保持适当的幅度，这有助于司法实践中依据犯罪的不同情形科学合理地量刑，有助于体现罪责刑相适应的原则，有助于合理发挥量刑情节对量刑的作用。(3) 贪污受贿犯罪中，除贪污受贿数额外的，其他影响犯罪人刑事责任轻重，进而直接影响量刑结果的量刑情节主要有自首、立功、坦白等法定量刑情节和罪前、罪中、罪后等酌定量刑情节，在量刑时应当进行合理地考量。(4) 贪污受贿犯罪量刑关系到贪污受贿犯罪的惩治力度和防治效果。然而现阶段我国贪污受贿犯罪的量刑标准却存在量刑从宽、从严情节失衡之现象，且缺乏统一的量刑基础，导致了司法实践中量刑的不统一和量刑失衡。有必要进一步适时在立法上实现部分酌定量刑情节法定化，以促进量刑的规范化；同时，为了促进量刑的统一，进一步指导司法实践，有必要及时出台贪污受贿犯罪的量刑指导意见，针对其他犯罪情节对量刑的影响力进行量化评价。

# 第六章　贪污受贿犯罪死刑制度之量刑标准

腐败是当下中国重大的现实问题，也是事关我国经济社会发展的关键问题，反腐败斗争关系到党和国家的生死存亡。近年来，我们党和国家高度重视反腐败问题，在政治制度、法律制度等方面进行了系列建设。贪污受贿犯罪是腐败犯罪中最为主要的犯罪，因而我国刑法典中对于贪污受贿犯罪也进行了较为全面的规定，并且在不断地进行完善。在腐败犯罪中，贪污受贿犯罪的死刑适用问题是死刑改革的重大现实问题，也关系到我国惩治腐败犯罪的刑法结构、公众对于反腐败的认知以及死刑制度的进一步改革等。《刑法修正案（九）》中对贪污受贿犯罪的死刑适用标准进行了修正，并且对于特、重大的贪污受贿犯罪规定了死缓犯终身监禁制度，这对于有力有效地惩治腐败犯罪具有重要意义。在本部分，笔者在着重分析死刑适用标准和特、重大贪污受贿犯罪死缓犯终身监禁制度适用标准的基础上，对于进一步完善相关贪污受贿犯罪死刑适用制度提出了相关建言。

## 第一节　贪污受贿犯罪的死刑适用标准

《刑法修正案（九）》将贪污受贿犯罪的死刑适用条件由贪污受贿“数额10万元以上，情节特别严重”修改为贪污受贿“数额特别巨大，并使国家和人民利益遭受特别重大损失”。修法后的贪污受贿犯罪死刑适用标准相对更为明确，也具有较大的司法可操作性，有助于减少司法中贪污受贿犯罪死刑适用，促进了贪污受贿犯罪定罪量刑标准的科学化、合理化。[①] 2016 年 4 月 18 日“两高”发布的《解释》进一步明确了贪污受贿犯罪死刑适用标准的相关问题。本节中，笔者结合以上刑法立法和司法解释对贪污受贿犯罪死刑适用标准的相关问题进行简要探讨。

## 一、贪污受贿犯罪死刑适用标准之文本嬗变与分析

死刑问题是当下中国刑法改革中最为引人注目的问题之一，而包括贪污罪、受贿罪在内的死刑立法改革和司法适用问题更是触发民众敏感神经的诱发物。在刑法理论和司法实践的指导下，我国贪污罪、受贿罪的死刑立法经历了多次变化。对于贪污罪、受贿罪死刑立法规范的嬗变进行系统梳理，有助于从动态上了解贪污罪、受贿罪的死刑立法规范的历史变迁，进而为贪污罪、受贿罪的死刑立法改革和司法适用奠定良好的基础。

### （一）贪污受贿犯罪死刑适用标准之文本嬗变

1949 年中华人民共和国成立以后，为了巩固新生政权，党中央号召的“三反”“五反”运动在全国范围内展开。“三反”“五反”运动中的一个很重要的内容就是惩治贪污。为了更好地惩治贪污犯罪，1952 年 4 月中央人民政府颁布了惩治贪污的《条例》，我国有关受贿罪死刑的规定最早见之于《条例》。《条例》将受贿罪涵括在贪污罪的概念下，贪污罪不仅包括国家工作人员侵吞、盗窃、骗取、套取国家财物的行为，还包括国家工作人员强索他人财物，收受索贿等行为。《条例》第 3 条第 1 款对此种广义上的贪污罪定罪量刑作了明确的规定，其中第 1 项规定：“个人贪污的数额，在人民币一亿元以上者，判处十年以上有期徒刑或无期徒刑，其情节特别严重者判处死刑。”并且也规定了行贿罪、介绍贿赂罪

---

① 参见赵秉志：《论中国贪污受贿犯罪死刑的立法控制及其废止——以〈刑法修正案（九）〉为视角》，载《现代法学》2016 年第 1 期。

参酌贪污罪定罪处罚。[①]《条例》为体现对死刑适用的慎重，对于其他刑罚梯度内的刑罚采取的是绝对的具体数额定罪量刑标准，但是在对死刑的适用时，兼采数额与情节标准，即在贪污的数额在人民币1亿元以上者并且情节特别严重的，方可考虑适用死刑。《条例》是中华人民共和国成立以来中央政府制定而成的一部重要的刑事法律，在1979年刑法典生效之前一直是我国惩治贪污贿赂犯罪的基本法律依据。

另外，中华人民共和国成立以后，国家也开始了刑法典的起草准备工作，其间因为受当时的国际、国内政治运动的影响，刑法立法一度受阻，但是自1950年至1979年刑法典通过之前，国家相关部门陆陆续续拟定了38次刑法草案稿。尽管多数草案稿对贪污罪设置了死刑，但是在具有代表性的13个草案稿中，对受贿罪规定死刑的只有5个草案稿[②]，其他8个草案稿中，受贿罪的最高法定

① 《条例》第6条第1款规定："一切向国家工作人员行使贿赂、介绍贿赂者，应按其情节轻重参酌本条例第三条的规定处刑；其情节特别严重者，并得没收其财产之一部或全部；其彻底坦白并对受贿人实行检举者，得判处罚金，免予其他刑事处分。"

② 参见高铭暄、赵秉志编：《新中国刑法立法文献资料总览》（第2版），中国人民公安大学出版社2015年版，第82页、第94页、第151页、第172页、第185页。这五个草案稿分别是1950年7月25日中央人民政府法制委员会制定的《中华人民共和国刑法大纲草案》、1954年9月30日中央人民政府法制委员会制定的《中华人民共和国刑法指导原则草案（初稿）》、1963年10月9日全国人大常委会办公厅印发的《中华人民共和国刑法草案（修正稿）（第33稿）》、1978年12月《中华人民共和国刑法草案》联合修订组的《中华人民共和国刑法草案（修订稿）（第34稿）》、1979年2月《中华人民共和国刑法草案》修订组的《中华人民共和国刑法草案（修订二稿）（第35稿）》。

刑为 15 年有期徒刑或者无期徒刑。①

改革开放以后，随着我国社会经济的发展和社会情势的不断变化，我国惩治贪污贿赂犯罪的法律也在不断完善。1979 年 7 月 1 日第五届全国人民代表大会第二次会议通过并于 1980 年 1 月 1 日起施行的《中华人民共和国刑法》分别在第五章“侵犯财产罪”和第八章“渎职罪”中对贪污受贿罪的刑罚进行了规定。此时，1979 年刑法典中，我国刑法中仅对贪污罪的刑罚配置了死刑，而对受贿罪并未配置死刑，依据当时刑法典的规定，受贿罪的法定最高刑仅为 15 年有期徒刑。而且在规定贪污罪死刑时，改变了前面量刑幅度的“数额+情节”二元定罪量刑标准，采用的是“情节特别严重”的一元标准。

1979 年刑法典实施后不久，在东南沿海一带出现了大规模的走私、投机倒把等系列经济犯罪活动，一些国家工作人员参与其中，受贿、索贿并包庇、纵容。为此，1982 年年初，党中央发出紧急通知，决定开展旨在严厉打击经济犯罪活动的斗争。1982 年 3 月 8 日，全国人大常委会通过了《关于严惩严重破坏经济的罪犯的决定》（以下简称《严惩决定》），将包括受贿罪在内的 6 种犯

① 参见高铭暄、赵秉志编：《新中国刑法立法文献资料总览》（第 2 版），中国人民公安大学出版社 2015 年版，第 105 页、第 119 页、第 130 页、第 140 页、第 161 页、第 198 页、第 208 页、第 221 页。这八个稿子分别是 1956 年 11 月 12 日全国人大常委会办公厅法律室的《中华人民共和国刑法草案（草稿）（第 13 次稿）》、1957 年 6 月 28 日全国人大常委会办公厅的《中华人民共和国刑法草案（初稿）》、1962 年 12 月全国人大常委会办公厅的《中华人民共和国刑法草案（初稿）（第 27 次稿）》、1963 年 10 月 9 日全国人大常委会办公厅的《中华人民共和国刑法草案（修正稿）（第 33 次稿）》、1979 年 3 月 31 日全国人大常委会法制委员会办公厅的《中华人民共和国刑法草案（法制委员会修正一稿）（第 36 次稿）》、1979 年 5 月 12 日全国人大常委会法制委员会办公厅的《中华人民共和国刑法草案（法制委员会修正二稿）（第 37 次稿）》、1979 年 6 月 30 日五届全国人大二次会议秘书处印制的《中华人民共和国刑法草案（第 38 次稿）》。

罪[①]的法定最高刑提高到了死刑,[②] 但上述决定仅解决了相关犯罪的刑罚问题。为进一步解决相关犯罪在犯罪主体、认定标准等方面的问题，1988 年 1 月第六届全国人大常委会第 24 次会议在 1979 年刑法典和《严惩决定》的基础上，通过了惩治贪污罪、贿赂罪的《补充规定》，进一步明确了贪污罪、受贿罪的定罪量刑标准，根据数额的多少和情节的严重，为贪污罪和受贿罪划分不同的量刑幅度。其中，关于贪污罪的死刑适用标准为“个人贪污数额在 5 万元以上，情节特别严重”。关于受贿罪的死刑适用标准为“受贿数额在 1 万元以上，使国家利益或者集体利益遭受重大损失”。[③]

1997 年 3 月全国人民代表大会修订通过了《中华人民共和国刑法》(又称 1997 年刑法典)，1997 年刑法典第 383 条第 1 款将贪污罪的死刑适用标准规定为“个人贪污数额在十万元以上……情节特别严重”。第 385 条规定对于受贿罪依据贪污罪的规定定罪处罚。可见，我国 1997 年刑法典对贪污罪、受贿罪规定了死刑。相比较 1988 年的《补充规定》，贪污罪的适用死刑的标准由“个人贪污数额在五万元以上且情节特别严重”、受贿罪适用死刑的标准由“受贿数额在一万元以上，使国家利益或者集体利益遭受重大损失”，统一修改为贪污受贿“数额十万元以上情节特别严重”。

应腐败犯罪治理的现实需要，2015 年的《刑法修正案（九）》将贪污受贿犯罪的死刑适用标准由贪污受贿“数额十万元以上……情节特别严重”修改为贪污受贿“数额特别巨大，并使国家和人民利益遭受特别重大损失”。《刑法修正案（九）》改变了贪污受贿犯罪绝对死刑的立法例，将无期徒刑和死刑同时作为严重贪污受贿犯罪的可选择刑罚，同时修法后的贪污受贿犯罪死刑适

① 另外 5 种为走私罪、投机倒把罪、盗窃罪、贩毒罪、盗运珍贵文物出口罪。

② 参见高铭暄、赵秉志编：《新中国刑法立法文献资料总览》(第 2 版)，中国人民公安大学出版社 2015 年版，第 241 页。

③ 参见高铭暄、赵秉志编：《新中国刑法立法文献资料总览》(第 2 版)，中国人民公安大学出版社 2015 年版，第 246 页。

用标准相对更为明确，也具有较大的司法可操作性，使得司法人员有一定的刑罚裁量空间，能够依据具体案件的不同情况处以不同幅度的刑罚，进而有助于促进贪污受贿犯罪死刑的司法限制。

(二) 贪污受贿犯罪死刑适用标准之文本分析

从以上关于贪污受贿犯罪死刑立法规范的历史变迁中，我们可以看到，贪污受贿犯罪死刑适用标准规定呈现出以下特点：

1. 贪污受贿犯罪死刑适用标准徘徊在绝对确定死刑与相对确定死刑之间

绝对确定死刑，是指立法者在规定相关犯罪的刑罚时，仅仅规定了单一死刑刑种，并没有规定其他种类的刑罚。由于绝对确定死刑不利于体现罪责刑相适应原则，也不利于司法人员对于具体案件的合理裁量，因而在现代刑事立法中极为少见。

在1952年的《条例》中立法者将贪污罪的死刑确立为绝对确定的死刑。也即“个人贪污的数额，在人民币一亿元以上者，且情节特别严重者判处死刑”。1979年刑法典仅对贪污罪规定了死刑，规定的是相对确定的死刑，即“贪污公共财物，情节特别严重的，处无期徒刑或死刑”。1982年的《严惩决定》在对受贿罪配置时，也是采取的是相对确定的死刑立法例。1988年的《补充规定》对贪污罪采取的是绝对确定的死刑立法例，即“情节特别严重的，处死刑”，而对受贿罪设置的是相对确定的死刑立法例，即“受贿数额在一万元以上，使国家利益或者集体利益遭受重大损失的，处无期徒刑或者死刑”。1997年刑法典将受贿罪和贪污罪适用相同的定罪量刑，并确定了绝对确定的死刑，即贪污受贿“数额在十万元以上的……情节特别严重，处死刑”。《刑法修正案(九)》在维持贪污受贿罪同一定罪量刑标准的前提下，将绝对确定的死刑立法例改为相对确定的立法例，也即贪污受贿“数额特别巨大，并使国家和人民利益遭受特别重大损失的，处无期徒刑或者死刑”。

罪责刑相适应原则是我国基本的刑法原则，该原则要求在确定行为人的刑事责任时，要结合考虑犯罪行为的社会危害性和行为人的主观恶性、人身危险性。由于绝对死刑排斥了相关量刑情节对于案件量刑的影响，有时不可避免地会产生量刑失当，不符合罪责刑相适应原则。联合国人权委员会也明确强调反对适用绝对死刑。[①]我国刑法典中采取的是以“相对确定的法定刑”为主的立法例，但是针对特定罪名，在特定情形下也采取了“绝对确定的法定刑”立法例，其中相关刑法条文中就有绝对死刑的相关规定。绝对死刑在我国刑法中经历了一个存—废—立的曲折发展过程。早在 1951 年 2 月颁布的《中华人民共和国惩治反革命条例》中就规定有绝对死刑；1951 年 4 月颁布的《妨害国家货币治罪暂行条例》也规定有绝对死刑。[②] 但是，在“少杀、慎杀”思想和“严格限制死刑”的政策指导下，1979 年刑法典并没有规定绝对死刑条款，而是将死刑作为相关严重犯罪可供选择的刑种。虽然 1979 年刑法典中没有规定绝对确定的死刑，但出于“严打”的需要，之后的单行刑法中却针对相关犯罪规定了绝对确定的死刑。例如，1988 年通过的《补充规定》中规定了特定情形下贪污受贿犯罪的绝对死刑。[③] 1997 年刑法典修订时，将单行刑法中已经存在的绝对确定死刑的犯罪纳入刑法典中，最终在刑法典中确立了第 121 条的劫持航空器罪、第 239 条的绑架罪、第 240 条的拐卖妇女、儿童罪以及第 317 条的暴动越狱罪和聚众持械劫狱罪暨第 383 条和第 386 条的贪污罪与受贿罪绝对确定死刑的立法例。这种绝对死刑的立法模式由于不符合罪责刑相适应原则，也有违于刑事责任公平原则之要求，

① 参见赵秉志、徐文文：《〈刑法修正案（九）〉死刑改革的观察与思考》，载《法律适用》2016 年第 1 期。

② 参见高铭暄、赵秉志编：《中国刑法规范与立法资料精选》，法律出版社 2013 年版，第 251 页、第 255 页。

③ 参见高铭暄、赵秉志主编：《新中国刑法立法文献资料总览》（第 2 版），中国人民公安大学出版社 2015 年版，第 245 页、第 262 页。

故而此种死刑立法例在理论界和实务界饱受诟病。[1] 2015年的《刑法修正案（九）》将绑架罪、贪污罪、受贿罪绝对确定死刑的法定刑模式改为相对确定死刑的立法模式，有助于更好地贯彻罪责刑相适应原则，对于严格控制死刑的适用也大有裨益。

2. 贪污受贿犯罪死刑适用标准经历着数额、情节、结果标准之抉择

在贪污受贿罪的死刑适用标准上，中华人民共和国成立以来的不同立法例也是采用不同的标准。例如，在1952年的《条例》中采用的是“具体数额+概括情节”的标准，立法中明确规定死刑适用标准为“贪污数额在人民币一亿元以上并且情节严重”。1979年刑法典采用的是“概括情节”的标准，即将贪污罪的死刑适用限制在“情节特别严重”，后1982年的《严惩决定》增加规定受贿罪死刑配置时，也采取的是“情节特别严重”的概括标准。1988年《补充规定》中，对于贪污罪采用的是“具体数额+概括情节”死刑适用标准，即“贪污数额在五万元以上的，情节特别严重”；而对受贿罪的死刑适用标准确立的是“具体数额+相对确定情节（危害结果）”标准，即“受贿数额在一万元以上，使国家利益或者集体利益遭受重大损失”。1997年刑法典又转而采用了“具体数额+概括情节”标准，个人贪污受贿数额在10万元以上，且情节特别严重的，才可以判处死刑。《刑法修正案（九）》关于贪污受贿罪的死刑适用标准又转而采用了“概括数额+相对确定情节（危害结果）”的标准，即贪污受贿“数额特别巨大，并使国家和人民利益遭受特别重大损失”。

从以上可以看出，我国刑法立法对贪污受贿犯罪死刑适用标准的规定经历了从具体数额与情节相结合到只规定情节，再到具体数额与相对确定情节相结合，又回到具体数额与概括情节相结合，最

---

① 参见赵秉志：《论中国贪污受贿犯罪死刑的立法控制及其废止——以〈刑法修正案（九）〉为视角》，载《现代法学》2016年第1期。

后才确立“概括数额+相对确定情节（危害结果）”的历史发展脉络。笔者认为：（1）对于贪污受贿犯罪死刑的适用应当采取二元标准。由于死刑是受贿犯罪中最为严厉的刑罚，因而也应只能适用于犯罪情节最为严重的犯罪，故对其死刑的适用标准应当严格。一般而言，犯罪数额也属于犯罪情节，但是犯罪情节过于抽象、概括，不利于明确死刑适用的情形。而犯罪数额在贪污受贿中所起作用较大，而且犯罪数额又易于判断，在是否适用死刑时，一般都会将犯罪数额作为重要的考量因素，但是单独的数额标准并不能完整地反映受贿行为的社会危害性，且数额标准过于僵化，因而必须与“柔性”的情节标准相结合，才能较为全面地反映贪污受贿行为的社会危害性。这也是我国历来刑事法律中对贪污受贿犯罪的死刑绝大多数情况下适用二元标准的重要原因。（2）在确立数额标准时以概括数额为宜。不同时期的货币代表的社会财富不同，不同时期的受贿数额所表征的社会危害性也不相同，因而具体的数额不能适应社会经济的发展；而且我国地区经济发展不平衡，东西部经济发展的差异性很大，相同时期不同区域的相同受贿数额，其社会危害性和社会容忍度也不一致，具体数额显然很难全面适时反映贪污罪、受贿罪的社会危害性，因此我国既往受贿罪死刑立法多次采用具体数额标准较为不妥。而确立概括的数额标准有助于司法机关依据社会实践的发展变化和区域经济发展状况确立不同的数额，以全面反映受贿数额所体现出的社会危害性，以体现罪责刑相适应原则和刑法公平正义的法治理念。（3）应当确立明确的情节标准。犯罪情节是一个综合性的判断标准，需要综合考虑行为人罪前、罪中、罪后等体现行为人人身危险性、主观恶性和行为的社会危害性的各种主客观要素。但是如果刑法立法仅仅对受贿罪死刑适用标准规定一个笼统、抽象的情节标准，势必不利于司法实践对受贿罪死刑适用的统一掌握。更何况，死刑是最为严厉的刑罚种类，对其适用应当慎之又慎、严之又严。如果犯罪情节标准过于抽象，容易导致司法实践中受贿罪死刑的滥用。因而应当从立法上对受贿罪死刑适用确立一个较为明确的标准。《刑法修正案（九）》将受贿罪死刑情节标准确立为“国家和人民利益遭受特别重大损失”，体现了死刑适用标准立法的明确化。

## 二、贪污贿赂犯罪死刑适用标准之合理确定

当代中国，由于我国现行刑法典仅对腐败犯罪中的贪污罪、受贿罪配置有死刑，因而我们一般意义上的腐败犯罪死刑均指贪污罪、受贿罪的死刑。我国刑法总则对死刑适用标准作了总体性一般规定，即“罪行极其严重”。该标准从总体上确立了死刑适用的标准，而且对于刑法分则中具体犯罪的死刑适用，也具有导向和指导功能。① 但是，死刑适用的一般标准过于抽象，具体犯罪在适用时，都会在死刑一般标准的指导下依据具体死刑的适用标准进行裁决。

### （一）贪污贿赂犯罪死刑适用之总体标准

我国 1979 年刑法典将死刑适用的标准规定为“罪大恶极”，“罪大”一般是指犯罪性质、情节、后果极其严重，“恶极”是指犯罪人人身危险性和主观恶性极其严重。1997 年刑法典将之修改为“罪行极其严重”。但是，死刑适用总体标准的修改并没有解决该标准存在的抽象概括的问题，因而需要进一步加以合理解释。

对于“罪行极其严重”的理解，我国尚未有相关的司法解释或者规范性文件，刑法理论界和实务界也是见仁见智，概括起来，主要有客观危害说、主客观统一说、社会危害性与人身危险性统一说、法定刑标准说。② 笔者认为，储槐植教授对于“罪行极其严重”的完整理解颇具启发意义。他认为，刑法典第 48 条第 1 款“死刑只适用于罪行极其严重的犯罪分子”的规定，既反映出行为

---

① 参见张远煌：《中国非暴力犯罪死刑限制与废止研究》，法律出版社 2006 年版，第 172 页。

② 参见赵秉志：《死刑改革研究报告》，法律出版社 2007 年版，第 243~245 页。

人刑法的特点，也反映出行为刑法的特点。其中所谓“犯罪分子”，指向的是死刑适用的对象，侧重考虑主观恶性和人身危险性；而“罪行极其严重”则指向客观行为，侧重考虑犯罪性质及其情节、后果。表面上看，死刑的适用标准是“罪行极其严重”，但其又有立即执行与缓期二年执行两种方式。[①] 因此，在适用上应当注意，死刑立即执行的条件是罪大又恶极，即客观上和主观上都极为严重，而死刑缓期执行的条件是罪大不恶极，即客观上极为严重，但主观上并不是极为严重。最高人民法院2010年2月发布的《关于贯彻宽严相济刑事政策的若干意见》明确规定：“要依法严格控制死刑的适用，确保死刑只适用于极少数罪行极其严重的犯罪分子。”这里的“两极”标准，就体现了对死刑适用主客观两个方面的要求，是比较可取的，有相当的合理性。笔者认为，对“罪行极其严重”的理解与适用，应当贯彻罪责刑相适应的原则，结合刑罚裁量的有关规定进行阐释。虽然“罪行极其严重”从字面意义上理解是指犯罪行为的客观危害，但在我国仍应当坚持主客观相统一的原则，贯彻“严格限制和慎重适用死刑”的死刑政策，对“罪行极其严重”的死刑适用标准进行限制解释，在进行刑罚裁量时，不仅应当考量犯罪分子的社会危害行为和后果，也应考察犯罪分子的主观恶性和人身危险性。[②] 总而言之，在确定是否适用死刑时，需要具体考察行为人的主观恶性和人身危险性以及行为的社会危害性。

（二）贪污贿赂犯罪死刑适用之具体标准

《刑法修正案（九）》通过前，我国刑法典对贪污贿赂犯罪适用死刑确立的标准是除了要达到贪污受贿数额10万元以上的标准之外，还要求案件情节达到特别严重的程度。立法的这种规定显然

---

① 参见储槐植：《死刑司法控制：完整解读刑法第四十八条》，载《中外法学》2012年第5期。

② 参见赵秉志：《论暴力犯罪死刑适用标准的合理确定》，载《人民检察》2013年第23期。

是出于慎用死刑的考虑。但由于贪污受贿数额过于刚性，不符合社会发展的需要。而“情节特别严重”这一条件太过于概括和抽象性，缺乏具体的可操作性。《刑法修正案（九）》中将贪污罪受贿罪死刑适用条件规定为“数额特别巨大，并使国家和人民利益遭受特别重大损失”，即我国贪污罪、受贿罪适用死刑的对象是贪污受贿行为危害最为严重的情形。

笔者认为，该立法修改：（1）明确了贪污罪、受贿罪死刑适用的条件，限制了死刑适用范围。较之修法之前的贪污受贿“数额十万元以上，情节特别严重”的死刑适用标准，“数额特别巨大，并使国家和人民利益遭受特别重大损失”这一标准更为明确，并且仅将受贿罪死刑适用的条件限定在“使国家和人民利益遭受特别重大损失”这一情节上，立法更为简洁、明确，有助于促进死刑适用标准的明确化、规范化，促进贪污受贿犯罪死刑适用的司法限制。（2）摒弃了贪污罪、受贿罪绝对死刑的立法。我国现行刑法典对贪污受贿犯罪采取了绝对确定的死刑立法模式，即犯罪数额在10万元以上且情节特别严重的情形下，只能适用死刑。这种立法模式不利于通过司法途径限制贪污受贿罪死刑的适用。《刑法修正案（九）》将无期徒刑和死刑并列作为最严重的贪污受贿犯罪适用刑法的可选择刑种，使得司法人员能够依据案件的具体犯罪情节进行合理裁判，有助于严格掌握贪污受贿犯罪死刑的适用标准。为了进一步区分贪污受贿犯罪无期徒刑和死刑之间的量刑标准，“两高”《解释》第4条第1款对于贪污受贿犯罪死刑适用标准作了进一步具有强调性和补充性的规定，即“贪污、受贿数额特别巨大，犯罪情节特别严重、社会影响特别恶劣、给国家和人民利益造成特别重大损失的，可以判处死刑”。《解释》关于“贪污、受贿数额特别巨大”和“给国家和人民利益造成特别重大损失”是对《刑法修正案（九）》的照应性规定、强调性规定，而《解释》关于“犯罪情节特别严重、社会影响特别恶劣”的规定则是合理的补充性规定。

但是无论是《刑法修正案（九）》之前刑法典中贪污受贿“数额十万元以上，情节特别严重”之死刑适用标准，还是《刑法修正案（九）》中规定的“数额特别巨大，并使国家和人民利益遭受特别重大损失”的贪污受贿犯罪死刑适用标准以及“两高”《解释》贪污、受贿“数额特别巨大，犯罪情节特别严重、社会影响特别恶劣、给国家和人民利益造成特别重大损失”之标准，相关量刑情节均相对概括，具有较大的抽象性和不确定性，司法人员具有较大的裁量权。因而需要对相关量刑情节进一步明确化，以促进死刑适用的统一科学。

1. 贪污受贿数额特别巨大之确立

对于贪污受贿罪死刑的适用，依据修法后的规定，其首要条件是需要达到“数额特别巨大”的标准，这是贪污受贿罪死刑适用的“数额标准”。在司法实践中，为了正确指导定罪量刑，上述概括数额必须进一步转化为具体数额。笔者认为立法上概括数额的确定属于司法工作中具体应用法律的问题，不宜由全国人大常委会进行立法解释；而由司法机关根据具体案件的情况来掌握适用的数额标准，不利于法律适用的统一性和法官裁量权的规范。因而笔者赞同在借鉴以往行贿罪、介绍贿赂罪、挪用公款罪等腐败犯罪的数额标准认定之方式，由最高司法机关颁布司法解释对相关的数额标准进行明确。[①] 2016 年“两高”《解释》第 3 条将贪污受贿“数额特别巨大”明确为贪污受贿 300 万元以上。[②]

然而，虽然行为人达到了“数额特别巨大”的数额标准，但是这里“数额特别巨大”既是判处 10 年以上有期徒刑或者无期徒刑的适用唯一条件，也是判处无期徒刑或者死刑的处罚条件之一。

---

① 参见赵秉志：《贪污受贿犯罪定罪量刑标准问题研究》，载《中国法学》2015 年第 1 期。

② 2016 年“两高”《解释》第 3 条第 1 款规定：“贪污或者受贿数额在三百万元以上的，应当认定为刑法第三百八十三条第一款规定的‘数额特别巨大’，依法判处十年以上有期徒刑、无期徒刑或者死刑，并处罚金或者没收财产。”

那么死刑适用标准中的“数额特别巨大”中的数额是否与判处10年以上有期徒刑或者无期徒刑中的“数额特别巨大”相等同呢?笔者认为，此处的“数额特别巨大”应当有自己的适用标准，而不宜与前述数额相同，应当在参考司法审判的经验以及基于严格限制死刑适用思想的指导下，确立一定的死刑适用数额基点。主要理由如下：首先，从犯罪数额所表征的社会危害性来看。死刑作为严厉的刑罚，其对应的行为的社会危害性也应当是最为严重的。不同刑罚对应的犯罪数额应当有所区别，如果将“数额特别巨大”中的具体数额作为10年以上有期徒刑、无期徒刑和死刑适用的相同条件，这样不利于体现罪责刑相适应的原则。因而死刑适用标准之“数额特别巨大”中的数额标准应当在300万元的基础上有显著的提高，以便体现罪责刑相适应的原则。既往贪污受贿案件中，行为人单纯贪污受贿上千万元甚至数千万元也都未判处死刑，尤其是判处死刑立即执行，故而司法实务对于死刑适用标准中的“数额特别巨大”应当从严掌握。其次，从严格控制和慎重适用死刑的死刑政策的角度来看。“保留死刑，严格控制和慎重适用死刑”是当下中国死刑政策的基本表述，在一定程度上提高死刑适用的数额标准，是在司法实践中贯彻死刑政策的需要，体现了慎用死刑的法治思想。虽然贪污受贿犯罪死刑的适用必须同时具备数额标准和危害结果标准，但是只有对每一种适用条件都加以严格限制，方能更好地控制司法实践中贪污受贿罪的死刑适用。最后，从最高人民法院死刑复核统一标准来看。2007年1月1日，我国死刑复核权收归最高人民法院统一行使，判处死刑的裁决须报最高人民法院核准后方可生效。对于贪污贿赂犯罪的死刑只有确立不同于无期徒刑、有期徒刑的适用数额，才能在死刑复核时确立统一、易于操作的复核标准，否则将会引发复核标准的混乱。至于具体死刑适用标准中数额基点的确定，笔者建议，应当在参考司法审判的经验以及基于严格限制死刑适用思想的指导下，较为理想的选择是通过司法解释或司法文件的形式加以明确规定。在确定一定的死刑适用数额基点后，一旦低于该基点，就绝对不应适用死刑；而如果达到这一犯罪数额，则有可能判处死刑，但也不一定适用死刑，是否适用死刑还需结合相关案件的具体情节进行考量，因为犯罪数额仅仅是贪污贿赂犯罪死刑适用的标准之一。

2. 使国家和人民利益遭受特别重大损失

“损失”，从字面意义上来讲，一般是指“名誉、财物、利益等丧失”。在刑法学界中，“损失”一般被理解为行为造成的“财物、利益等减少或者丧失”。关于“国家和人民利益遭受特别重大损失”，这是贪污贿赂犯罪死刑适用的“危害结果”标准。在以往因受贿罪被判处死刑立即执行的案件中，明确指出“给国家和人民利益造成重大损失”的受贿案件有胡长清、郑筱萸等案件。但是司法裁判中并未对该情节进行相关论证，该情节对于量刑的影响力有多大，这都难以明确，因而不利于明确贪污受贿罪死刑的裁量。基于刑法明确性以及司法操作的便利性考量，应当对“国家和人民利益遭受特别重大损失”这一危害结果进行适当明确。

关于“国家和人民利益遭受特别重大损失”的类型化的解读，笔者认为，可以参考罪质较为类似的渎职犯罪中认定“致使公共财产、国家和人民利益遭受重大损失”之标准，对此进行明确。我国刑法典对渎职犯采用的是结果犯“致使公共财产、国家和人民利益遭受重大损失”的表述方式。对于损失的认定，2006 年之前的关于渎职案件的立案标准主要是从物质性的损失进行认定的，2006 年最高人民检察院的《关于渎职侵权犯罪案件立案标准的规定》中不仅对物质损失作了较为具体的列举，也列举了非物质性损失的危害结果。2013 年施行的“两高”《关于办理渎职刑事案件适用法律若干问题的解释（一）》也将危害结果进一步明确到“造成恶劣社会影响的”等情形。区分物质性损失和非物质性损失，可以结合质的标准、量的标准以及质与量相结合的标准来认定所造成的损失，特别是对于不能以货币计算其经济价值的非物质性损失，在司法实践中有时难以认定其损失大小。如果能够借助于其具体造成的物质性损失程度，大致可以推断出其造成的非物质性损失的程度。因而在认定时，才能从“量”和“质”的统一上来确定损失的数额和程度，正确把握损失的标准。借鉴渎职罪认定“危害结果”的方法，我们在认定贪污受贿罪死刑适用标准时，也可考虑将“特别重大损失”划分为物质性损失和非物质性损失。但是由于“两高”《解释》已经将“社会影响特别恶劣”单独作为量刑评价因素。笔者认为，此处的“特别重大损失”应当重点考虑贪污受贿行为造成的经济损失、物质损失等犯罪情节，并且以相关指导性案例和量刑指导意见加以明确，使得贪污受贿犯罪的死刑适用标准相对统一、明确，从而有助于贪污受贿犯罪量刑的统一和死刑的司法控制。

物质性损失主要是指犯罪结果表现为物质性变化的形态，一般来说是有形的、可测量的。[①] 需要注意的是，由于贪污贿赂犯罪并不属于暴力性犯罪，也不是具有被害人的犯罪，此处所造成的损失并非贪污受贿行为直接造成的损失，一般是指行为所造成的间接损失。另外，贪污受贿所得作为犯罪所得，是应当被收缴的对象，因而并不属于损失的范围。贪污受贿犯罪所造成的物质性损失一般表现为犯罪行为所造成的人身伤亡、人的健康损害或者是财产上的损失。贪污受贿造成人员伤亡比较好理解，如行为人贪污救灾款，使得受灾人群得不到及时的救治而死亡；造成健康损害，如行为人受贿后批准将不符合食品安全标准或者药品安全标准的食品或者药品投放市场，导致受众的身体健康受到损害。在司法实践中，贪污受贿犯罪行为造成的损失应该是贪污受贿行为给国家和人民利益造成的易于量化计算的损失。然而大多数情况下，物质性损失和非物质性损失并不能截然分开。例如，国家工作人员违反职务义务的行为，一般会造成国家和人民利益特别重大损失，造成重大的物质性损失的同时也会附随产生非物质性的损失。在铁道部原部长刘志军

① 参见赵秉志主编：《刑法新教程》，中国人民大学出版社 2012 年版，第 160 页。

受贿、滥用职权案件中，刘志军 2004～2011 年接受博宥投资管理集团有限公司法定代表人丁羽心的请托，徇私舞弊，滥用职权，违反《铁道部工作规则》《铁路重点物资运输管理办法》《铁路路风管理办法》等规定，指示、授意苏顺虎、林奋强等人，在安排铁路货物运输计划中照顾丁羽心及其与亲属实际控制的公司，使丁羽心等人违规获得大量铁路货物运输计划并通过倒卖或自营煤炭运销等方式获利人民币 4.1 亿余元。[①] 刘志军的上述行为不仅给国家财产造成重大损失，而且还严重破坏了铁路运营秩序，造成了特别恶劣的社会影响。

3. 犯罪情节特别严重之确立

以上是贪污受贿罪死刑适用的数额标准和危害结果标准。但是，即使行为人的犯罪情节符合相应的数额标准和危害结果标准，也不一定就判处死刑。因为，《刑法修正案（九）》确立的是相对确定的死刑立法模式，符合上述标准，可以判处无期徒刑或者死刑。因而判定贪污受贿分子是否适用死刑，还需结合刑法总则中关于死刑适用的总体标准来进行判断，即不仅需要考虑社会危害性，还需考察行为人的主观恶性以及人身危险性，只有综合相关事实，罪行达到了极其严重的程度，方能判处死刑。

（1）行为人主观恶性极其严重。主观恶性是行为人支配其犯罪行为时的主观心理状态。[②] 主要是通过犯罪本身的各种事实，特别是犯罪构成事实和重要的量刑情节表现出来。[③] 本书前面的章节已经论述了贪污罪侵犯的客体是职务的廉洁性和公共财产所有权，受贿罪的罪质在于职务行为的不可出卖性。因而在判定行为人是否适用死刑时，行为人出卖公权力的动机与目的，是反映行为人受贿

① 参见北京市第二中级人民法院刑事判决书（2013）二中刑初字第 1030 号。

② 参见陈兴良：《刑法哲学》（修订三版），中国政法大学出版社 2004 年版，第 144～147 页。

③ 参见彭新林：《酌定量刑情节限制死刑适用研究》，法律出版社 2011 年版，第 466 页。

罪危害程度的重要考量因素。这种主观因素可以通过案件中的相关情节加以反映。例如，贪污受贿犯罪所得的用途（是否用于非法活动）、行为的连续性程度、犯罪的规模（共同犯罪抑或单独犯罪）、行为的持续时间、具体行为的实施时间（顶风作案抑或闻风停止）等。

（2）行为人人身危险性极其严重。人身危险性，是指犯罪分子再次实施犯罪的可能性。中国刑法的一般理论认为，案外情节是揭示行为人人身危险性程度的重要考量因素，反映了行为人对犯罪所持的肯定或者否定的认识态度，对不同类型的案外情节给予了不同程度的考量。一般来说，犯罪分子的主观恶性主要是通过犯罪动机、犯罪目的、故意程度、犯罪手段等因素表现出来；而人身危险性主要是从犯罪分子的一贯表现、个人情况以及罪后态度等方面进行综合衡量的。[①] 在贪污受贿罪司法实践中，除了要考虑刑法典中规定的自首、立功、坦白、积极退还赃物、认罪悔罪等法定情节之外，还应结合司法实践考量一些基本的酌定量刑因素，如犯罪后是否外逃、是否在案件查处过程中串供、是否打击举报人、是否犯罪后为对抗侦讯继续实施犯罪、是否向查办人行贿等。一般而言，行为人的主观恶性一般具有肯定行为适用死刑及其死刑执行方式的作用，而人身危险性一般起着否定死刑适用或者影响死刑执行方式选择的因素。[②]

（3）其他犯罪情节极其严重。犯罪情节，一般是指具体案件中体现行为社会危害性、行为人主观恶性和人身危险性的主客观情况。死刑案件一般都应是存在体现其罪行极其严重的犯罪情节。如果不具备最严重的情节，一般也不应判处死刑。由于行为人的人身危险性与主观恶性上文已做详细论述，此处的犯罪情节主要是指体

---

① 参见彭新林：《酌定量刑情节限制死刑适用研究》，法律出版社 2011 年版，第 467 页。

② 参见赵秉志主编：《死刑个案实证研究》，中国法制出版社 2009 年版，第 442 页。

现社会危害性的犯罪情节。犯罪情节的判断，主要结合犯罪手段、犯罪后果、犯罪客体、犯罪对象等因素进行判断。例如，行为人贪污救灾、抢险、防汛、优抚、扶贫、移民、救济、募捐等特定款物的；行为人谋取不正当利益，致使公共财产、国家和人民利益遭受重大损失等。此处的“犯罪情节特别严重”之认定，主要是对死刑适用总体标准的强调性规定，其主要考量是司法解释中已规定的死刑适用标准之外的能够反映行为人的主观恶性、人身危险性以及行为的社会危害性等相关情节，以体现死刑适用的慎重性。

4. 社会影响特别恶劣之认定

“两高”《解释》中增加了“犯罪情节特别严重、社会影响特别恶劣”作为贪污受贿犯罪死刑适用标准的合理的补充。对于“社会影响特别恶劣”一般主要是指贪污受贿行为造成的非物质性损失，即非财产性的人员伤亡性、健康伤害性损失。司法实践中的物质性损失相对容易掌握。但是非物质性损失却是难以具体量化的。一般而言，非物质性损失呈现出不可量化、多样性、常识化等特征。[①] 对于非物质性损失的衡量，迄今为止尚无相关明确的司法解释。

2013年施行的“两高”《关于办理渎职刑事案件适用法律若干问题的解释（一）》将滥用职权罪、玩忽职守罪中的非物质性损失界定为“造成恶劣社会影响”。2006年最高人民检察院的《关于渎职侵权犯罪案件立案标准的规定》将刑法典第412条中商检失职罪和动植物检疫失职罪中的非物质损失解释为“引起国际经济贸易纠纷，严重影响国家外经贸关系，或者严重损害国家声誉的”。第398条故意泄露国家秘密罪中的非物质损失被解释为“造成或者可能造成危害社会稳定、经济发展、国防安全或者其他严重后果的”，等等。这些表述较为抽象、笼统，对司法实践不能给予

① 参见刘群、耿明：《渎职罪中非物质性损失的认定》，载《检察日报》2008年10月8日。

明确的指导。

因而，应以司法解释的形式对相关情节进行明确。虽然，对非物质性损失作出明确界定较为困难，但是有必要确立一个具有相对具体、明确的标准，以指导司法实践。2012 年“两高”出台的《关于办理渎职刑事案件适用法律若干问题的解释（一）》中对渎职犯罪中非物质性损失界定为“造成恶劣社会影响”。由于贪污受贿犯罪和渎职罪同属于职务犯罪，笔者认为，可以参考渎职犯罪司法解释中认定“非物质性损失”之标准，明确界定贪污受贿犯罪的非物质性损失。

笔者以为，根据现有的刑法理论界的相关研究，结合贪污贿赂犯罪的犯罪性质和特点，对于贪污受贿犯罪死刑适用标准中的“社会影响特别恶劣”大致可以从以下四个方面加以考量：第一，贪污受贿主体为行政执法机关、司法机关的国家工作人员，其贪污受贿行为严重损害了我国司法机关、执法机关的公信力。第二，贪污受贿行为发生在食品、药品、安全生产、环境保护等关系国计民生、社会公众利益领域，贪污受贿行为对国计民生、社会公共利益造成特别重大损失。第三，贪污受贿行为在相关部门、地区引起不好风气，导致系统性、塌方性腐败。第四，贪污受贿行为在国际上造成恶劣的影响，使我国国家机关和工作人员的威信和信任度在国际上严重受损，对我国社会稳定、经济发展、国家安全造成恶劣影响。

## 第二节　贪污受贿犯罪死缓犯的终身监禁制度

《刑法修正案（九）》第 44 条（对刑法典第 383 条之修改）在 2015 年 8 月三审稿时增设第 4 款，规定因严重贪污、受贿犯罪被判处死缓的，法院根据犯罪情节等情况可以同时决定在其死缓二年期满减为无期徒刑后，不得再予减刑和假释，予以终身监禁。[①]这一规定随着《刑法修正案（九）》的通过而得以确立，实际上是对于特别严重贪污受贿犯罪确立了终身监禁制度，该制度的确立对于进一步完善贪污受贿犯罪的刑罚结构，限制死刑的司法适用具有重要意义。而且随着该制度的进一步发展，也会带动我国刑法结构从整体上加以完善。

## 一、贪污受贿犯罪死缓犯终身监禁制度的设立

在全国人大常委会2014年11月公布的《刑法修正案（九）（草案一次审议稿）》、2015年7月公布的《刑法修正案（九）（草案二次审议稿）》中，均没有针对贪污受贿犯罪死缓犯增设终身监禁制度的有关规定。此后，2015年7月27日全国人大法律委员会召开会议对草案二次审议稿进行了审议，会议重点研究了关于特、重大贪污受贿犯罪死缓犯终身监禁等10个问题。[②] 2015年8月的《刑法修正案（九）（草案三次审议稿）》中，明确规定了特、重大贪污受贿犯罪死缓犯终身监禁制度并最后正式通过。[③] 在该制度的讨论过程中，一些专家学者着眼于终身监禁制度的特点与利弊，对该制度的立法价值提出了不同的意见。

---

① 《刑法修正案（九）》第44条第4款规定："犯第一款罪，有第三项规定情形被判处死刑缓期执行的，人民法院根据犯罪情节等情况可以同时决定在其死刑缓期执行二年期满依法减为无期徒刑后，终身监禁，不得减刑、假释。"

② 参见第十二届全国人大常委会第52次委员长会议文件（三）：《全国人大代表大会法律委员会关于〈中华人民共和国刑法修正案（九）（草案二次审议稿）〉主要问题修改情况的汇报》（2015年8月17日）。

③ 对于终身监禁制度的立法程序，学界存在质疑。我国2015年通过的《立法法》第29条规定："列入常务委员会会议议程的法律案，一般应当经过三次常务委员会会议审议后再交付表决。"但是贪污受贿犯罪死缓犯终身监禁制度的规定，仅仅经全国人大常委会第三次立法审议的一次审议就通过表决，立法的民主性和科学性值得商榷。参见赵秉志、赵远：《修法特点与缺憾——〈刑法修正案（九）〉简评》，载《求索》2016年第1期。

（一）贪污受贿犯罪死缓犯终身监禁制度设立之争议

关于终身监禁制度的立法价值大体上存在肯定与否定的两种主张。

一种观点是肯定贪污罪、受贿罪死缓犯终身监禁制度的立法价值。如有论者认为，对贪污受贿数额特别巨大、情节特别严重的犯罪分子，特别是其中本应当判处死刑的，根据慎用死刑的刑事政策，对其判处终身监禁，有利于维护司法公正。[①] 认为终身监禁制度能够起到从严打击腐败的目的，能够改善“死刑偏重、生刑偏轻”的刑罚结构的板结状态，可以兼顾废除死刑和限制死刑的双重功能，能够彰显报应与预防的刑罚功能。[②] 也有论者认为，对于特重大贪污受贿犯罪的死缓犯判处终身监禁，可以对此类犯罪形成极大的威慑，有助于遏制贪污受贿、建立清廉政府。[③] 也有论者认为，终身监禁相对于死刑更加人道，而相对于非终身监禁和非监禁刑而言更能维持社会秩序。[④] 我国立法机关的态度是，对于本应判处死刑的贪污受贿罪犯，根据慎用死刑的刑事政策，结合案件的具体情况，对其判处死缓依法减为无期徒刑后，采取终身监禁的措施，有利于体现罪责刑相适应的刑法原则，维护司法公正，防止在司法实践中出现这类罪犯通过减刑等途径致服刑期过短的情形，符合宽严相济的刑事政策。[⑤]

---

① 参见王比学、徐隽：《重特大贪污受贿罪犯将终身监禁》，载《人民日报》2015年8月25日。

② 参见黄永维、袁登明：《〈刑法修正案（九）〉中的终身监禁研究》，载《法律适用》2016年第3期。

③ 参见郭振纲：《“重特大贪污受贿犯罪或被终身监禁”的多重意义》，载《工人日报》2015年8月27日。

④ 参见聂慧苹：《“终身监禁”的理解与运用》，载《学习时报》2015年9月3日。

⑤ 参见第十二届全国人大常委会第52次委员长会议文件（三）：《全国人大代表大会法律委员会关于〈中华人民共和国刑法修正案（九）（草案二次审议稿）〉主要问题修改情况的汇报》（2015年8月17日）。

另一种观点则是否定贪污罪、受贿罪死缓犯终身监禁制度的立法价值。《刑法修正案（草案二次审议稿）》公布后，在全国人大常委会会议的讨论过程中，一些常委委员就提出，我国2011年的《刑法修正案（八）》针对因故意杀人、强奸、抢劫等严重暴力性犯罪而被判处死缓的犯罪分子，规定了死缓犯限制减刑制度，罪犯在此情形下被关押20年、30年后很难有再犯的能力，没有必要再单独增设终身监禁制度，认为该制度在一定程度上违背了教育改造的刑罚目的，也与联合国相关国际公约的有关精神相冲突①。有论者认为，贪污受贿犯罪从罪质角度而言，其犯罪性质、社会危害性较小，不属于最危险、最严重的犯罪，不宜规定终身监禁；② 也有论者认为，针对特、重大贪污受贿犯罪分子的终身监禁没有基于再犯危险性预测而剥夺其犯罪能力，在特殊预防上毫无意义，对于我国“死刑过重，生刑过轻”的立法现状也起不到有效的改善效果；③ 还有论者提出，终身监禁制度不具备预防犯罪的合目的性，认为虽然死缓犯终身监禁制度可以实现特殊预防与一般预防的刑罚目的，但不得假释的终身监禁将会导致犯罪人在监狱的再犯可能性提高，对犯罪人的教育感化也基本上无法实现。④

（二）贪污受贿犯罪死缓犯终身监禁制度设立之基本主张

不可否认，对贪污受贿犯罪分子适用终身监禁制度必然会面临不人道、不考虑罪犯的具体改造表现、不利于罪犯的教育改造、给监狱管理带来压力等相关责难。这是由终身监禁制度本身的特点所决定的。但是，笔者认为，任何事物都具有双面性，对于特定事物

---

① 参见全国人大常委会法工委刑法室编印：《一些部门、法学专家对刑法有关问题的意见》（2015年7月16日）。

② 参见欧阳本祺：《论〈刑法〉第383条之修正》，载《当代法学》2016年第1期。

③ 参见车浩：《刑事立法的法教义学反思》，载《法学》2015年第10期。

④ 参见王志祥：《贪污、受贿犯罪终身监禁制度的立法商榷》，载《社会科学辑刊》2016年第3期。

的评价，我们要进行综合、全面、客观的衡量。就严重贪污受贿犯罪死缓犯终身监禁制度的立法价值而言，我们不能仅仅孤立地就终身监禁这一制度本身来对其进行评判，而应当结合其立法目的、贪污受贿犯罪的刑罚体系以及刑法改革之大局加以考量。

第一，从立法目的来看，我国立法机关是要将死缓犯终身监禁制度作为贪污受贿犯罪死刑立即执行的替代措施。关于特、重大贪污受贿犯罪死缓犯终身监禁制度的立法定位，相关立法说明和司法解释明确将其定位为死刑立即执行的替代措施。全国人民代表大会法律委员会《关于〈中华人民共和国刑法修正案（九）（草案）〉审议结果的报告》中明确将贪污受贿犯罪的终身监禁视为这两种犯罪死刑立即执行的替代措施。① 事实上，这一立法旨趣在《刑法修正案（九）》通过之后的相关司法解释中也得到了体现。最高人民法院 2015 年 10 月 29 日颁行的《关于〈中华人民共和国刑法修正案（九）〉时间效力问题的解释》第 8 条规定：“对于 2015 年 10 月 31 日以前实施贪污、受贿行为，罪行极其严重，根据修正前刑法判处死刑缓期执行不能体现罪刑相适应原则，而根据修正后刑法判处死刑缓期执行同时决定在其死刑缓期执行二年期满依法减为无期徒刑后，终身监禁，不得减刑、假释可以罚当其罪的，适用修正后刑法第三百八十三条第四款的规定。根据修正前刑法判处死刑缓期执行足以罚当其罪的，不适用修正后刑法第三百八十三条第四款的规定。”其中，“根据修正前刑法判处死刑缓期执行不能体现罪刑相适应原则”即意味着需要判处死刑立即执行。在此，最高人民法院明确将终身监禁限定为贪污受贿犯罪死刑立即执行的替代措施。2016 年“两高”《解释》进一步明确和强调了这一立法本意，其第 4 条第 1 款规定：“贪污、受贿数额特别巨大，犯罪情

① 参见全国人大法律委员会《关于〈中华人民共和国刑法修正案（九）（草案）〉审议结果的报告》（2015 年 8 月 24 日），载全国人大常委会法制工作委员会刑法室编著、臧铁伟主编：《〈中华人民共和国刑法修正案（九）〉解读》，中国法制出版社 2015 年版，第 355 页。

节特别严重、社会影响特别恶劣、给国家和人民利益造成特别重大损失的，可以判处死刑。”第 2 款规定：“符合前款规定的情形，但具有自首，立功，如实供述自己罪行、真诚悔罪、积极退赃，或者避免、减少损害结果的发生等情节，不是必须立即执行的，可以判处死刑缓期二年执行。”显然，第 1 款规定的是死刑立即执行的适用，第 2 款规定的是死缓的适用。第 3 款又明确规定：“符合第一款规定情形的，根据犯罪情节等情况可以判处死刑缓期二年执行，同时裁判决定在其死刑缓期执行二年期满依法减为无期徒刑后，终身监禁，不得减刑、假释。”这里明确强调了第 3 款的终身监禁不能适用于第 2 款的普通死缓案件，而只能适用于第 1 款的本该判处死刑立即执行案件的要求。因而终身监禁制度只能适用于原来罪该判处死刑立即执行的特、重大贪污受贿罪犯，这有助于切实减少司法实践中贪污受贿案件死刑立即执行的适用。

第二，死缓犯终身监禁制度可以弥补死缓制度的适用缺陷，促进司法公平正义。对于特别严重的贪污受贿犯罪死刑立即执行的适用在我国改革开放早期还比较普遍，但是近年来死刑立即执行在司法实践中已经极少适用，对绝大多数达到死刑适用标准的贪污受贿犯罪分子，司法实践中多适用死缓的执行方式。[①] 就此而言，近年来死缓在我国司法实践中事实上已经实现了对绝大多数死刑立即执行的替代。但是，对于判处死缓的罪犯，两年考验期满之后，除具有“故意犯罪，情节恶劣”之情形要依法执行死刑外，其余均可减为无期徒刑，有重大立功的还可以减为 25 年有期徒刑。而且在刑罚执行的过程中，一些司法机关对减刑条件掌握得过宽，减刑频率过快、次数过多，对假释条件亦掌握宽松，致使判处死缓的犯罪分子实际执行刑期过短，与判处死刑立即执行的法律后果差距太大，直接导致了严重贪污受贿犯罪案件的死刑立即执行与死刑缓期

① 参见赵秉志：《论中国贪污受贿犯罪死刑的立法控制及其废止——以〈刑法修正案（九）〉为视角》，载《现代法学》2016 年第 1 期。

执行的界限模糊，引发了民众对于严重贪污受贿案件处罚过宽、适用刑法不公正的看法。因而为了体现罪责刑相适应的原则，需要适当加大对死缓裁判所替代的原本应判处死刑立即执行案件的刑罚严厉性。《刑法修正案（九）》确立的贪污受贿犯罪死缓犯终身监禁制度，其定位于死刑立即执行的替代措施，赋予死缓犯更为严厉的惩治效果，一方面体现了我国严惩腐败犯罪的决心；另一方面也有效地贯彻了我国严格限制死刑适用的死刑政策，有助于体现罪责刑相适应原则，促进相关司法的公平正义。

第三，死缓犯终身监禁制度的适用对象十分有限，其所造成的负面影响不宜过分夸大。我国《刑法修正案（九）》所增设的死缓犯终身监禁制度并不完全等同于国外的终身监禁刑，该制度仅适用于本应被判处死刑立即执行的特、重大贪污受贿犯罪分子。因而该制度适用范围较窄，不仅限定了犯罪种类为贪污受贿犯罪，也限定了犯罪危害程度系原本要判处死刑立即执行的特、重大贪污受贿案件，其适用的对象极其有限。据统计，20 世纪 80 年代到 2013 年，移交司法机关处理的 103 个省部级干部中，被判处死刑立即执行的案件 6 例，被判处死缓的案件 27 例，判处死刑（包含死刑立即执行和死缓）的比例共约占已判案例的 35%，而死刑立即执行的比例则不到 6%。[①] 而自 1991 年至 2015 年 8 月，在我国法院对省部级以上高官因受贿罪判处死刑的 28 起案件中，仅有 4 起被判处死刑立即执行，其余 24 起均被判处死缓。[②] 可见，在《刑法修正案（九）》生效之前，被判处死刑立即执行的重大贪污受贿犯罪分子已较为少见。更何况，2015 年的《刑法修正案（九）》将贪污受贿犯罪适用死刑的标准由贪污受贿“数额十万元以上……情节特别严重”，修改为贪污受贿“数额特别巨大，并使国家和人民

① 参见《专家解析 103 名落马高官：火箭提拔易滑向犯罪》，载《学习时报》2013 年 5 月 28 日。

② 参见孙超然：《论贪污、受贿罪中的“情节”》，载《政治与法律》2015 年第 10 期。

利益遭受特别重大损失"①，大幅度提高了贪污受贿犯罪的死刑适用标准。就此而言，进入死刑立即执行惩处范围的贪污受贿犯罪分子将会更少。在这种情况下，可以预见，贪污受贿犯罪之死缓犯终身监禁制度的适用对象将会十分有限，我们不能过分夸大现有的终身监禁制度本身所造成的负面影响。

总之，终身监禁制度本身的特点决定了其存在相关的缺陷，但是我国刑法立法已注意严格限制了死缓犯终身监禁制度的适用对象，因而其所造成的负面影响会很有限。

## 二、贪污受贿犯罪死缓犯终身监禁制度之性质定位：死缓执行方式

在《刑法修正案（九）（三次审议稿）》中首次规定贪污受贿犯罪死缓犯终身监禁制度，获得社会大众的广泛关注和赞同。但是关于其性质定位，也有人担心新增了一个刑种。不过在草案三审分组审议过程中，全国人大常委会法律委员会主任委员乔晓阳指出，贪污受贿犯罪死缓犯减为无期徒刑后执行终身监禁，是刑罚执行的一种措施，不是增加新的刑种。② 作为国家立法机关中法律制定工作的领导人，其对该制度的立法定性无疑是较为全面、权威的。不过从我国有关刑法立法以及刑法理论来看，笔者认为，该制度不属于单独的刑种，也不属于刑罚执行措施，而是具体的死缓执行方式。

对于贪污受贿犯罪之死缓犯终身监禁制度的法律性质，我国刑法学界见仁见智，有关研究中主要提出了三种观点：

第一种观点认为，贪污罪、受贿罪死缓犯终身监禁制度是一种

---

① "两高"《解释》第3条第1款规定："贪污或者受贿数额在三百万元以上的，应当认定为刑法第三百八十三条第一款规定的'数额特别巨大'，依法判处十年以上有期徒刑、无期徒刑或者死刑，并处罚金或者没收财产。"

② 参见郑赫南：《增设"终身监禁"，封堵贪官"越狱"之路》，载《检察日报》2015年8月31日，第5版。

特殊的刑罚措施。全国人大常委会法律委员会主任委员乔晓阳在《刑法修正案（九）（草案三次审议稿）》审议分组讨论的发言中指出，贪污受贿犯罪死缓犯减为无期徒刑后执行终身监禁，是刑罚执行的一种措施，不是增加新的刑种。[①] 有论者认为，死缓犯终身监禁制度并非一种全新的刑罚制度，也不是一个新的刑种，而是仅适用于特定贪污受贿犯罪的刑罚裁量和刑罚执行的特殊措施。[②]

第二种观点认为，贪污罪、受贿罪死缓犯终身监禁制度是一种与现有的死缓有别的死缓执行方式。如有论者认为，贪污罪、受贿罪死缓犯终身监禁的决定时间必须在判处死缓的同时作出，而不是在死缓执行期满后作出，决定是否判处终身监禁的标准不是犯罪分子在死缓执行期间的表现，而是其在被判处死缓之前的表现，即“犯罪情节等情况”。因而主张贪污罪、受贿罪死缓犯终身监禁制度作为死缓的一种执行方式，进而将其定性为介于死刑立即执行与纯粹的死缓执行之间的中间刑罚。[③] 还有论者认为，“两高”的司法解释实际上是将终身监禁定位于一种中间刑。根据中间刑罚的逻辑，终身监禁的适应范围是死刑立即执行与一般死缓之间的空档，即针对那些判处死刑立即执行过重，判处一般死缓又偏轻的重大贪污受贿犯罪。[④]

第三种观点认为，死缓犯终身监禁制度是无期徒刑的执行方式之一。如有论者认为，“终身监禁”是对特、重大贪污受贿犯罪死缓犯改无期徒刑之后具体适用措施的规定，是无期徒刑的一种刑罚

---

① 参见郑赫南：《增设“终身监禁”，封堵贪官“越狱”之路》，载《检察日报》2015 年 8 月 31 日，第 5 版。

② 参见黄京平：《终身监禁的法律定位与司法适用》，载《北京联合大学学报（人文社会科学版）》2015 年第 4 期。

③ 参见黎宏：《终身监禁的法律性质及适用》，载《法商研究》2016 年第 3 期。

④ 参见袁彬、徐永伟：《终身监禁的死刑替代功能反思》，载北京师范大学刑事法律科学研究院编印：《第八届当代刑事司法论坛文集：最新贪污贿赂司法解释的理解与适用》，第 31 页。

执行措施。[①] 还有论者认为，终身监禁只是无期徒刑的执行方式之一或法律后果之一。《刑法修正案（九）》施行之后，从无期徒刑实际执行的状况来看，可分为未终身监禁的无期徒刑与终身监禁的无期徒刑。即无期徒刑的执行方式中依法增加了一种不得减刑、假释的无期徒刑。[②]

（一）贪污受贿犯罪死缓犯终身监禁不属于独立的刑种

依据我国现行刑法典的规定，我国的刑种主要有主刑和附加刑。主刑包括管制、拘役、有期徒刑、无期徒刑、死刑；附加刑为罚金、剥夺政治权利、没收财产以及驱逐出境；我国还存在刑罚行为的非刑罚处理方法，如训诫、责令具结悔过、责令赔礼道歉、责令赔偿损失、由主管单位予以行政处罚或者行政处分。很明显，贪污受贿犯罪死缓犯终身监禁制度并不属于上述任何一种刑种。那么，是否意味着《刑法修正案（九）》增设了终身监禁制度的刑种呢？答案当然是否定的。从形式上而言，我国刑法典将刑罚总类集中规定在刑法典总则第三章刑罚的第一节刑罚种类之下，如果立法者需要增设新的刑种，一般也会选择在刑罚种类之下规定，以维持刑法典的体系性与协调性。而《刑法修正案（九）》将该种制度规定在贪污罪定罪量刑条款之下，立法者显然不是将该种制度单独规定为独立刑种，这在全国人大常委会法律委员会主任委员乔晓阳在《刑法修正案（九）（草案三审稿）》审议分组讨论的发言中也可以得到证实；另外，从实质而言，该制度从其适用条件来看，只能是在对判处死缓的贪污受贿犯罪人适用，而如果属于独立的刑种，无论是主刑还是附加刑抑或非刑罚处理方法，其适用范围都会具有普遍性，不会仅限于特、重大贪污贿赂犯罪。因而笔者认为，该种制度并不属于独立的刑种制度。

---

① 参见黄明儒、项婷婷：《论〈刑法修正案（九）〉“终身监禁”的性质》，载《湘潭大学学报（哲学社会科学版）》2016 年第 5 期。

② 参见黄京平：《终身监禁的法律定位与司法适用》，载《北京联合大学学报（人文社会科学版）》2015 年第 4 期。

(二) 贪污受贿犯罪死缓犯终身监禁属于死缓执行方式

第一，死缓犯终身监禁制度不属于刑罚执行措施。刑罚执行确定的主体为执行机关向人民法院建议，依据的是已决犯在执行刑罚过程中的表现而决定是否适用相关刑罚执行制度。而人民法院作出终身监禁的决定，依据的是行为人被判处死缓之前的表现，即案件的“犯罪情节等情况”，而不是依据行为人在死缓考验期间的刑罚执行情况来决定是否适用该制度。该制度不是在死缓执行完毕之后确定的，而是在死缓判决确定的同时决定的，其属于刑罚裁量阶段的决定，并非刑罚执行阶段的决定，故而该制度不属于刑罚执行措施。但是特、重大贪污受贿犯罪的终身监禁制度又与刑罚执行紧密相连，司法机关对于贪污受贿犯罪分子依法决定适用终身监禁的裁判生效后，只有死缓考验期满依法减为无期徒刑后，才能够对其实施终身监禁的法律措施。因而如果贪污受贿犯罪分子在缓刑考验期内“故意犯罪，情节恶劣”的，将会被依法执行死刑，则其生效裁判内容将不会被执行，终身监禁的裁判将无法适用。①

第二，死缓犯终身监禁制度是依附于死缓制度而存在的，属于死缓执行方式。从《刑法修正案（九）》的相关规定来看，贪污受贿犯罪死缓犯终身监禁制度适用的首要前提是行为人因犯贪污罪、受贿罪被依法判处死缓，因而该制度是依附于死缓制度而存在的。虽然终身监禁制度最终可能的结果是行为人在死缓考验期满的无期徒刑执行期间不能减刑、假释，剥夺了犯罪分子的终身人身自由，但是此种效果的产生并非因为无期徒刑的效力或其执行情况而致，无期徒刑只是死缓裁判考验期满的法律效果之一，如果没有死缓的相关裁决，人民法院是无法对贪污受贿犯罪分子适用终身监禁的，因而终身监禁的效力来源于死缓的附加裁判，而非无期徒刑，故而不能将其作为无期徒刑的执行方式。在《刑法修正案（九）》

---

① 参见黄京平：《终身监禁的法律定位与司法适用》，载《北京联合大学学报（人文社会科学版）》2015 年第 4 期。

通过后的记者招待会上，国家立法机关相关负责人也明确指出："应当强调的是，这种措施不是一个新的刑种，它的对象只是针对贪污受贿被判处死缓的犯罪分子在具体执行中的一个特殊的措施。"[①] 可见，该制度的性质实质上与《刑法修正案（八）》中所确立的死缓限制减刑制度相类似，是属于一种死缓执行方式。[②]

第三，死缓犯终身监禁制度的刑罚严厉性介于死刑立即执行与一般死缓之间。所谓中间刑罚，是指在同一种刑罚中因执行方式不同而形成的、介于最重刑罚执行方法与最轻执行方法之间的、严厉程度居中的刑罚执行方法或特殊刑罚措施。[③] 就死缓犯终身监禁制度而言，其刑罚的严厉性恰恰介于死刑立即执行与一般死缓之间。虽然我国 2011 年出台的《刑法修正案（八）》规定了对于被判处死缓的累犯以及八种严重暴力犯罪的罪犯可以限制减刑[④]，加之《刑法修正案（九）》中所确立的严重贪污罪、受贿罪死缓犯终身监禁制度，仅就事实上死刑执行方式而言，我国刑法立法中只确定了死刑立即执行、不得减刑和假释的死缓、限制减刑的死缓以及一般死缓的四元格局；但是，上述限制减刑的死缓犯的适用对象并未包括贪污受贿犯罪。因而就贪污受贿犯罪而言，能对其适用的死刑执行方式仅限于死刑立即执行、死缓犯终身监禁、一般死缓三种。而死缓犯终身监禁的严厉性无疑是介于最重的死刑执行方法（死刑立即执行）与最轻的死刑执行方法（一般死缓）之间、严厉程

① 参见《全国人大常委会办公厅 8 月 29 日新闻发布会》，http://www.npc.gov.cn/npc/zhibo/zzzb4/node_5852.htm，2016 年 10 月 8 日访问。

② 参见方文军：《死刑缓期执行限制减刑制度的司法适用》，载《法律适用》2011 年第 8 期；黎宏：《终身监禁的法律性质及适用》，载《法商研究》2016 年第 3 期。

③ 参见黄永维、袁登明：《〈刑法修正案（九）〉中的终身监禁研究》，载《法律适用》2016 年第 3 期。

④ 《刑法修正案（八）》第 4 条第 2 款规定："对被判处死刑缓期执行的累犯以及因故意杀人、强奸、抢劫、绑架、放火、爆炸、投放危险物质或者有组织的暴力性犯罪被判处死刑缓期执行的犯罪分子，人民法院根据犯罪情节等情况可以同时决定对其限制减刑。"

度居中的刑罚。

## 三、贪污受贿犯罪死缓犯终身监禁制度功能之多维定位

在《刑法修正案（九）》的制定过程中，国家立法机关认为，对于本应判处死刑的贪污受贿犯，根据慎用死刑的刑事政策，结合案件的具体情况，对其判处死缓依法减为无期徒刑后，采取终身监禁的措施，有利于体现罪责刑相适应的刑法原则，维护司法公正，防止在司法实践中出现这类罪犯通过减刑等途径导致服刑期过短的情形，符合宽严相济的刑事政策。①

笔者认为，对于《刑法修正案（九）》确立的对严重贪污受贿犯罪的死缓犯予以终身监禁的制度，我们不能仅仅孤立地就终身监禁制度这一制度本身来进行评析，而应当结合其立法目的以及整个贪污贿赂犯罪的刑罚体系加以考量。总体而言，设立贪污受贿犯罪终身监禁制度具有多重价值。该制度的设立体现了我国当前对反腐败立法的高度重视，是宽严相济刑事政策下对贪污受贿犯罪慎用死刑以及对严重腐败行为严厉否定评价的有机结合，有利于司法公信力的提升，推进反腐败的持续深入。

### （一）弥补刑罚结构缺陷

在我国，虽然贪污罪、受贿罪的死刑适用在较早时期曾相对较多，但考虑到贪污受贿犯罪毕竟属于经济性、非暴力犯罪，与死刑所剥夺的生命权不具有对等性，近年来随着严格限制死刑司法适用，司法实践中对贪污罪、受贿罪犯罪分子已很少适用死刑立即执行的刑罚，绝大多数达到死刑适用标准的严重贪污贿赂罪犯被判处了死刑缓期执行。② 这样，原本依法应判处死刑立即执行和判处死刑缓期二年执行的案件之间的界限逐步模糊，而且对于判处死缓的

---

① 参见全国人大法律委员会《关于〈中华人民共和国刑法修正案（九）〉（草案二次审议稿）主要问题的修改情况的汇报》（2015 年 8 月 16 日）。

② 如 2015 年 11 月 2 日最高人民法院印发的《关于重大贪污受贿犯罪案件量刑意见》第 1 条明确规定：“……要严格控制和慎用死刑，一般不判处死刑立即执行。”

罪犯，两年考验期满之后，除非具有立即执行的情形，一般可减为无期徒刑，有重大立功的还可以减为有期徒刑，在刑罚执行的过程中还可以适用减刑、假释制度。而且在刑罚执行过程中，一些司法机关对减刑条件把握过宽，减刑频率过快、次数过多，假释条件掌握宽松，致使判处死缓或者无期徒刑的犯罪分子实际执行刑期过短，与判处死刑立即执行的法律后果太大，存在“生死两重天”的现象，二者之间刑罚严厉性的差异难以体现，难免让民众产生对严重贪污受贿犯罪适用刑罚不公正的误解。虽然 2011 年出台的《刑法修正案（八）》第 4 条将死刑缓期执行减为有期徒刑的减刑幅度由 15 年以上 20 年以下有期徒刑提高到 25 年有期徒刑，并且规定了对累犯以及因故意杀人、强奸、抢劫、绑架、放火、爆炸、投放危险物质或者有组织的暴力性犯罪被判处死缓的犯罪分子限制减刑制度。但是上述修法仅仅是提高了部分犯罪的死缓犯减刑要求，限制对特定犯罪分子限制减刑（假释不包括在内），而且并未将贪污受贿犯罪死缓犯纳入限制减刑的范畴，无法对判处死缓犯的贪污受贿犯罪分子进行司法适用。

特别是在近些年的司法实践中，职务犯罪的罪犯，特别是一些特、重大贪污受贿罪犯，采取假计分、假立功、假鉴定等手段，违法获取减刑、假释、暂予监外执行。① 正如最高人民检察院 2015 年 3 月在媒体通报中提到的，职务犯罪、金融犯罪等罪犯中的有权人、有钱人，较之普通罪犯，减刑间隔时间短、减刑幅度大、假释和暂予监外执行的比例高。② 例如，广西阳朔国土局原局长石宝春因受贿罪被判处有期徒刑 10 年，暂予监外执行期间脱离监管；广东江门原副市长林崇中因受贿罪被判 10 年有期徒刑，宣判当日从

① 参见郭振纲：《“重特大贪污受贿犯罪或被终身监禁”的多重意义》，载《工人日报》2015 年 8 月 27 日，第 3 版。

② 参见“新闻发言人解读最高检 2015 年工作报告”，载正义网 http://news.jcrb.com/jxsw/201503/t20150312_1486632.html，2016 年 1 月 19 日访问。

法院直接回家保外就医;[①] 山东省泰安市原市委书记胡建学 1996 年因犯受贿罪，一审被判死刑，二审改判为死缓。入狱后，经过 5 次减刑，变为有期徒刑 15 年 6 个月。[②] 一些重、特大贪污受贿罪犯采取欺骗手段，利用刑罚执行中的减刑、假释制度，提“钱”出狱或者不在监狱执行刑罚，造成了严重的司法不公。这样原本应判处死刑立即执行因严格限制死刑适用而判处死缓的贪污受贿犯罪的刑罚严厉性难以体现，难免让民众产生对严重贪污受贿犯罪处罚失之过宽、适用刑罚不公正的看法。因而考虑到在当前慎用死刑、减少死刑已成大趋势的背景下，亟须一些刑罚严厉性仅次于死刑的判罚，以此维护法律的严肃性与威慑力。原本应依法判处死刑立即执行的严重贪污受贿犯罪案件具有严重的社会危害性，因而其刑罚也应体现最严厉性，《刑法修正案（九）》确立了对于重、特大贪污受贿犯罪死缓犯不得减刑、假释的终身监禁制度。这对于重、特大贪污受贿罪犯可以形成极大的震慑，有利于进一步遏制刑罚执行过程中的司法不公现象。

（二）限制死刑司法适用

修法后适用死缓犯终身监禁的对象应该是对本来所犯罪行该判处死刑立即执行的特别严重的贪污受贿罪犯。因为原本依据犯罪情节而应被判处死缓的贪污受贿罪犯依据现行刑法典的规定完全可以做到罪责刑相适应。特别是 2011 年最高人民法院《关于办理减刑、假释案件具体应用法律若干问题的规定》第 9 条第 2 款[③]以及 2014 年中共中央政法委员会《关于严格规范减刑、假释、暂予监外执行切实防止司法腐败的意见》对贪污贿赂犯罪刑罚执行中的减刑

---

① 参见孟粉、王付军：《增设终身监禁意义何在》，载《北京日报》2015 年 9 月 9 日，第 18 版。

② 参见袁云才：《对死缓贪官终身监禁体现法律刚性》，载《长沙晚报》2015 年 8 月 31 日，第 2 版。

③ 该款规定：“死刑缓期执行罪犯经过一次或几次减刑后，其实际执行的刑期不能少于十五年，死刑缓期执行期间不包括在内。”

假释适用条件、减刑幅度、减刑间隔以及审理程序等都作了相当严格的规定[①]，在刑期方面，对贪污受贿犯罪的死缓罪犯的最低执行的刑期达到22年。在此情形下，如果对原本判处死缓的犯罪分子再适用此项不得减刑和假释而予以终身监禁的制度，无疑是不恰当地加重了刑罚的严厉性，难以做到罪责刑相适应。正如全国人民代表大会法律委员会《关于〈中华人民共和国刑法修正案（九）（草案）〉审议结果的报告》中所言，对贪污受贿数额特别巨大、情节特别严重的犯罪分子，特别是其中本应当判处死刑的，根据慎用死刑的刑事政策，结合案件的具体情况，对其判处死刑缓期二年执行依法减为无期徒刑后，采取终身监禁的措施，有利于体现罪责刑相适应的原则，维护刑法公正，防止在司法实践中出现这类罪犯通过减刑等途径服刑期过短的情形，符合宽严相济的刑事政策。[②]

因而对原来罪该判处死刑立即执行的重大贪污受贿罪犯适用死缓并最终转化成终身监禁，一方面，对此类贪污受贿罪犯适用比一般的死缓犯更严厉的刑罚能够区分犯罪情节的不同，与其犯罪的危害性和罪责刑相适应，体现了罪责刑相适应的原则；另一方面，依据法条的规定，对于被判处死缓的贪污受贿罪犯，法院是依据犯罪情节而不是依据死缓考验期间的执行情节来决定是否在死缓考验期满减为无期徒刑后，不得再减刑和假释，予以终身监禁。这为司法实践中减少死刑立即执行案件的数量创造了适用条件，因而对于原本可以判处死刑立即执行的案件，法院可以在自由裁量的幅度内决定适用该制度。尽管目前刑法学理论界和实务界对于逐步废除死刑

---

① 《关于严格规范减刑、假释、暂予监外执行切实防止司法腐败的意见》规定，对职务犯罪、破坏金融管理秩序和金融诈骗犯罪、组织（领导、参加、包庇、纵容）黑社会性质组织犯罪等罪犯，死刑缓期执行罪犯减为无期徒刑后，执行三年以上方可减刑，可以减为二十五年有期徒刑；减为有期徒刑后，一次减刑不超过一年有期徒刑，两次减刑之间应当间隔二年以上。

② 第十二届全国人大常委会第十六次会议文件（三）：《关于〈中华人民共和国刑法修正案（九）（草案）〉审议结果的报告》（2015年8月24日）。

已达成较大共识，但是由于贪污受贿犯罪死刑囿于社会情势、民意等因素的影响，当前尚不能立即废止，在立法没有废止相关罪名的死刑配置的情况下，死刑的司法控制必然成为暂时的重要选择，当务之急就是应当加强死刑的司法控制，即要切实减少和严格限制死刑的适用。[①] 贪污贿赂犯罪的死缓犯终身监禁制度在客观上能够确保死刑只适用于极少数罪行极其严重的犯罪分子。在司法实践面临具体案件时，法官可能担心死缓不能满足预防犯罪的需要而选择死刑，确立死缓犯终身监禁制度后，法官则可能消除这种顾虑而选择死缓。[②] 显然，就此意义而言，此举措有以终身监禁替代死刑立即执行之意义，乃至有进一步考虑对贪污受贿犯罪实际上不适用死刑立即执行之精神。这一立法精神也在相关的司法解释中得到了体现。[③]

## 四、贪污贿赂犯罪死缓犯终身监禁制度司法适用标准

作为贪污受贿犯罪的死缓量刑结果，严重贪污受贿犯罪的死缓犯终身监禁制度对于弥补我国刑罚结构缺陷，促进严格限制死刑司法适用，具有重要意义。但是，其功能的发挥还有赖于司法实践中对于使用标准的掌握。

---

① 参见赵秉志、彭新林：《论民事赔偿与死刑的限制适用》，载《中国法学》2010 年第 2 期。

② 参见姜涛：《死缓限制减刑适用中的“民间矛盾”》，载《政治与法律》2015 年第 4 期。

③ 最高人民法院 2015 年 10 月 29 日《关于〈中华人民共和国刑法修正案（九）〉时间效力问题的解释》第 8 条规定：“对于 2015 年 10 月 31 日以前实施贪污、受贿行为，罪行极其严重，根据修正前刑法判处死刑缓期执行不能体现罪刑相适应原则，而根据修正后刑法判处死刑缓期执行同时决定在其死刑缓期执行二年期满依法减为无期徒刑后，终身监禁，不得减刑、假释可以罚当其罪的，适用修正后刑法第三百八十三条第四款的规定。根据修正前刑法判处死刑缓期执行足以罚当其罪的，不适用修正后刑法第三百八十三条第四款的规定。”

（一）适用对象标准

据了解，在《刑法修正案（九）》审议的过程中，一些委员提出终身监禁制度的本意是针对恐怖主义犯罪、暴力犯罪等严重危及人身安全的犯罪。后来可能考虑到对这些严重危害人身安全的犯罪目前尚不具备以终身监禁替代其死刑立即执行的条件，加之考虑当前严惩贪贿犯罪的形势，《刑法修正案（九）》最终仅针对贪污罪、受贿罪设置了终身监禁制度。

关于重、特大贪污受贿犯罪死缓犯终身监禁制度的适用对象，有论者认为，其适用对象应为原判刑罚为死刑缓期执行的罪犯。[①]笔者认为，将过去只能判处死缓的案件，依照修正后的刑法，对其判处较重的死缓犯终身监禁制度，是违反罪刑法定原则和该制度的立法初衷的。贪污受贿犯罪死缓犯的终身监禁制度只能适用于原本应判处死刑立即执行的罪犯。[②] 事实上，将贪污受贿罪的终身监禁视为这两种犯罪死刑立即执行的替代措施，已为国家立法机关和最高司法机关所明确规定。一方面，如前所述，全国人大法律委员会2015年8月16日在《关于〈中华人民共和国刑法修正案（九）〉（草案二次审议稿）主要问题的修改情况的汇报》中，明确将终身监禁视为贪污罪受贿罪死刑立即执行的替代措施。另一方面，2015年10月29日公布的最高人民法院《关于〈中华人民共和国刑法修正案（九）〉时间效力问题的解释》第8条规定："对于2015年10月31日以前实施贪污、受贿行为，罪行极其严重，根据修正前刑法判处死刑缓期执行不能体现罪刑相适应原则，而根据修正后刑法判处死刑缓期执行同时决定在其死刑缓期执行二年期满依法减为无期徒刑后，终身监禁，不得减刑、假释可以罚当其罪的，适用修正后刑法第三百八十三条第四款的规定。根据修正前刑法判处死

---

① 参见时延安、王烁、刘传稿：《〈中华人民共和国刑法修正案（九）〉解释与适用》，人民法院出版社2015年版，第354页。

② 参见赵秉志主编：《中华人民共和国刑法修正案（九）的理解与适用》，法制出版社2015年版，第330页。

刑缓期执行足以罚当其罪的，不适用修正后刑法第三百八十三条第四款的规定。”其中，“根据修正前刑法判处死刑缓期执行不能体现罪刑相适应原则”即意味着需要判处死刑立即执行。在此，最高人民法院明确将终身监禁规定为贪污受贿犯罪死刑立即执行的替代措施。因而就立法精神来看，贪污贿赂犯罪死缓犯终身监禁制度适用的对象只能是原本应判处死刑立即执行的罪犯。

（二）适用实质标准

根据《刑法修正案（九）》第44条第4款的规定，人民法院决定对被判处死刑缓期执行的犯罪分子适用死缓犯终身监禁制度的依据是“犯罪情节等情况”。然而《刑法修正案（九）》中只是模糊笼统地规定根据犯罪情节进行判断，而究竟在何种犯罪情节下适用死缓犯终身监禁制度，并没有作出相关的具体规定，这意味着法官在决定是否适用贪污受贿犯罪死缓犯终身监禁制度的问题上具有极大的自由裁量权。一般而言，犯罪情节，是指犯罪构成的基本事实以外的、与犯罪行为或犯罪人有关，能够影响犯罪行为的社会危害性程度或者犯罪人的人身危险性程度的各种情况。值得注意的是，犯罪情节并非人民法院在决定是否适用死缓犯终身监禁制度时要考虑的唯一因素，除此之外还有其他一些情况需要考虑，因此，立法上使用了“等”这样的模糊用语。参酌与死缓犯终身监禁制度相类似的死缓限制减刑制度的相关司法解释①，此处的犯罪情节等情况应当包括犯罪情节和人身危险性等情况。一是犯罪情节的考量。包括犯罪的时间和地点、手段和方法、犯罪的动机、犯罪对象的具体情况、在共同犯罪中所处的地位与所起的作用以及犯罪影响等。二是人身危险性的判断。人身危险性主要是指再犯可能性。人

① 参见最高人民法院《关于死刑缓期执行限制减刑案件审理程序若干问题的规定》第1条规定：“根据刑法第五十条第二款的规定，对被判处死刑缓期执行的累犯以及因故意杀人、强奸、抢劫、绑架、放火、爆炸、投放危险物质或者有组织的暴力性犯罪被判处死刑缓期执行的犯罪分子，人民法院根据犯罪情节、人身危险性等情况，可以在作出裁判的同时决定对其限制减刑。”

身危险性的判断带有较强的主观色彩，在司法实践中，一般从行为人年龄、心理、生理状况、犯罪前的表现与犯罪后的个人态度以及行为人的存在对社会所构成的潜在威胁等方面进行判断。[①] 在综合判断相关犯罪情况后，如果认为对严重贪污受贿罪犯判处死刑缓期执行不能体现罪责刑相适应的原则，可以同时对其宣告在死缓二年期满之后依法减为无期徒刑后，终身监禁，不得减刑、假释。

而且依据《刑法修正案（九）》的规定，此处的犯罪情节应该仅指审判时能够确定的犯罪情节，不包括判决后刑罚执行过程中的其他情节，因而判断的依据主要还是案件情节。“严刑重罚”历来是震慑犯罪的有效手段，终身监禁条款也是如此。然而，是否意味着宣告在死缓二年期满之后依法减为无期徒刑后，终身监禁，不得减刑、假释的罪犯，就只能接受终身监禁的裁决呢？答案当然是否定的，虽然 2015 年我国一度开启了尘封 40 年之久的特赦制度，但是贪污贿赂犯罪分子并不在特赦之列，可以预料，在未来很长的一段时间内，即使特赦制度常态化、制度化、规范化，但是考虑到我国的反腐形势，对于腐败犯罪特别是严重的腐败犯罪依然不会开启特赦之路。如果重、特大贪腐犯罪分子想要破除死缓变终身监禁的魔咒，是否还有自我救赎的途径呢？实际上，法律也为此留下了余地。《刑法》第 50 条中规定了“……如果确有重大立功表现，二年期满以后，减为二十五年有期徒刑”。同时法律规定，犯罪分子有检举、揭发他人重大犯罪行为（可能判处无期徒刑或者死刑的），经查证属实；提供侦破其他重大案件的重要线索，经查证属实；阻止他人重大犯罪活动；协助司法机关抓捕其他重大犯罪嫌疑人（包括同案犯）；对国家和社会有其他重大贡献等表现的，均属重大立功。重、特大的贪腐犯罪往往是窝案、串案，上述法律规定表明，重、特大贪腐犯罪分子如果想避免被判处“终身监禁”，就

---

① 参见李娅斌、邹扬：《死缓限制减刑的适用条件》，载《江苏法制报》2013 年 11 月 26 日第 4 版。

必须检举、揭发同样重、特大的犯罪行为。因此，可以想象在未来查处贪腐犯罪时，终身监禁条款的震慑作用还体现在：更多的重、特大贪腐犯罪会被检举暴露在阳光下。由此看来，终身监禁条款的增设，对于未来的反腐败斗争影响是深远的，而不仅仅体现在直接的震慑效果上。①

## 五、贪污贿赂犯罪死缓犯终身监禁制度的立法走向

如上所述，不得减刑、假释的终身监禁制度对于限制贪污受贿犯罪死刑的适用具有重要的立法与司法意义。这也给我们提供了一种在保留有死刑配置的罪名中如何减少其死刑适用的立法路径；对于死刑改革下的终身监禁制度的走向也留下了思考的余地。

### （一）死刑保留背景下扩大不得减刑、假释的终身监禁制度适用范围

在当代中国，逐步减少并严格控制死刑适用是我国基本的死刑政策。十八届三中全会《决定》提出要“逐步减少适用死刑罪名”。中央关于深化司法体制和社会体制改革的任务也要求，完善死刑法律规定，逐步减少适用死刑的罪名。继2011年《刑法修正案（八）》一次性取消了13种经济性、非暴力犯罪的死刑，迈开了我国逐步废止死刑的步伐之后，2015年的《刑法修正案（九）》进一步贯彻十八届三中全会和中央司法体制改革的要求，一次性取消了9种罪名的死刑配置。正如赵秉志教授所言，我国未来的死刑改革将会是以非暴力犯罪死刑废止为重点并逐步迈向暴力犯罪死刑废止，走出一条分阶段、分步骤且成批量、成规模削减死刑罪名的死刑改革进路。② 是故，我国刑法分则中的死刑罪名的废止不会一蹴而就，这也意味着我国未来相当长的一段时间内死刑罪

---

① 参见孟粉、王付军：《增设终身监禁意义何在》，载《北京日报》2015年9月9日，第18版。

② 参见赵秉志：《中国死刑立法改革新思考——以〈刑法修正案（九）（草案）〉为主要视角》，载《吉林大学社会科学学报》2015年第1期。

名还是会存在的。故而在立法中保留相关罪名死刑配置的情形下，如何进一步减少保留死刑罪名的死刑适用将是我们需要努力探讨的方向。

一般说来，在对死刑进行立法改革的同时，我们也要重视死刑的司法改革。当前，我国死刑改革的基本路径是死刑立法与司法改革并进。就死刑立法改革而言，虽然可以从根本上实现限制与减少死刑适用的目标，但也存在一定的局限性。而且，相关立法规定能否在司法实践中得到充分的贯彻和落实，还要看能否积极发挥司法的能动性。我国十分重视死刑的司法改革，不断严格死刑适用的司法标准、对象和程序等。但是死刑的司法改革需要借助立法改革，否则死刑的司法改革将无法律依据。此次《刑法修正案（九）》对特、重大贪污罪、受贿罪死缓犯设置终身监禁的做法，就可以看作限制对保留死刑罪名的死刑适用的一种有效的立法与司法配合的有益尝试，这种由司法工作人员依据案件情节对特定犯罪死缓犯适用不得减刑、假释的“终身监禁”制度既体现了严厉惩处腐败犯罪的精神，也体现了慎用死刑的刑事政策，有利于发挥该制度限制死刑适用的作用。

因而在此立法启示之下，我们完全可以进一步扩大死缓犯不得减刑、假释制度的适用范围，特别是对于一些短期内难以废止的死刑罪名，规定不得减刑、假释的死缓犯终身监禁制度，这将大大有助于减少相关罪名的死刑适用。事实上，我国《刑法修正案（八）》中针对累犯以及因故意杀人、强奸、抢劫、绑架、放火、爆炸、投放危险物质或者有组织的暴力性犯罪被判处死刑缓期执行的犯罪分子确立的限制减刑制度已经为我们的立法改革迈出了步伐。据了解，在《刑法修正案（九）》的立法起草中，曾有一种方案是将针对重、特大的贪污受贿犯罪死缓犯不得减刑、假释的终身监禁制度规定在死缓犯限制减刑的立法中，即将死缓犯限制减刑的范围扩大至贪污受贿犯罪。但是最后立法者选择了目前的修法技术。笔者认为，这主要是由于死缓犯限制减刑的严厉性较之不得减刑、假释的严厉性程度低，不符合对原本判处死刑立即执行的重、特大贪污受贿行为性质。因而笔者建议在未来的修法过程中，可以考虑对于一些短期内难以废止的死刑罪名，规定不得减刑、假释的死缓犯终身监禁制度。具体的立法例可以参照死缓犯限制减刑的立法思路，即将该制度仅仅适用于几种性质较为严重犯罪。若能如此，保留死刑的相关罪名的死刑适用将会形成死刑立即执行和不得减刑、假释的死缓以及限制减刑的死缓、一般死缓的四元格局。在这样的格局下，死刑立即执行作为一种慎用的死刑执行方式，不得减刑、假释的死缓制度在符合条件的情况下成为应当判处死刑立即执行的替代措施，限制减刑的死缓适用于不符合死刑立即执行但判处死缓又不能体现其罪责的案件，而一般死缓则适用于判处死缓能体现罪责刑相适应原则的案件。这样通过对死缓制度的量刑进行精细化的分析，将会大大有助于保留死刑配置罪名的死刑限制适用。

（二）改造终身监禁刑的立法进路：无期徒刑的实至名归

以上第一种立法进路着眼于保留死刑情形下如何减少保留死刑配置罪名的死刑适用。但是依据死刑改革的最终发展方向，我国的死刑罪名将会被全部废止。此时就涉及死刑废止之后贪污贿赂犯罪的刑罚衔接问题。死刑的废止包括死缓的废止，依附在死缓制度上的不得减刑、假释的终身监禁将无法容身，就需要将不得减刑、假释的死缓犯终身监禁制度独立出来。笔者认为，终身监禁制度与实质上的无期徒刑类似，因而对无期徒刑进行有效改造，方能承担起贪污贿赂犯罪死刑立法废止之后的刑罚衔接问题。

根据我国刑法典的相关规定，无期徒刑是我国刑罚体系当中的5种主刑之一，其严厉程度仅次于死刑，当死刑废止之后，其毫无争议地会成为死刑废止之后刑罚衔接的接力棒。但是依据我国刑法典的规定，我国的无期徒刑并不是真正意义上的“无期”，因为在我国目前的刑法典体系中，我国刑法对于无期徒刑的规定以可以减刑、假释为基本原则。虽然我国2011年的《刑法修正案（八）》进一步严格了减刑、假释的条件，并且规定判处无期徒刑的犯罪分子，实际执行期限不低于 13 年，方可进行减刑、假释。[①] 实质上也确立了以限制减刑和不可假释为原则的无期徒刑。由于判处死缓犯的犯罪分子两年考验期满之后一般都会减为无期徒刑，对于判处死缓犯的犯罪分子限制减刑也就相当于对由死缓犯减为无期徒刑的犯罪分子限制减刑；另外，《刑法修正案（八）》中第 16 条对刑法典第 81 条也进行了修改，规定了不可假释的无期徒刑。[②] 而《刑法修正案（九）》所确立的终身监禁仅限于不可减刑、假释的终身监禁，并非增加了新的刑种，而是在原有的无期徒刑以可以减刑假释为基本原则、以限制减刑和不可假释为例外的基础上，在重、特大贪污贿赂犯罪中增加了不可减刑、假释的执行方法而已。[③] 这样事实上我国的贪污贿赂犯罪分子在适用无期徒刑时，就形成了一般无期徒刑，限制减刑的无期徒刑，不可假释的无期徒刑和不可减刑、假释的无期徒刑的四种情形。但是不可减刑、假释的无期徒刑并非适用于所有无期徒刑，而仅限于因为犯贪污罪、受贿罪被判处死刑缓期执行的犯罪分子在死刑缓期执行二年期满依法减为无期徒刑的情形，且不可减刑、假释的无期徒刑并非必须适用，审判法官有适用的选择权，根据具体犯罪情节裁定。

故而在未来废止贪污贿赂犯罪死刑适用的情形下，应进一步在强调无期徒刑严厉性的基础上对其进行改造，强调其与终身监禁一

---

① 2011 年通过的《刑法修正案（八）》第 15 条规定："减刑以后实际执行的刑期不能少于下列期限……（二）判处无期徒刑的，不能少于十三年……"《刑法修正案（八）》第 16 条第 1 款规定："……被判处有期徒刑的犯罪分子，执行原判刑期二分之一以上，被判处无期徒刑的犯罪分子，实际执行十三年以上，如果认真遵守监规，接受教育改造，确有悔改表现，没有再犯罪的危险的，可以假释。如果有特殊情况，经最高人民法院核准，可以不受上述执行刑期的限制。"

② 《刑法修正案（八）》第 16 条规定："对累犯以及因故意杀人、强奸、抢劫、绑架、放火、爆炸、投放危险物质或者有组织的暴力性犯罪被判处十年以上有期徒刑、无期徒刑的犯罪分子，不得假释。"

③ 参见聂慧苹：《"终身监禁"的理解与运用》，载《学习时报》2015 年 9 月 3 日，第 4 版。

样具有最严重的限制人身自由的惩罚措施之性质，使其能够担负起贪污贿赂犯罪死刑废止后的死刑替代措施之功效。对于其改造模式，可以借助于英美法系国家终身监禁制度的立法设计。在目前的立法模式上，英美法系国家刑法中终身监禁制度分为绝对的终身监禁和裁量的终身监禁。绝对的终身监禁是指根据刑法立法规定，对某些犯罪的犯罪人必须适用终身监禁，法官没有选择适用的权利，由于这种终身监禁的立法模式过于僵硬，只有极少数国家和地区对极其严重的犯罪采用；裁量的终身监禁是指终身监禁仅是可供选择适用的刑罚措施，对具体犯罪人是否适用终身监禁由法官根据具体犯罪情节裁定，这是大多数国家采用的终身监禁立法。根据具体执行方法的不同，终身监禁分为不可假释的终身监禁和可假释的终身监禁。不可假释的终身监禁是指罪犯必须服刑终身，不能提前释放到社会上执行。但根据英美法系国家刑法的相关规定，不可假释的终身监禁仍然具有减刑或赦免的可能性。例如，美国联邦和伊利诺伊、路易斯安那等州，判处终身监禁的罪犯可以通过美国总统或者有关州的州长宣布的大赦、特赦获得释放。① 不得假释的终身监禁是仅次于死刑的刑罚，在美国已废除死刑的州则成为最高等级的刑罚，严重谋杀罪一般都被判为终身监禁，罪行特别严重的或被判处不得假释的终身监禁。可假释的终身监禁是指罪犯在服刑期间，在符合法定条件的情况下可以提前释放到社会上执行。可假释的终身监禁通常同时可以适用减刑或赦免。大部分国家的终身监禁刑属于此种立法例。在加拿大，自 1976 年以来开始对一级谋杀罪判处强制终身监禁，并在判决执行 25 年后才能适用假释。②

鉴于犯罪情况各有不同，犯罪情节也有所差异，借鉴西方终身

① 参见《一些国家有关终身监禁的法律规定》，载《中华人民共和国刑法修正案（九）（草案三次审议稿）参阅资料》，全国人大常委会办公厅秘书局编印 2015 年 8 月 23 日，第 46~47 页。

② 参见孟粉、王付军：《增设终身监禁意义何在》，载《北京日报》2015 年 9 月 9 日，第 4 版。

监禁制度，我国可以对无期徒刑进行改造，引进终身监禁刑之分类。在现有无期徒刑划分为可减刑、假释的无期徒刑，限制减刑、不可假释的无期徒刑（特定部分犯罪）和不可减刑、假释的无期徒刑（重、特大贪污受贿犯罪）的基础上，进一步将相关分类或进行扩充，或进行整合，扩大适用范围，形成无期徒刑减刑、假释的合理分类。笔者认为，在贪污贿赂犯罪死刑废止的情形下，对于以前本应判处死刑立即执行的犯罪不再判处死刑，可以判为不能减刑和假释的无期徒刑；对于以前本应判处死缓的犯罪分子根据犯罪情节可以判为能减刑或假释的无期徒刑。这样在贪污贿赂犯罪死刑废止之后，无期徒刑方能担负起死刑替代措施之功能。同时，考虑到贪污贿赂犯罪废止死刑之后的无期徒刑是刑罚中最为严厉的刑罚种类，借鉴相关国家的经验，应当对无期徒刑在适用对象、无期徒刑的实际执行期限、刑罚执行等方面进行适当的限制。

## 本章小结

《刑法修正案（九）》中对贪污受贿犯罪的死刑适用标准进行了修正，并且对于特、重大的贪污受贿犯罪规定了死缓犯终身监禁制度，这对于有力有效地惩治腐败犯罪具有重要意义。在确定特、重大贪污受贿犯罪是否适用死刑时，不仅要考虑“两高”《解释》中确立的贪污受贿犯罪死刑适用的具体标准，即“数额特别巨大，犯罪情节特别严重、社会影响特别恶劣、给国家和人民利益造成特别重大损失”，也需考虑死刑适用的总体标准，即考察行为人的主观恶性和人身危险性以及行为的社会危害性。至于“数额特别巨大”的确定，应当在参考司法审判的经验以及基于严格限制死刑适用思想的指导下，确定一定的死刑适用数额基点，如果在这一犯罪数额的基础上，则有可能判处死刑，但也不一定适用死刑，是否适用死刑还需结合相关案件的具体情节进行考量。对于“使国家和人民利益遭受特别重大损失”的判定主要侧重考虑行为造成的物质性、经济性损失。关于“犯罪情节特别严重”之认定，主要是对死刑适用总体标准的强调性规定，以体现死刑适用的慎重性，其主要考量已规定的死刑适用标准之外的能够反映行为人的主观恶性、人身危险性以及行为的社会危害性等相关情节。“社会影响特别恶劣”则主要从贪污受贿主体、发生领域等考虑行为给社会造成的恶劣影响。

《刑法修正案（九）》中增设的贪污受贿犯罪死缓犯终身监禁制度不属于独立的刑种，应当属于死缓的量刑结果。对于该制度的设立存在一定的争议，但是我们不能仅仅孤立地就终身监禁制度这一制度本身来进行评析，而应当结合其立法目的以及整个贪污贿赂犯罪的刑罚体系加以考量。（1）该制度的设立体现了我国当前对反腐败立法的高度重视，是宽严相济刑事政策下对贪污受贿犯罪慎用死刑以及对严重腐败行为严厉否定评价的有机结合，有利于司法公信力的提升，推进反腐败的持续深入。严重贪污受贿犯罪的死缓犯终身监禁制度对于弥补我国刑罚结构缺陷，促进严格限制死刑司法适用具有重要意义。（2）贪污受贿犯罪死缓犯的终身监禁制度只能适用于原本应判处死刑立即执行的罪犯，人民法院决定对被判处死刑缓期执行的犯罪分子适用死缓犯终身监禁制度应依据其犯罪情节和人身危险性等犯罪情况决定。（3）在死刑保留的情况下，借鉴特、重大贪污受贿犯罪终身监禁制度，我们完全可以考虑进一步扩大死缓犯不得减刑、假释制度的适用范围，特别是对于一些短期内难以废止的死刑罪名，规定不得减刑、假释的死缓犯终身监禁制度，这将大大有助于减少相关罪名的死刑适用。在未来废止死刑适用的情形下，应进一步在强调无期徒刑严厉性的基础上对其进行改造，强调其具有最严重的限制人身自由的惩罚措施之性质，使其能够担负起死刑废止后的死刑替代措施之功效。

# 结 语

从各国防治腐败犯罪的相关措施来看，法治反腐是防控腐败犯罪的基本做法。我国一贯高度重视反腐败工作，改革开放以后特别是进入 21 世纪以来，深入开展党风廉政建设和反腐败斗争，取得了有目共睹的成效。在法治中国的建设中，反腐败是我们党和政府必须常抓不懈的极其重要的工作。腐败犯罪的刑法治理是腐败治理体系的有机组成部分。党和国家不断改进和完善我国反腐败刑事法治，及时完善相关的反腐败刑法，严格腐败犯罪的刑事司法。贪污受贿犯罪是腐败犯罪中最为典型的两种罪名，贪污受贿犯罪的防治效果在一定程度上会影响我国的反腐败大局，因而我国十分注重对贪污受贿犯罪的有效治理。

需要注意的是，本书所探讨的贪污受贿犯罪定罪量刑标准是从刑事治理的角度对于如何科学有效地惩治贪污受贿犯罪进行的探讨。但是，刑事法治仅仅是法治反腐的一部分，反腐败还需要发挥其他部门法的合力。为有效促进反腐败预防制度的法治化，笔者认为，还应当进一步完善相关领域的反腐立法。第一，我们应当制定关于公职人员行为准则的专门反腐败法。法律效果的取得主要决定于责任主体是否依法遵守义务，反腐败预防主要是针对公职人员而制定的，但是其并不能对公职人员的相关行为准则进行详细的规定，因为统一的反腐败法主要是协调相关法律的实施。因而需要制定包括《国家公职人员行为道德法》《公职人员财产申报法》《防止利益冲突法》等在内的规定反腐败主体的职责和义务的专门性法律，对反腐败主体的义务和责任作具体规定。第二，应尽快建立起包括《重大决策程序条例》《政务公开法》《行政组织法》等在内的有关行政程序的法律。反腐立法不仅需明确腐败的内容和形式，还要界定公共权力运行的程序和边界，用程序性的法律对于公权力运行的步骤、方式等作出明确的规定，使公权力的运作能够依照法定的顺序、方法进行，进而规范、制约公权力的运行。[①]

另外，刑事治理更多地是从事后惩治的角度出发，无法有效遏制腐败的发生。腐败的产生有其深刻的社会结构、社会控制和社会冲突原因，因此，要治理腐败，就必须铲除滋生腐败的土壤。预防是反腐败的治本之策。中共中央在《建立健全惩治和预防腐败体系2013~2017年工作规划》中也规定，反腐败要坚持标本兼治、综合治理、惩防并举、注重预防。世界上多数法制发达国家都非常注重通过建立对于治理腐败的预防性制度规范，以预防腐败犯罪，如美国的《政府行为道德法》，德国的《利益法》《回扣法》《反腐败法》等，英国的《荣誉法典》和《防腐化法》等。[②] 俄罗斯基于对腐败本质和原因的理性认识，充分吸取世界各国反腐经验，从本国反腐败的现实需要出发，已经确立了预防优先的反腐败理念，并且已经进入预防理念全面制度化的阶段，在反腐败的立法方面也走在了世界的前列。2008年12月25日，俄罗斯联邦通过的《反腐败法》第3条第6项明确规定："预防腐败措施优先适用。"该法确立的反腐败预防的思想体现在反腐败的各项政策、措施中。[③] 相关国家的反腐立法也启示我们，在完善反腐败刑事立法的同时，我们必须综合发挥其他法律对于控制和预防腐败犯罪的重要作用，构建综合预防与刑事惩治相结合的法律系统。

---

① 参见马怀德：《国外反腐败立法的特点及启示》，载《学习时报》2015年4月6日。

② 参见马怀德：《国外反腐败立法的特点及启示》，载《学习时报》2015年4月6日。

③ 参见李景华：《〈俄罗斯联邦反腐败法〉的特色与创新》，载《中国纪检监察报》2010年3月17日。

# 参考文献

## 一、著作类

(一) 中文著作

1. 王宠惠:《中华民国刑法》,中华印书局 1928 年版。

2. (明) 董说:《七国考》(卷 12)《魏刑法》,中华书局 1956 年版。

3. 王亚南:《中国官僚政治研究》,中国社会科学文献出版社 1981 年版。

4. (宋) 窦仪:《宋刑统》(卷 19)《贼盗律》,中华书局 1984 年版。

5. (宋) 窦仪:《宋刑统》(卷 11)《受所监临赃》,中华书局 1984 年版。

6. (清) 赵翼:《廿二史札记校正》(卷二十四),王树民校,中华书局 1984 年版。

7. (宋) 窦仪:《宋刑统》(卷 26)《杂律》,中华书局 1984 年版。

8. (清) 沈家本:《历代刑法考》(二),中华书局 1985 年版。

9. 魏平雄、王然冀主编:《贪污贿赂罪的认定与对策》,群众出版社 1992 年版。

10. 《列宁选集》(第 2 卷),人民出版社 1995 年版。

11. 《列宁选集》(第 5 卷),人民出版社 1995 年版。

12. 薛梅卿:《宋刑统研究》,法律出版社 1997 年版。

13. 储槐植:《刑事一体化与关系刑法论》,北京大学出版社

1997 年版。

14. 陈兴良：《刑法学全书》，中国人民公安大学出版社 1997 年版。

15. 《大明律》，怀效锋点校，法律出版社 1998 年版。

16. 赵秉志：《刑法总论问题研究》，中国法制出版社 1998 年版。

17. 杨一凡：《明大诰研究》，江苏人民出版社 1988 年版。

18. 《法疑难问题解析与适用》，中国检察出版社 1998 年版。

19. 胡学相：《量刑的基本理论研究》，武汉大学出版社 1998 年版。

20. 邱兴隆、许章润：《刑罚学》，中国政法大学出版社 1998 年版。

21. （宋）窦仪：《宋刑统》，法律出版社 1998 年版。

22. 周密：《中国刑法史纲》，北京大学出版社 1998 年版。

23. 《唐律疏议》，刘俊文点校，法律出版社 1999 年版。

24. 马克昌主编：《刑罚通论》，武汉大学出版社 1999 年版。

25. ［美］博登海默：《法理学、法律哲学与法律方法》，邓正来译，中国政法大学出版社 1999 年版。

26. 曾宪义主编：《中国法制史》，中国人民大学出版社 2000 年版。

27. 林喆：《法律思维学导论》，山东人民出版社 2000 年版。

28. 最高人民法院中国应用法学研究所：《人民法院案例选》（1992~1999 年合订本刑事卷）（上），中国法制出版社 2000 年版。

29. 张家山二四七号汉墓竹简整理小组：《张家山汉墓竹简》，文物出版社 2001 年版。

30. 马克昌主编：《刑罚通论》（第 2 版），武汉大学出版社 2001 年版。

31. 韩秀桃：《中国法制史》，法律出版社 2001 年版。

32. 郑永流主编：《法哲学与法社会学论丛》（四），中国政法大学出版社 2001 年版。

33. （宋）谢深甫：《庆元条法事类》，黑龙江人民出版社 2002 年版。

34. 王云海：《美国的贿赂罪》，中国政法大学出版社 2002 年版。

35. 国家法官学院、中国人民大学法学院：《中国审判案例要览》（2000 年刑事审判案例卷），中国人民大学出版社 2002 年版。

36. 刘树德：《罪状建构论》，中国方正出版社 2002 年版。

37. 刘艳红：《开放的犯罪构成要件理论研究》，中国政法大学出版社 2002 年版。

38. 康树华主编：《犯罪学通论》，北京大学出版社 2004 年版。

39. 赵秉志主编：《刑法新教程》，中国人民大学出版社 2004 年版。

40. 陈兴良：《刑法哲学》（修订三版），中国政法大学出版社 2004 年版。

41. 董邦俊：《贪污罪新论》，中国方正出版社 2004 年版。

42. 外交部条约法律司：《联合国反腐败公约及其相关法律文件》，法律出版社 2004 年版。

43. 储槐植、宗建文：《刑法机制》，法律出版社 2004 年版。

44. 王觐：《中华刑法论》，姚建龙校勘，中国方正出版社 2005 年版。

45. 赵秉志：《刑法基本理论专题研究》，法律出版社 2005 年版。

46. 周密：《新加坡共和国反贪倡廉成文律选》，北京大学出版社 2005 年版。

47. 曾粤兴：《刑法学方法的一般理论》，人民出版社 2005 年版。

48. ［德］克劳斯·罗克辛：《德国刑法学总论》（第 1 卷），王世洲译，法律出版社 2005 年版。

49. 李翔：《情节犯研究》，上海交通大学出版社 2006 年版。

50. 张远煌：《中国非暴力犯罪死刑限制与废止研究》，法律出版社 2006 年版。

51. 赵秉志：《死刑改革研究报告》，法律出版社 2007 年版。

52. 卢建平：《刑事政策学》，中国人民大学出版社 2007 年版。

53. 高铭暄、赵秉志：《中国刑法立法之演进》，法律出版社 2007 年版。

54. 唐保银：《贪污论》，中国检察出版社 2007 年版。

55. 高维俭等：《中国死刑问题的社会学研究》，中国人民公安大学出版社 2007 年版。

56. 孙家红：《清代的死刑候监》，社会科学文献出版社 2007 年版。

57. 高铭暄：《高铭暄自选集》，中国人民大学出版社 2007 年版。

58. 卢建平、张旭辉编：《美国反海外腐败法解读》，中国方正出版社 2007 年版。

59. 吕天奇：《贿赂罪的理论与实践》，光明日报出版社 2007 年版。

60. 张希坡、韩延龙主编：《中国革命法制史》，中国社会科学出版社 2007 年版。

61. 王春瑜主编：《中国反贪史》（下卷），四川人民出版社 2007 年版。

62. 周道鸾、张军主编：《刑法罪名精释》，人民法院报社 2007 年版。

63. 储槐植：《刑事一体化论要》，北京大学出版社 2007 年版。

64. 廖增田：《受贿罪纵览与探究——从理论积淀到实务前沿》，中国方正出版社 2007 年版。

65. 姜涛：《刑事程序分流研究》，人民法院出版社 2007 年版。

66. 陈国庆：《新型受贿犯罪的认定与处罚》，法律出版社

2007 年版。

67. 张勇:《经济犯罪定量化研究》,法律出版社 2008 年版。

68. 蔡道通:《刑事法治的基本立场》,北京大学出版社 2008 年版。

69. 赵秉志主编:《当代刑法学》,中国政法大学出版社 2008 年版。

70. 孙国祥:《新类型受贿犯罪疑难问题解析》,中国检察出版社 2008 年版。

71. 赵秉志主编:《刑法分则要论》,法制出版社 2009 年版。

72. 赵秉志主编:《死刑个案实证研究》,中国法制出版社 2009 年版。

73. 周琪、袁征:《美国的政治腐败与反腐败——对美国反腐败机制的研究》,中国社会科学出版社 2009 年版。

74. 赵秉志主编:《贪污贿赂犯罪的惩治与防范》,中国人民公安大学出版社 2010 年版。

75. 李晓明等:《控制腐败法律机制研究》,法律出版社 2010 年版。

76. 赵威:《数额犯研究》,辽宁大学出版社 2010 年版。

77. 张军主编:《〈刑法修正案(八)〉条文及配套司法解释理解与适用》,人民法院出版社 2011 年版。

78. 张明楷:《刑法学》,法律出版社 2011 年版。

79. 彭新林:《酌定量刑情节限制死刑适用研究》,法律出版社 2011 年版。

80. 方鹏:《出罪事由的体系和理论》,中国人民公安大学出版社 2011 年版。

81. 赵秉志:《〈刑法修正案(八)〉理解与适用》,中国法制出版社 2011 年版。

82. 卢建平:《刑事政策与刑法变革》,中国人民公安大学出版社 2011 年版。

83. 高铭暄：《中华人民共和国刑法的孕育诞生和发展完善》，北京大学出版社 2012 年版。

84. 林山田：《刑法各罪论》（下册），北京大学出版社 2012 年版。

85. 孙国祥：《贿赂犯罪的学说与案解》，法律出版社 2012 年版。

86. 赵秉志主编：《刑法新教程》（第 4 版），中国人民大学出版社 2012 年版。

87. 黎宏：《刑法学》，法律出版社 2012 年版。

88. 陈兴良主编：《刑事法评论》，北京大学出版社 2012 年版。

89. 郝银钟：《遏制腐败犯罪新思维》，中国法制出版社 2013 年版。

90. 张华：《腐败犯罪控制机制研究》，中国长安出版社 2013 年版。

91. 五南法学研究中心：《刑事法规》，五南图书出版公司 2013 年版。

92. 韩延龙、常兆儒主编：《革命根据地法制文献选编》（中卷），中国社会科学出版社 2013 年版。

93. 高汉成：《〈大清新刑律〉立法资料汇编》，社会科学文献出版社 2013 年版。

94. 陈兴良：《规范刑法学》，中国政法大学出版社 2013 年版。

95. 赵秉志主编：《刑法总论》（第 2 版），中国人民大学出版社 2013 年版。

96. 高铭暄、马克昌主编：《刑法学》（第 6 版），高等教育出版社、北京大学出版社 2014 年版。

97. 赵秉志、张军、郎胜主编：《现代刑法学的使命》（下卷），中国人民公安大学出版社 2014 年版。

98. 赵秉志主编：《刑事法治发展研究报告》（2012~2013 年卷），中国人民公安大学出版社 2014 年版。

99. 赵秉志主编：《刑法评论》（第 2 卷），法律出版社 2014 年版。

100. 杨绪盟、黄宝荣：《腐败与制度之“笼”——国外反腐经验与启示》，人民出版社 2014 年版。

101. 习近平：《习近平谈治国理政》，外文出版社 2014 年版。

102. 赵廷光：《中国量刑改革之路》，武汉大学出版社 2014 年版。

103. 皮勇、王刚、刘胜超：《量刑原论》，武汉大学出版社 2014 年版。

104. 李冠煜：《量刑基准的研究——以责任和预防的关系为中心》，中国社会科学文献出版社 2014 年版。

105. 李慧织：《贪污贿赂犯罪死刑限制与废止研究》，中国人民公安大学出版社 2014 年版。

106. 卜宪群主编：《中国历史上的腐败与反腐败》，鹭江出版社 2014 年版。

107. 马克昌：《百罪通论》，北京大学出版社 2014 年版。

108. 任仲文：《深入学习习近平同志关于党风廉政建设和反腐败斗争重要讲话》，人民日报出版社 2014 年版。

109. 人民日报社评论部：《四个全面学习读本》，人民出版社 2015 年版。

110. 李少平、朱孝清、卢建平主编：《法治中国与刑法发展》，中国人民公安大学出版社 2015 年版。

111. 赵秉志主编：《〈中华人民共和国刑法修正案（九）〉理解与适用》，中国法制出版社 2015 年版。

112. 刘士心：《美国刑法各论原理》，人民出版社 2015 年版。

113. 中共中央纪律检查委员会、中共中央文献研究室编：《习近平关于党风廉政建设和反腐败斗争论述摘编》，中央文献出版社、中国方正出版社 2015 年版。

114. 雷建斌主编：《〈中华人民共和国刑法修正案（九）〉解

释与适用》，人民法院出版社 2015 年版。

115. 时延安、王烁、刘传稿：《〈中华人民共和国刑法修正案（九）〉解释与适用》，人民法院出版社 2015 年版。

116. 张明楷：《责任刑与预防刑》，北京大学出版社 2015 年版。

117. 景景：《受贿罪量刑均衡问题研究》，人民法院出版社 2015 年版。

118. 高铭暄、赵秉志主编：《新中国刑法立法文献资料总览》，中国人民公安大学出版社 2015 年版。

119. 刘志伟主编：《刑法规范总整理》，法律出版社 2015 年版。

120. 刘仁文主编：《贪污贿赂犯罪的刑法规制》，社会科学文献出版社 2015 年版。

121. 《魏书》（卷 111）《刑罚志》。

122. 《汉书》（卷 23）《刑法志》。

123. 《唐律疏议》（卷 11）。

124. 《宋刑统》（卷 4）《名例律 · 赃物没官及征还官主并勿征收》。

125. 《宋刑统》（卷 2）《太祖纪二》。

126. （元）张养浩：《时政书》，载《元代奏议集录》。

127. 《元史》（卷 17）《世祖本纪十四》。

128. 《元典章》（卷 46）《刑部卷八 · 诸赃一 · 取受》。

129. 《元典章》（卷 48）《刑部卷十 · 诸赃三 · 首赃》。

130. 《明史 · 刑法志》。

131. 《大明律》（卷 23）《刑律六 · 受赃》。

132. 《大清律例》（卷 23）《刑律》。

133. 《大清律例》（卷 31）《刑律》。

（二）外文译著

134. ［韩］金永哲：《韩国刑法典及单行刑法》，中国人民大学出版社 1996 年版。

135.《法国刑法典　刑事诉讼法典》，罗结珍译，国际文化出版公司 1997 年版。

136.《俄罗斯联邦刑法典》，黄道秀译，北京大学出版社 2008 年版。

137.［德］弗兰茨·冯·李斯特：《德国刑法教科书》，徐久生、庄敬华译，中国法制出版社 2000 年版。

138.《德国刑法典》，冯军译，中国政法大学出版社 2000 年版。

139.［德］卡尔·拉伦茨：《法学方法论》，陈爱娥译，商务印书馆 2003 年版。

140.《德国刑法典》，徐久生、庄敬华译，中国方正出版社 2004 年版。

141.《日本刑法典》（第 2 版），张明楷译，法律出版社 2006 年版。

142.《新加坡刑法》，刘涛、柯良栋译，北京大学出版社 2006 年版。

143.《最新意大利刑法典》，黄风译，法律出版社 2007 年版。

144.《新西兰刑法典》，于志刚、赵书鸿译，中国方正出版社 2007 年版。

145.［意］贝卡利亚：《论犯罪与刑罚》，黄风译，北京大学出版社 2008 年版。

146.［美］哈伯特·L. 帕克：《刑事制裁的界限》，梁根林译，法律出版社 2008 年版。

147.［日］大谷实：《刑法讲义各论》（第 2 版），黎宏译，中国人民大学出版社 2008 年版。

148.［美］约书亚·德雷勒斯：《美国刑法精解》，王秀梅译，北京大学出版社 2009 年版。

149.《美国政府道德法 1989 年道德改革法行政部门雇员道德

行为准则》，蒋娜等译，中国方正出版社 2013 年版。

150. 《新加坡预防腐败法》，王君祥译，中国方正出版社 2013 年版。

151. 《英国反贿赂法》，王君祥译，中国方正出版社 2014 年版。

152. ［美］马尔科姆·M. 菲利：《程序即是惩罚——基层刑事法院的案件处理》，魏晓娜译，中国政法大学出版社 2014 年版。

（三）外文著作

153. TingGong. 1994，The Politics of Corruption in ContemporaryChina：An Analysis of Policy Outcomes. Praeger. First edition.

154. Xiaobo Lu. 2000，Cadres and Corruption：The Organizational Involution of the Chinese Communist Party. Stanford：Stanford University Press.

## 二、论文类

（一）中文论文

1. 陈光全：《怎样避免思维定势的负效应》，载《新华文摘》1985 年第 5 期。

2. 高铭暄、赵秉志、余欣喜：《关于贿赂罪的比较研究》，载《法学研究》1991 年第 2 期。

3. 张明楷：《论刑法分则中作为构成要件的情节严重》，载《法学研究》1995 年第 1 期。

4. 李永君：《罪群简论——对犯罪集合化的初步探讨》，载《中央政法管理干部学院学报》1996 年第 3 期。

5. 王育君：《退赃应规定为法定情节》，载《法学研究》1996 年第 6 期。

6. 储槐植、梁根林：《论刑法分则修订的价值取向》，载《中国法学》1997 年第 2 期。

7. 姚建宗：《信仰：法治的精神意蕴》，载《吉林大学社会科学学报》1997 年第 2 期。

8. 陈金钊：《论法律信仰——法治社会的精神要素》，载《法制与社会发展》1997 年第 3 期。

9. 吴学斌、史凤琴：《贪污受贿犯罪数额起点辨析》，载《中国刑事法杂志》1998 年第 3 期。

10. 孔祥仁：《美洲反腐败公约》，载《中国监察》1998 年第 11 期。

11. 谭世贵：《论司法独立与媒体监督》，载《中国法学》1999 年第 4 期。

12. 赵秉志：《面向 21 世纪的中国刑事法学》，载《中国人民大学学报（哲学社会科学版）》2000 年第 6 期。

13. 赵秉志、田宏杰：《刑事司法正义论》，载《中国刑事法杂志》2000 年第 6 期。

14. 杨书文：《刑法规范的模糊性与明确性及其契合》，载《中国法学》2001 年第 3 期。

15. ［德］拉德布鲁赫：《法律的不法与超法律的法》，载郑永流主编：《法哲学与法社会学论丛（四）》，中国政法大学出版社 2001 年版。

16. 储槐植、张永红：《善待社会危害性观念——从我国刑法第 13 条但书说起》，载《法学研究》2002 年第 3 期。

17. 黎宏：《罪刑法定原则下犯罪的概念及其特征——犯罪概念新解》，载《法学评论》2002 年第 4 期。

18. 王作富、田宏杰：《中国刑法学研究应当注意的几个基本问题》，载《法商研究》2003 年第 3 期。

19. 陈兴良：《作为犯罪构成要件的定量要素——立足于中国刑法的探讨》，载《环球法律评论》2003 年第 3 期。

20. 刘守芬、王洪波：《对中国古代廉政法律制度的历史考察》，载《北京大学学报（哲学社会科版）》2003 年第 3 期。

21. 高铭暄：《我国的死刑立法及其发展趋势》，载《法学杂志》2004 年第 10 期。

22. 郭东旭：《宋朝的物价变动与计赃论罪》，载《中国经济史研究》2004 年第 1 期。

23. 蔡道通：《刑事法治的基本立场——种基本理念与研究方法的阐释》，载《江苏社会科学》2004 年第 1 期。

24. 储槐植：《再说刑事一体化》，载《法学》2004 年第 3 期。

25. 卢建平：《死缓制度的刑事政策意义及其扩张》，载《法学家》2004 年第 5 期。

26. 董邦俊：《两大法系贪污罪立法评析》，载《武汉大学学报（人文科学版）》2004 年第 5 期。

27. 何承斌：《受贿罪客体比较研究》，载《西南政法大学学报》2004 年第 5 期。

28. 赵秉志：《论中国非暴力犯罪死刑的逐步废止》，载《政法论坛》2005 年第 1 期。

29. 王志祥、许会东：《英美法系刑法中侵占罪构成条件之比较》，载《云南大学学报法学版》2006 年第 2 期。

30. 兰耀军：《论附条件不起诉》，载《法律科学》2006 年第 5 期。

31. 李建明：《收受他人财物后退还或者上交队受贿罪构成的影响》，载《人民检察》2006 年第 12 期。

32. 高铭暄：《宽严相济刑事政策与酌定量刑情节的适用》，载《法学杂志》2007 年第 1 期。

33. 卢建平、郭健：《商业贿赂犯罪及其刑事实体立法规制——以〈联合国反腐败公约〉为视角》，载《社会科学战线》2007 年第 1 期。

34. 卢建平、张旭辉：《美国〈反海外腐败法〉对中国治理商业贿赂的启示》，载《北京师范大学学报（社会科学版）》2007 年第 2 期。

35. 王志祥：《犯罪构成的定量因素论纲》，载《河北法学》

2007 年第 4 期。

36. 张智辉：《试论检察一体化的基本特征》，载《人民检察》2007 年第 8 期。

37. 高铭暄、张杰：《论国际反腐败犯罪的趋势及中国的回应——以〈联合国反腐败公约〉为参照》，载《政治与法律》2007 年第 10 期。

38. 陈国庆、韩耀元、邱利军：《〈关于办理受贿刑事案件适用法律若干问题的意见〉的解读》，载《人民检察》2007 年第 14 期。

39. 刘为波：《〈关于办理受贿刑事案件适用法律若干问题的意见〉的理解与适用》，载《法律适用》2007 年第 15 期。

40. 罗孟、程乐：《如何认定受贿案件中的及时退还或者上交行为》，载《人民检察》2007 年第 19 期。

41. 赵廷光：《论量刑公正的一般标准》，载《河南省政法管理干部学院学报》2007 年第 7 期。

42. 刘沛谞：《出罪与入罪：宽严相济视阈下罪刑圈的标准设定——一个基于实证范例的考察》，载《中国刑事法杂志》2008 年第 1 期。

43. 高铭暄：《略论中国刑法中的死刑替代措施》，载《河北法学》2008 年第 2 期。

44. 李希慧：《论死刑的替代措施——以我国刑法立法为基点》，载《河北法学》2008 年第 2 期。

45. 于志刚：《关于收受请托人财物后“及时退还”的内涵解读》，载《山东警察学院学报》2008 年第 2 期。

46. 卢建平：《犯罪分层及其意义》，载《法学研究》2008 年第 3 期。

47. 刘四新、郭自力：《恩格尔定律与财产犯罪数额标准之确定》，载《法学家》2008 年第 4 期。

48. 《何闽旭受贿案》，载《中华人民共和国最高人民检察院公报》2008 年第 4 期。

49. 杨忠民、陈志军：《刑法第 13 条“但书”的出罪功能及司法适用研究》，载《中国人民公安大学学报（社会科学版）》2008 年第 5 期。

50. 赵军：《受贿罪罪质研究——以郑筱萸死刑案为视角》，载《法学论坛》2008 年第 6 期。

51. 梁凤荣：《〈吕刑〉在中国法律史上的地位与影响》，载《法学研究》2009 年第 1 期。

52. 赵秉志、彭新林：《谈谈我国死刑制度改革的路径与步骤》，载《法学》2009 年第 2 期。

53. 王秀梅：《论贿赂犯罪的“破窗理论”与“零容忍”的惩治对策》，载《法学评论》2009 年第 4 期。

54. 李建玲：《酌定不起诉制度适用考察》，载《国家检察官学院学报》2009 年第 4 期。

55. 《最高人民检察院工作报告》，载《中华人民共和国最高人民检察院公报》2009 年第 5 期。

56. 李松：《贪污特定款物应当从重处罚》，载《人民检察》2009 年第 6 期。

57. 卢建平：《“一国两制三法系四法域”语境下中国死刑废止前景展望》，载《法学杂志》2009 年第 10 期。

58. 江西省社科院、省社科联课题组：《当前国际国内形势对反腐倡廉建设带来的新影响》，载《红旗文稿》2009 年第 12 期。

59. 于志刚：《关于数额犯未遂问题的反思》，载《刑法论丛》2010 年第 1 期。

60. 高铭暄、徐宏：《中国死缓制度的三维考察》，载《政治与法律》2010 年第 2 期。

61. 高铭暄：《新中国死刑立法的变迁与展望》，载《文史参考》2010 年第 20 期。

62. 赵秉志、彭新林：《论民事赔偿与死刑的限制适用》，载

《中国法学》2010 年第 2 期。

63. 徐嘎：《犯罪行为与犯罪人：量刑根据的二元化——兼论量刑规范化改革关于量刑步骤的合理构建》，载《山东审判》2010 年第 6 期。

64. 韩哲：《受贿罪死刑裁量要素之实证分析——以 36 个省（部）、厅（局）级官员刑事判决为样本》，载《国家行政学院学报》2010 年第 4 期。

65. 高铭暄、苏惠渔、于志刚：《从此踏上废止死刑的征途——〈刑法修正案（八）草案〉死刑问题三人谈》，载《法学》2010 年第 9 期。

66. 卢建平、翁小平：《论宽严相济刑事政策的法典化》，载《人民检察》2010 年第 17 期。

67. 姜保忠：《刑事司法错误与司法惯性——试论惯性在司法中的消极作用》，载《河北法学》2010 年第 8 期。

68. 王志祥、敦宁：《刑罚配置结构调整论纲》，载《法商研究》2011 年第 1 期。

69. 庄绪龙：《论经济犯罪的"条件性出罪机制"——以犯罪的重新分类为视角》，载《政治与法律》2011 年第 1 期。

70. 高铭暄、陈璐：《当代我国职务犯罪的惩治与预防》，载《法学杂志》2011 年第 2 期。

71. 卢建平、刘春花：《死刑政策的应然表达及其对立法变革的影响》，载《中南民族大学学报（人文社会科学版）》2011 年第 3 期。

72. 卢建平：《风险社会的刑事政策与刑法》，载《法学论坛》2011 年第 4 期。

73. 卢建平、刘春花：《刑事政策与刑法的二重协奏——1949 年以来中国刑事政策的演进与刑法的变迁》，载《河北学刊》2011 年第 4 期。

74. 彭凤莲、胡文静：《论受贿罪的立案标准》，载《安徽师范大学学报（人文社会科学版）》2011 年第 4 期。

75. 代山：《美国的反腐败立法》，载《人民论坛》2014 年第 10 期。

76. 卢建平、刘春花：《我国刑事政策的演进及其立法影响》，载《人民检察》2011 年第 5 期。

77. 卢建平：《刑事政策与刑法关系论纲》，载《法治研究》2011 年第 5 期。

78. 赵秉志、袁彬：《“醉驾入刑”热点问题探讨》，载《刑法论丛》2011 年第 3 期。

79. 赵秉志、赵远：《危险驾驶罪研析与思考》，载《政治与法律》2011 年第 8 期。

80. 彭新林：《犯罪人一贯表现与死刑的限制适用》，载《国家检察官学院学报》2011 年第 4 期。

81. 刘宪权、周舟：《〈刑法〉第 13 条“但书”条款司法适用相关问题研究——兼论醉驾应否一律入罪》，载《现代法学》2011 年第 6 期。

82. 赵秉志：《关于中国现阶段慎用死刑的思考》，载《中国法学》2011 年第 6 期。

83. 赵秉志、陈志军：《社会危害性理论之当代中国命运》，载《法学家》2011 年第 6 期。

84. 孙国祥：《受贿罪量刑中的宽严失据问题——基于 2010 年省部级高官受贿案件的研析》，载《法学》2011 年第 8 期。

85. 高铭暄、黄晓亮：《削减死刑罪名的价值考量》，载《法学杂志》2011 年第 12 期。

86. 于志刚：《贪污贿赂犯罪定罪数额的现实化思索》，载《人民检察》2011 年第 12 期。

87. 彭新林：《论酌定量刑情节竞合时死刑的限制适用》，载《当代法学》2011 年第 6 期。

88. 赵秉志：《中国刑法的百年变革——纪念辛亥革命一百周

年》，载《政法论坛》2012 年第 1 期。

89. 高铭暄、陈冉：《论社会管理创新中的刑事法治问题》，载《中国法学》2012 年第 2 期。

90. 赵秉志、彭新林：《我国当前惩治高官腐败犯罪的法理思考》，载《东方法学》2012 年第 2 期。

91. 赵秉志、彭新林：《我国死刑适用若干重大现实问题研讨——以李昌奎案及其争议为主要视角》，载《当代法学》2012 年第 3 期。

92. 向栋、王冰：《国际四大反腐败评价指标体系及其影响力》，载《廉政文化研究》2012 年第 4 期。

93. 张明楷：《受贿罪中收受财物后及时退交的问题分析》，载《法学》2012 年第 4 期。

94. 彭新林、周强华：《论危害结果与死刑的限制适用》，载《法学杂志》2012 年第 8 期。

95. 储槐植：《死刑司法控制：完整解读刑法第四十八条》，载《中外法学》2012 年第 5 期。

96. 郭嘉、白平则：《贪污贿赂犯罪的数额问题研究》，载《政法论丛》2012 年第 6 期。

97. 张苏：《量刑根据：以责任主义为中心的展开》，载陈兴良主编：《刑事法评论》，北京大学出版社 2012 年版。

98. 储槐植、闫雨：《刑事一体化践行》，载《中国法学》2013 年第 2 期。

99. 罗昌平、王丽娜：《“8 · 15”广东汕头特大走私案：一放连卓钊》，载《财经》2013 年第 2 期。

100. 储槐植、闫雨：《当代中国腐败犯罪的刑事法治理——以〈联合国反腐败公约〉为视角》，载《中南民族大学学报（人文社会科学版）》2013 年第 3 期。

101. 赵秉志：《论我国反腐败刑事法治的完善》，载《当代法学》2013 年第 3 期。

102. 卢建平：《法国违警罪制度对我国劳教制度改革的借鉴意义》，载《清华法学》2013 年第 3 期。

103. 赵秉志、苗苗：《论国际人权法规范对当代中国死刑改革的促进作用》，载《当代法学》2013 年第 4 期。

104. 赵秉志、王水明：《当代国际死刑废止趋势及其影响因素研究》，载《中南民族大学学报（人文社会科学版）》2013 年第 4 期。

105. 赵秉志、张伟珂：《略论死刑的民意引导——以慎用死刑为视角》，载《国家检察官学院学报》2013 年第 4 期。

106. 赵秉志：《中国死刑改革之路径探索》，载《中州学刊》2013 年第 6 期。

107. 高铭暄、张慧：《论贿赂犯罪的贿赂“范围”》，载《法学杂志》2013 年第 12 期。

108. 赵秉志：《论暴力犯罪死刑适用标准的合理确定》，载《人民检察》2013 年第 23 期。

109. 林竹静：《受贿罪数额权重过高的实证分析》，载《中国刑事法杂志》2014 年第 1 期。

110. 莫洪宪、张昱：《酌定量刑情节在死刑案件中的适用及其完善》，载《刑法论丛》2014 年第 2 期。

111. 莫纪宏：《国家治理体系和治理能力现代化的“法治精神”》，载《新疆师范大学学报（哲学社会科学版）》2014 年第 3 期。

112. 赵秉志：《中国反腐败刑事法治的若干重大现实问题研究》，载《法学评论》2014 年第 3 期。

113. 王昭武：《犯罪的本质特征与但书的机能及其适用》，载《法学家》2014 年第 4 期。

114. 陈兴良：《但书规定的法理考察》，载《法学家》2014 年第 4 期。

115. 梁根林：《但书、罪量与扒窃入罪》，载《法学研究》

2013 年第 2 期。

116. 高铭暄、范连玉：《略析贪污罪中贪污数额起点与共犯责任》，载《云南社会科学》2014 年第 1 期。

117. 赵秉志：《当代中国死刑改革争议问题论要》，载《法律科学》2014 年第 1 期。

118. 赵秉志、商浩文：《运用移民遣返措施追捕外逃涉腐犯罪嫌疑人之路径与难点》，载《江西社会科学》2014 年第 2 期。

119. 刘学敏：《检察机关附条件不起诉裁量权运用之探》，载《中国法学》2014 年第 6 期。

120. 颜武：《欧盟反腐：自揭伤疤载》，载《检察风云》2014 年第 8 期。

121. 彭新林：《酌定量刑情节限制死刑适用：价值、空间与路径》，载《法学》2014 年第 9 期。

122. 高铭暄、张慧：《贿赂犯罪司法解释的功能与瑕疵分析》，载《法治研究》2014 年第 11 期。

123. 张兆松：《再论贪污受贿罪定罪处罚数额标准的立法完善》，载赵秉志等主编：《现代刑法学的使命（下卷）》，中国人民公安大学出版社 2014 年版。

124. 刘伟：《贿赂犯罪刑事责任体系的反思与重构》，载赵秉志、张军、郎胜主编：《现代刑法学的使命（下卷）》，中国人民公安大学出版社 2014 年版。

125. 申飞飞、车明珠：《论贪污受贿犯罪数额标准的修改与完善》，载赵秉志、张军、郎胜主编：《现代刑法学的使命（下卷）》，中国人民公安大学出版社 2014 年版。

126. 高珊琦、曹玉江：《对贪污受贿犯罪数额标准的重新审视》，载赵秉志、张军、郎胜主编：《现代刑法学的使命（下卷）》，中国人民公安大学出版社 2014 年版。

127. 赵秉志：《贪污受贿犯罪定罪量刑标准问题研究》，载《中国法学》2015 年第 1 期。

128. 高铭暄、张慧：《论受贿罪的几个问题》，载《法学论坛》2015 年第 1 期。

129. 赵秉志：《中国死刑立法改革新思考——以〈刑法修正案（九）（草案）〉为主要视角》，载《吉林大学社会科学学报》2015 年第 1 期。

130. 赵秉志：《中国刑法的演进及其时代特色》，载《南都学坛》2015 年第 1 期。

131. 张明楷：《论预防刑的裁量》，载《现代法学》2015 年第 1 期。

132. 赵秉志：《完善贪污受贿犯罪定罪量刑标准的思考和建议》，载《刑法论丛》2015 年第 2 期。

133. 王文华：《贪污受贿罪定罪量刑标准的立法修改完善问题研究》》，载《刑法论丛》2015 年第 2 期。

134. 王林林：《论贪污、受贿罪的定罪量刑标准——以〈刑法修正案（九）（草案）〉为研究视角》，载《刑法论丛》2015 年第 2 期。

135. 阴建峰：《贿赂犯罪配刑模式之修正与认定》，载《刑法论丛》2015 年第 2 期。

136. 商浩文：《论犯罪构成体系中定量因素之定位》，载《刑法论丛》2015 年第 2 期。

137. 高铭暄、曹波：《当代中国刑法理念研究的变迁与深化》，载《法学评论》2015 年第 3 期。

138. 储槐植：《死刑改革：立法和司法两路并进》，载《中外法学》2015 年第 3 期。

139. 赵秉志、商浩文：《论劳动教养制度的废止与刑法调整》，载《法律科学》2015 年第 3 期。

140. 闫雨：《贿赂犯罪中事后自动恢复条款初探》，载《河南师范大学学报（哲学社会科学版）》2015 年第 3 期。

141. 黄京平：《终身监禁的法律定位与司法适用》，载《北京联合大学学报（人文社会科学版）》2015 年第 4 期。

142. 李本灿：《以情节为中心重构贿赂罪罪刑体系——兼评〈刑法修正案（九）〉（草案）贿赂罪定罪量刑标准的修订》，载《南京大学学报》2015 年第 4 期。

143. 姜涛：《死缓限制减刑适用中的“民间矛盾”》，载《政治与法律》2015 年第 4 期。

144. 赵秉志、彭新林：《习近平反腐倡廉思想研究》，载《北京师范大学学报（社会科学版）》2015 年第 5 期。

145. 卢建平、赵康：《论受贿罪犯罪门槛的科学设置》，载《北京师范大学学报（社会科学版）》2015 年第 5 期。

146. 张亚平、皇甫忠：《评〈刑法修正案（九）〉关于贪污罪数额标准的修改》，载《河南警察学院学报》2015 年第 5 期。

147. 刘为波：《贪污贿赂罪刑罚体系的修正与适用》，载《中国审判》2015 年第 10 期。

148. 赵秉志：《中国刑法的最新修正》，载《法治研究》2015 年第 6 期。

149. 梁根林：《贪污受贿定罪量刑标准的立法完善》，载《中国法律评论》2015 年第 6 期。

150. 闫雨：《刑法事后自动恢复制度构建》，载《社会科学家》2015 年第 7 期。

151. 葛平：《从国际和历史视角正确看待当前反腐形势》，载《红旗文稿》2015 年第 8 期。

152. 陈兴良：《但书规定的规范考察》，载《法学杂志》2015 年第 8 期。

153. 过勇：《十八大以来的立体反腐》，载《前线》2015 年第 10 期。

154. 赵秉志、袁彬：《刑法立法改革的新思维——以〈刑法修正案（九）〉为中心》，载《法学》2015 年第 10 期。

155. 车浩：《刑事立法的法教义学反思》，载《法学》2015 年第10期。

156. 付晓雅：《中华人民共和国刑法修正案（九）》专题研究》，载《法学杂志》2015年第11期。

157. 缪树权：《反贪污贿赂立法的一次重要修订——〈刑法修正案（九）〉对贪污贿赂犯罪的修改和完善》，载《中国检察官》2015年第19期。

158. 钱叶六：《贪贿犯罪立法修正释评及展望——以〈刑法修正案（九）〉为视角》，载《苏州大学学报（哲学社会科学版）》2015年第6期。

159. 赵秉志：《论中国贪污受贿犯罪死刑的立法控制及其废止——以〈刑法修正案（九）〉为视角》，载《现代法学》2016年第1期。

160. 赵秉志、徐文文：《〈刑法修正案（九）〉死刑改革的观察与思考》，载《法律适用》2016年第1期。

161. 王志祥、柯明：《受贿罪中的“为他人谋取利益”要素应当删除——以非法收受礼金行为应否入罪为切入点的思考》，载《法治研究》2016年第1期。

162. 张旭：《也谈〈刑法修正案（九）〉关于贪污贿赂犯罪的修改》，载《当代法学》2016年第1期。

163. 欧阳本祺：《论〈刑法〉第383条之修正》，载《当代法学》2016年第1期。

164. 李冠煜：《从绝对到相对：晚近德、日报应刑论中量刑基准的变迁及其启》，载《东方法学》2016年第1期。

（二）外文论文

165. Mandziuk Steve. Federal Government Attacks Bribery, LawNow, Vol. 24, Issue 4（2000）.

166. Carolyn Hoyle and Michelle Miao. Thinking Beyond Death Penalty Abolitionist Reform—Lessons from abroad and the options for China. China Legal Science. Issue 2（2014）.

167. Bello, Akeem Olajide. Mental Element of Bribery under Nigerian and US (Federal) Anti-Bribery Laws: An Overview. Acta Universitatis Danubius Juridica, Vol. 2014, Issue 2 (2014).

168. Hughes, Brennan. Crucial Corrupt Intent Element in Federal Bribery Laws, California Western Law Review, Vol. 51, Issue 1 (2014).

## 三、报纸类

1.《晋冀鲁豫边区政府公布惩治贪污条例》，载《人民日报》1948年1月11日。

2. 鲁生：《同罪同罚：公平正义的必然要求》，载《法制日报》2006年11月14日。

3. 张立：《最高人民法院、最高人民检察院有关负责人就〈关于办理受贿刑事案件适用法律若干问题的意见〉答记者问》，载《检察日报》2007年7月9日。

4. 徐日丹：《建议取消关于受贿罪的数额规定》，载《检察日报》2008年3月17日。

5. 王海鹏：《受所监临——一个不该被遗忘的罪名》，载《检察日报》2008年9月18日。

6. 刘群、耿明：《渎职罪中非物质性损失的认定》，载《检察日报》2008年10月8日。

7. 关健斌：《总统带头网上晒收入：俄罗斯劲刮反腐风暴》，载《中国青年报》2009年4月15日。

8. 萨苏：《菊与刀：日本社会的贪污与反贪污》，载《检察日报》2009年7月31日。

9. 颜颖颛：《韩国总统腐败怪圈》，载《新京报》2009年4月26日。

10.《法院有关负责人就陈同海受贿案宣判答记者问》，载《南国都市报》2009年7月16日。

11. 《最高法副院长：贪污贿赂罪起刑点应调整》，载《重庆晚报》2009 年 11 月 4 日。

12. 邓清波：《贪污贿赂罪不能只算经济账》，载《中国改革报》2009 年 11 月 6 日。

13. 江苏省高级人民法院课题组：《职务犯罪案件量刑平衡机制问题研究——江苏高院关于职务犯罪案件量刑情况的调查报告》，载《人民法院报》2010 年 3 月 25 日。

14. 杨维汉、崔清新：《广东省政协原主席陈绍基因受贿被判死缓》，载《人民法院报》2010 年 7 月 24 日。

15. 《韩国反腐不容易》，载《人民日报（海外版）》2011 年 6 月 26 日。

16. 储信艳：《俄罗斯总统普京高调反腐　前防长等多名高官落马》，载《新京报》2012 年 12 月 5 日。

17. 《中央政治局会议决定 11 月召开十八届三中全会》，载《人民日报》2013 年 8 月 28 日。

18. 张先明：《第六次全国刑事审判工作会议闭幕》，载《人民法院报》2013 年 10 月 16 日。

19. 宋识径、邢世伟：《5 年立案侦查 32 名省部级以上官员》，载《新京报》2013 年 10 月 23 日。

20. 王治国：《曹建明向全国人大常委会作反贪污贿赂工作情况报告》，载《检察日报》2013 年 10 月 23 日。

21. 《中共中央关于全面深化改革若干重大问题的决定》，载《人民日报》2013 年 11 月 16 日。

22. 习近平：《关于〈中共中央关于全面深化改革若干重大问题的决定〉的说明》，载《人民日报》2013 年 11 月 17 日。

23. 李娅斌、邹扬：《死缓限制减刑的适用条件》，载《江苏法制报》2013 年 11 月 26 日。

24. 简闻之：《加强深化反腐败法治建设交流合作共同推动国际反腐败事业纵深发展》，载《检察日报》2013 年 11 月 24 日。

25. 简闻之：《曹建明再次当选国际反贪局联合会主席》，载《检察日报》2013 年 11 月 26 日。

26. 张先明：《最高法院出台指导意见规范常见犯罪量刑》，载《人民法院报》2014 年 1 月 1 日。

27. 阳平：《欧盟报告：绝大多数成员国被认为反腐不力》，载《中国纪检监察报》2014 年 3 月 20 日。

28. 罗晨姿：《美国：腐败依旧随处可见》，载《中国纪检监察报》2014 年 4 月 3 日。

29. 储槐植、闫雨：《“赎罪”——既遂后不出罪存在例外》，载《检察日报》2014 年 8 月 12 日。

30. 王传军：《最新研究显示美国腐败加剧》，载《光明日报》2014 年 8 月 18 日。

31. 习近平：《牢记历史经验历史教训历史警示为国家治理能力现代化提供有益借鉴》，载《人民日报》2014 年 10 月 14 日。

32. 王岐山：《坚持党的领导依规管党治党为全面推进依法治国提供根本保证》，载《人民日报》2014 年 11 月 3 日。

33. 赵秉志：《开创刑事法治新局面》，载《人民日报》2014 年 11 月 12 日。

34. 王岐山：《中国共产党第十八届中央纪律检查委员会第三次全体会议公报》，载《人民日报》2014 年 1 月 15 日。

35. 林子杉、王俏：《65 年，那些被记住的案件》，载《人民法院报》2014 年 11 月 24 日。

36. 陈丽平：《走私核材料罪等不应取消死刑》，载《法制日报》2014 年 12 月 17 日。

37. 张晓松：《无禁区　全覆盖　零容忍——习近平总书记重要讲话释放反腐六大信号》，载《人民日报》2015 年 1 月 13 日。

38.《党风廉政建设和反腐败斗争永远在路上——论学习贯彻习近平同志在十八届中央纪委五次全会讲话》，载《人民日报》2015 年 1 月 15 日。

39.《依然严峻复杂！关于当前反腐形势的三个判断》，载《人民日报》2015年1月23日。

40. 向楠：《七成受访者满意2014反腐成绩单 不满意者仅占4.2%》，载《中国青年报》2015年1月23日。

41. 缪军：《赃款去向不影响受贿罪认定》，载《检察日报》2015年3月18日。

42. 温宪、陈丽丹：《选举依靠"砸钱"底限一再突破 美国参议员腐败案再曝"钱主政治"》，载《人民日报》2015年4月3日。

43. 徐伯黎：《韩国：通过史上最严反腐败法案》，载《检察日报》2015年4月7日。

44. 赵秉志、刘志伟、彭新林：《努力完善惩治腐败犯罪立法建设——"我国惩治腐败犯罪的立法完善问题学术座谈会"研讨综述》，载《法制日报》2015年4月8日。

45. 陈磊：《受贿成腐败最主要形态：落马老虎九成多涉受贿罪》，载《法制日报》2015年4月9日。

46. 袁春湘：《依法惩治刑事犯罪 守护国家法治生态——2014年全国法院审理刑事案件情况分析》，载《人民法院报》2015年5月7日。

47. 赵秉志、张伟珂：《醉驾入罪的法理分析》，载《检察日报》2015年5月17日。

48. 郭振纲：《"重特大贪污受贿犯罪或被终身监禁"的多重意义》，载《工人日报》2015年8月27日。

49. 郑赫南：《增设"终身监禁"，封堵贪官"越狱"之路》，载《检察日报》2015年8月31日。

50. 袁云才：《对死缓贪官终身监禁体现法律刚性》，载《长沙晚报》2015年8月31日。

51. 赵秉志、阴建峰：《我国新时期特赦的法理研读》，载《法制日报》2015年9月2日。

52. 聂慧苹：《“终身监禁”的理解与运用》，载《学习时报》2015 年 9 月 3 日。

53. 孟粉、王付军：《增设终身监禁意义何在》，载《北京日报》2015 年 9 月 9 日。

54. 《余远辉严重违反政治纪律政治规矩》，载《广州日报》2015 年 10 月 17 日。

55. 蒋安杰：《第八届国际反贪局联合会大会和〈联合国反腐败公约〉第六届缔约国会议在俄罗斯圣彼得堡相继举行》，载《法制日报》2015 年 11 月 11 日。

56. 赵秉志：《略论最新司法解释中的贪污受贿犯罪定罪量刑标准》，载《人民法院报》2016 年 4 月 19 日。

## 四、网络类

1. 甘超英：“德国廉政与反腐败的法律选择”，网址：http://article.chinalawinfo.com/ArticleHtml/Article_26754.shtml.

2. “新闻发言人解读最高检 2015 年工作报告”，网址：http://news.jcrb.com/jxsw/201503/t20150312_1486632.html.

3. “沈阳市原副市长马向东等伏法”，网址：http://news.xinhuanet.com/newscenter/2001-12/19/content_171390.htm.

4. “日本反腐如何打苍蝇老虎”，网址：http://news.sina.com.cn/zl/world/2014-05-15/11391416.shtml.

5. “普京批准俄 2014-2015 年反腐国家计划”，网址：http://news.xinhuanet.com/world/2014-04/12/c_1110214698.htm.

6. “日本最年轻、29 岁市长涉嫌受贿数十万日元被调查”，网址：http://www.chinadaily.com.cn/hqgj/jryw/2014-06-24/content_11888632.html.

7. 曾伟：“习近平谈反腐：有腐必反　决不养虎为患”，网址：http://politics.people.com.cn/n/2014/0730/c1001-25372496.html.

8. 李烁：“上海新长征集团原董事长贪污受贿上亿元被判无期

徒刑”，网址：http://news.xinhuanet.com/legal/2010-11/15/c_12777649.htm.

9. 田雨、崔清新：“国家食品药品监管局原局长郑筱萸一审被判处死刑”，网址：http://news.xinhuanet.com/legal/2007-05/29/content_6168200.htm.

10. “《刑法修正案（九）》的立法精神与规范解读”，网址：http://www.criminallawbnu.cn/criminal/info/showpage.asp? showhead=&ProgramID=560&pkID=47261&keyword.

11. “美国：腐败依旧随处可见”，网址：http://www.ccdi.gov.cn/xcjy/hwgc/201404/t20140408_44862.html.

12. “最新研究显示美国腐败加剧”，网址：http://news.xinhuanet.com/world/2014-08/18/c_126882028.htm.

13. “黄松有受贿、贪污案”，网址：http://www.pkulaw.cn/case/pfnl_1970324837267696.html? keywords=黄松有 &match=Exact.

14. “王怀忠受贿、巨额财产来源不明案”，网址：http://www.pkulaw.cn/case/pfnl_1970324837042275.html? keywords=王怀忠 &match=Exact.

15. “周镇宏受贿、巨额财产来源不明案”，网址：http://www.pkulaw.cn/case/pfnl_1970324840335296.html? keywords=周镇宏受贿、巨额财产来源不明案 &match=Exact.

16. “‘两高’发布办理贪污贿赂刑事案件司法解释”，网址：http://www.court.gov.cn/zixun-xiangqing-19562.html。

## 五、学位论文

1. 邓蝶：《情节犯研究》广西大学2012年硕士学位论文。

2. 易向栋：《国际四大反腐败评价指标体系及其对比研究》，华中科技大学2013年硕士学位论文。

3. 曹明珠：《当代中国反腐倡廉制度创新研究》，内蒙古大学

2014 年博士学位论文。

4. 林竹静：《受贿罪罪量要素研究》，华东政法大学 2014 年博士学位论文。

5. 滕超：《反腐败刑法机制研究》，西南政法大学 2015 年博士学位论文。

**六、其他参考文献**

1. 重庆市高级人民法院刑事判决书（1999）渝高法刑终字第 116 号。

2. 北京市第一中级人民法院刑事判决书（2000）一中刑初字第 1484 号。

3. 最高人民法院复核王怀忠案死刑裁定书（2004）刑复字第 15 号。

4. 北京市第一中级人民法院刑事判决书（2007）一中刑初字第 1599 号。

5. 山东省济南市中级人民法院刑事判决书（2008）济刑二初字第 49 号。

6. 北京市第二中级人民法院刑事判决书（2013）二中刑初字第 1030 号。

7. 河北省廊坊市中级人民法院刑事判决书（2014）廊刑初字第 50 号。

8. 全国人大常委会法制工作委员会主任李适时：《关于〈中华人民共和国刑法修正案（九）（草案）〉的说明》（2014 年 10 月 27 日在第十二届全国人民代表大会常务委员会第十一次会议上）。

9. 全国人大常委会法工委刑法室编：《十二届全国人大常委会第十一次审议刑法修正案（九）草案的意见》（法工刑字［2014］39 号，2014 年 12 月 15 日）。

10. 全国人大常委会法工委刑法室编：《地方人大和中央有关部门、单位对刑法修正案（九）草案的意见》（法工刑字［2015］

1 号，2015 年 1 月 4 日）。

11. 全国人大常委会法工委刑法室编：《刑法修正案（九）草案向社会公众征求意见的情况》（法工刑字［2015］2 号，2015 年 1 月 4 日）。

12. 全国人大常委会法工委刑法室编印：《一些部门、法学专家对刑法有关问题的意见》（2015 年 7 月 16 日）。

13. 全国人大法律委员会《关于〈中华人民共和国刑法修正案（九）〉（草案二次审议稿）主要问题的修改情况的汇报》（2015 年 8 月 16 日）。

14. 全国人大法律委员会《关于〈中华人民共和国刑法修正案（九）（草案）〉审议结果的报告》（2015 年 8 月 17 日）。

15. 《一些国家有关终身监禁的法律规定》，载《中华人民共和国刑法修正案（九）（草案三次审议稿）参阅资料》，全国人大常委会办公厅秘书局编印（2015 年 8 月 23 日）。